NEGOTIATION

협상론

박성모

pnc
publishing and culture
피앤씨미디어

들어가며

협상이란 용어는 한편으로는 다분히 학문적이고 비즈니스적이지만, 한편으로는 일상생활에서 자연스럽게 접하는 단어 중 하나일 것이다. 대학원에서 국제경영 및 국제관계를 공부하면서 처음으로 체계적인 협상론을 접하게 되었다. 게임이론에 바탕을 둔 '협상론' 강의를 접하면서 협상론에 대한 이론적이고 체계적 접근에 발을 들여놓게 되었다. 이후 신문사에서 사회부 기자로 활동하면서, 공기업에서 인사, 경리 및 재무 관리 업무를 담당하면서, 일본 종합상사에서 글로벌 비즈니스를 경험하면서, 글로벌 IT 기업에서 해외 영업 및 마케팅 활동을 수행하면서 수많은 실질적인 협상을 경험하였다. 이러한 현실 세계의 기업 현장에서 살아 있는 다양한 협상을 경험하면서 단순히 몸으로 느끼고 행하는 협상이 아니라 종합적이고 체계적인 이론을 바탕으로 하는 협상이 필요함을 절실히 느끼게 되었다. 또한 2000년 일본 히토츠바시(一橋) 대학 MBA 과정에서 이 책에서도 자주 등장하는 로저 피셔(Roger Fisher)와 윌리엄 유리(William Ury)의 <Getting to Yes>, 로버트 치알디니(Robert B. Cialdini)의 <Influence>라는 책을 접하면서 협상에 대한 흥미를 더 가지게 되었다. 이러한 것들이 이 책을 쓰게 된 배경이다.

협상론이라는 제목으로 책을 쓰고자 본격적으로 기획한 것은 글로벌 IT 기업에서 수많은 협상을 경험하면서부터였다. 당시 해외 영업 및 마케팅 업무을 주로 하였지만 영업 및 마케팅이라는 업의 성격상 자연히 해외 고객과의 협상이 가장 주요한 업무 영역이었다. 따라서 나 자신의 업무를 보다 효율적으로 수행하기 위하여 협상론이라는 일종의 교과서가 필요하다는 생각을 하게 되었을 뿐 아니라, 나의 해외 고객과의 협상에 대한 노하우(know-how)를 축적하여 후배들에게 전하여 익히고 활용하게 만들고 싶은 욕구도 있었다. 협상론을 저술하고자 마음을 먹은 지 10여년이라는 세월이 흘러 이제야 오랜 시간 머릿속에 흩어져 있던 협상과 관련된 생각, 지식, 입장 등을 이 한 권의 책으로 정리하여 세상에 내놓고자 한다. 또한 이제 대학이라는 새로운 영역에서 제2의 삶을 시작한 나로서는 대학교수로서의 최고 최선의 책무인 후진 양성이라는 지식인의 업을 이 책을 통해서도 실현하고자 한다. 딱딱한 판에 박힌 이론식 교육의 주입이 아니라, 살아있는 현장의 경험과 체계적 이론을 대학의 후진들에게 전하는 즐거움과 보람을 느끼고자 함과 동시에, 풍부한 사회 경험과 다양한 협상 경험을 보유한 경영대학원 원우들에게는 협상에 대한 체계적인 재학습이라는 학문의 의미를 전하고자 한다.

이 책은 나만의 노력의 산물이 아니며 협상론 이론의 역사가 일천한 나에게 학문적 업적을 과시하는 도구가 아니다. 기존의 수많은 협상론 연구자들의 업적을 바탕으로 그들의 생각과 지식을 인용하여 나의 생각, 지식, 입장 속에 녹여서 이 책을 저술한 것이다. 따라서 수많은 협상론 학자들의 저서의 양과 질에 못 미치는 졸저일 수도 있다. 하지만 실제 삶에서 경험했던 협상이라는 영역을 내 방식대로 엮어내고 기존의 수많은 이론을 덧붙여 만들어 낸 작은 지침서라고 이해해 주면 좋겠다.

마지막으로 이 책을 엮어내기 위해 곁에서 함께 노력하고 도와준 아내와 두 딸에게 감사한 마음을 전한다.

2025년 1월 화성 봉담 연구실에서

차 례

제 4 장 협상 조건

제 5 장 가격 협상

제 6 장 협상 전략

제 7 장 협상 스타일

제 8 장 협상 마무리

제 9 장 재협상

제 1 장

협상 개요

제 1 절 협상의 이해

1.1.1 협상의 개념

협상(negotiation)이란 둘 이상의 협상 당사자들이 공통 관심사에 대하여 합의에 이르는 과정을 말하는 것으로, 타결 의사를 가진 둘 이상의 협상 당사자 사이에 양방향 의사소통(communication)을 통하여 상호 만족할 만한 수준의 합의(agreement)에 이르는 과정이라고 정의할 수 있다. 협상은 기본적으로 협상 당사자의 행동이 다른 협상 당사자에게 영향을 미치기 때문에 상호의존적이다. 그러므로 협상자는 자신의 협상 능력을 개선하는 것뿐 아니라, 상대방과 어떻게 의사소통하며 상대방을 어떻게 설득할 것인가에 초점을 맞추어야 한다. 협상은 서로에게 가치가 있는 무엇인가를 주고받는 것으로 교환 및 거래가 이루어지는 행위이다. 교환 및 거래는 협상의 상위개념으로, 특히 비즈니스에서는 당연히 받을 만큼 받는 것이 아니라 협상한 만큼 받는 것이다. 어떤 비즈니스 상황이든 비즈니스 협상은 어려운 것이지만, 글로벌 비즈니스 협상이 특히 어려운 것은 협상 당사자 간 문화적 배경이 다르고 일하고 있는 비즈니스 환경이 다르기 때문이다. 다른 문화적 배경이나 비즈니스 환경을 가진 협상 상대방과 협상할 때는 경제적 이해관계, 법률적 요구사항, 정치적 현실 등을 고려한 협상이 필요하다.

협상론 강의로 유명한 펜실베이니아 경영대학원(와튼스쿨, Wharton School)의 스튜어트 다이아몬드(Stuart Diamond) 교수는 자신의 저서 <어떻게 원하는 것을 얻는가(Getting More)>에서, 협상을 상대방이 특별한 행동을 하도록 만드는 과정, 상대방이 특별한 판단을 하도록 만드는 과정, 상대방이 특별한 인식을 하도록 만드는 과정, 상대방이 특별한 감정을 가지도록 하는 과정으로 정의하고 있다[1].

---

1) 스튜어트 다이아몬드, 어떻게 원하는 것을 얻는가, 에이트 포인트, 2018년, p.32~33의 내용을 인용하여 재정리함.

협상의 구성요소는 크게 5개로 구분하여 설명할 수 있다.

첫 번째 **협상 당사자**(party)다. 이는 공통의 목적을 가지고 협상하는 주체, 즉 사람을 일컫는다.

두 번째 **이슈**(issue)로 이는 협상에서 풀어야 할 문제를 일컫는 것으로 쟁점이라고도 한다.

세 번째 **대안**(alternative)으로 이는 각 문제를 해결하기 위한 선택을 말한다.

네 번째 **입장**(position)으로 이는 특정 문제에 대한 협상 당사자가 취하는 자세 또는 포지션을 말하는 것으로 **요구**라고도 한다.

다섯 번째 **이해관계**(interest)로 이는 협상 당사자가 가진 근본적인 **필요**를 말한다.

애플(Apple)과 삼성SDI의 스마트폰 배터리 구매 협상을 예로 들어 협상의 구성요소를 설명하겠다. 첫 번째 협상 당사자는 애플(Apple)의 구매 담당자, 삼성SDI의 판매 담당자(또는 영업 담당자)이다. 두 번째 이슈는 애플(Apple)의 스마트폰인 아이폰의 '배터리 구매', 구체적으로는 예를 들어 '연간 배터리 1억개 구매'와 관련한 가격, 공급 기간, 지불 조건, 보증 문제 등이다. 세 번째 대안은 배터리 구매과 관련한 가격, 공급 기간, 지불 조건, 보증 문제에 대한 애플(Apple)과 삼성SDI의 선택으로, 가격을 예로 들면 배터리 1개당 애플(Apple)은 구매 가격으로 $8, 삼성SDI는 판매가격으로 $10을 제시(선택)하는 것이다. 네 번째 입장은 애플(Apple)의 경우는 '배터리 저가 구매', 삼성SDI의 경우는 '배터리 고가 판매'이다. 다섯 번째 이해관계는 애플(Apple)의 경우는 '배터리 구매 비용의 최소화', 삼성SDI의 경우는 '배터리 판매 수익의 최대화'이다. 특히 협상에서는 입장(position)이나 요구와 이해관계(interest)와 필요의 구별이 대단히 중요한데 이에 대해서는 다음에 추가로 설명하기로 한다.

1.1.2 협상 방법의 진화

시대의 변화에 따라 협상 방법도 변화한다. 시대 변화에 따른 협상 방법의 변천을 협상 1.0, 협상 2.0, 협상 3.0으로 분류한다[2].

협상 1.0은 크기가 정해진 파이에서 자신의 몫을 얼마나 챙길까에만 초점을 두는 협상이다. 자신이 이기면 협상 상대방은 지고 협상 상대방이 이기면 내가 질 수밖에 없는 협상으로, 무조건 이기기 위한 협박, 회유, 기만 등이 오간다. 흑백논리, 양자택일, 이분법 등의 사고방식이 협상을 지배한다. 하지만 협상 1.0이 무조건 나쁜 것만은 아니다. 예를 들어 해외여행 시 기념품을 구입할 때 활용할 수 있는 협상 형태이다. 과거 협상에서는 정해진 파이 내에서 내 몫을 최대한 많이 차지하는 것, 즉 협상 당사자 자신만의 이익 극대화가 협상의 목표였으며, **분배적 협상(distributive negotiation)**, **윈-루즈(win-lose) 협상**, **제로섬 게임(zero-sum game)**, **고정 합 게임(fixed-sum game)**이라고도 한다.

협상 2.0은 협상 당사자 일방만이 이기는 것이 아니라 양쪽 다 만족하는 협상으로, 협상 당사자 양측의 공통 이익 극대화가 협상의 목표이다. 협상 당사자 양측의 양보하는 태도가 필수적이며 협상 상대방은 적이 아닌 파트너라는 인식이 필요하다. 협상 상대방과의 차이를 문제로 인식하지 않고 서로 공평하게 나눌 기회로 인식하는 것이 필요하다. 이는 자신의 경제적 이익만큼 협상 상대방에게도 합당한 반대급부를 주도록 노력하는 것으로 협상에서 다양성, 유연성, 협조성 등이 발휘된다. 1970년대 이후 하버드대 등에서 본격적으로 연구한 협상 형태로, 특히 미국 하버드대 로저 피셔(Roger Fisher)와 윌리엄 유리(William Ury)의 저서 <Getting To Yes>가 협상 2.0의 이론적 체계를 확립하였다고 평가받고 있다. **통합적 협상(integrative negotiation)**, **윈-윈(win-win) 협상**, **비제로섬 게임(non-zero sum game)**, **변성 합 게임(varying-sum game)**이라고도 한다.

협상 3.0은 **가치 중심의 협상(value-centered negotiation)**으로 협상 당사자의 경제적 이익뿐만 아니라, 협상 상대방의 감정이나 인식의 만족도까지 높여주는 협상을 말한다. 협상 3.0은 협상 완료 후 협상 당사자 양측이 정말 만족한다는 말을 서로 나눌 수 있는 협상으로, 협상 당사자 양측의 가치를 만족시킬 수 있느냐 없느

---

2) 최철규, 김한솔, 협상은 감정이다, 쌤앤파커스, 2016년, p.21~38의 내용, 최철규, 협상의 신, 한국경제신문, 2015년, p.35~38의 내용을 인용하여 재정리함.

냐가 협상의 성패를 가르는 기준이 된다. 이는 협상을 경영학의 영역에서 심리학의 영역으로 확장한 것이다. 협상 3.0의 관점에서는 협상 상대방의 요구를 최소한도로 받아들이고 자신의 요구를 최대한 관철시키는 것은 '성공한 협상'이 아니라 '이긴 협상'이 된다. 협상의 하수는 승리를 취하고 사람을 잃는 반면, 협상의 고수는 승리를 넘기고 가치를 얻는다. [표 1-1]은 협상 1.0, 협상 2.0 및 협상 3.0을 표로 정리한 것이다.

[표 1-1] 협상 1.0, 협상 2.0 및 협상 3.0

협상방법	내용	비고
협상 1.0	- 일정한 파이 내에서 자신의 것을 최대한 챙기는 협상 - 협상 당사자 자신만의 이익 극대화 - 흑백논리, 양자택일, 이분법	분배적 협상 (distributive negotiation) 윈-루즈(win-lose) 협상 제로섬 게임(zero-sum game) 고정합 게임(fixed-sum game)
협상 2.0	- 협상 당사자 양측의 공통 이익 극대화 - 협상 당사자 양측이 경제적 이익을 공정하게 나누는 협상 - 다양성, 유연성, 협조성	통합적 협상 (integrative negotiation), 윈-윈(win-win) 협상 비제로섬 게임(non-zero sum game) 변성합 게임(varying-sum game)
협상 3.0	- 협상 상대방의 심리적 만족감을 극대화하고 새로운 가치를 만들어 내는 협상 - 협상 상대방의 경제적 이익뿐만아니라, 협상 상대방의 감정이나 인식의 만족도까지 높이는 협상	가치 중심의 협상 (value-centered negotiation)

제 2 절 협상에 임하는 자세

1.2.1 갈등과 협상

'두려움에서 나오는 협상을 하지 마라. 그러나 결코 협상을 두려워하지 마라.' 이는 J.F. 케네디 전 미국 대통령이 협상에 대하여 한 말이다. 협상의 두려움은 곧 협상 과정의 갈등에서 비롯되는 것이다. 인간은 수많은 갈등 속에서 살아가며 그러한 갈등을 어떻게 극복하느냐가 성공의 지름길이라고 할 수 있다. 즉 우리의 삶 자체가 갈등과 협상의 연속인 것이다. 협상에 임하기 전에 먼저 협상에 임하는 자세에 대하여 생각해 볼 필요가 있고, 이는 곧 갈등과 그 해결책의 하나인 협상에 대하여 살펴본다는 것을 의미한다.

갈등(conflicts)이란 심리학적 용어로 자신의 정서나 동기(動機)가 협상 상대방의 정서나 동기와 모순되어 그 표현이 저지되는 현상을 말하는 것으로, 두 개 이상의 상반되는 경향이 거의 동시에 존재하여 어떤 행동을 할 지를 결정하지 못하는 것을 일컫는다. 구체적인 협상 상황에서는 한 가지 문제에 관련된 협상 당사자 양측이 서로 양립할 수 없는 가치나 목표를 추구하거나 동일한 상황을 다르게 인식할 때 발생한다. 갈등은 일반적으로 협상에서 부정적인 영향을 미치는 것으로 인식하고 있지만, 적절한 갈등은 협상에서 긍정적인 영향을 미치기도 한다. 예를 들어 협상 당사자 일방의 참석자들에게 긴장감을 조성하고 협상에 대한 강력한 동기를 유발할 수 있다. 또한 협상 참석자들의 새로운 생각을 유도하는 촉매제 역할을 하여 창의적 제안을 할 수 있게 한다. 갈등이 협상에 미치는 영향을 정리하면 [표 1-2]와 같다.

협상(negotiation)은 앞에서 이미 설명하였지만, 둘 이상의 협상 당사자 양측이 공통 관심사에 대하여 합의에 이르는 과정을 말한다. 이는 협상 당사자 양측의 갈등을 해소하고 서로 이익이 되는 합의에 도달하고자 무엇인가를 교환하거나 거래하는

[표 1-2] 갈등이 협상에 미치는 영향

구분	갈등 수준		
	낮음	적정	높음
협상에의 영향	냉담 정체 둔감	긴장감 강력한 동기 부여 창의적	분열적 비협조적 공격적
	역기능적	순기능적	역기능적

행위로 이어진다. 갈등 해결을 위한 협상이 실패할 경우, 중재자가 개입하여 갈등을 해결하는데 이를 조정(mediation), 중재(arbitration), 소송(litigation) 등을 한다고 표현한다.

1.2.2 갈등 대응 방식

갈등 대응 방식을 '갈등을 어떻게 해결하느냐'에 따라 생산적 대응 방식과 비생산적 대응 방식으로 나눌 수 있다. 생산적 대응 방식은 이 책에서 설명하는 협상이 가장 대표적인 방식이다. 비생산적 대응 방식으로는 부인 또는 무시, 항복 또는 포기, 권위자에 의한 해결, 수동적 공격 등이 있다. [그림 1-1]은 이러한 갈등 대응 방식을 정리한 것이다.

[그림 1-1] 갈등 대응 방식

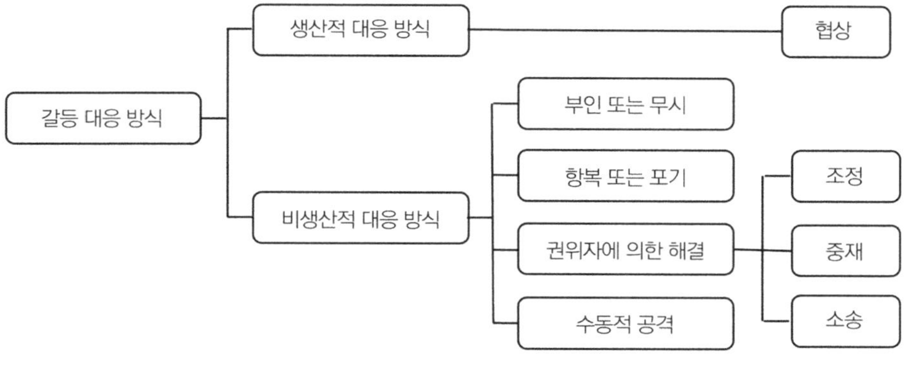

부인 또는 무시는 갈등 상황 자체를 아예 무시하거나 존재하지 않는 것으로 가장하는 것이다. 갈등을 부인 또는 무시하는 상황에서는 모든 구성원이 같은 목표를 추구하는 조직 내에서 갈등은 존재하면 안 되는 것이다.

항복 또는 포기는 갈등 상황이 자신에게 불리하여 갈등 상대방의 힘에 굴복하거나 그 상황을 해결하고자 하는 시도를 멈추는 것을 말한다. 이러한 항복 또는 포기 상황에서는 자신의 이해관계 또는 필요나 입장 또는 요구보다는 상대방의 이해관계 또는 필요나 입장 또는 요구를 더 중시하게 되고 이는 나아가 조직의 평화 유지로 이어지게 된다.

권위자에 의한 해결은 갈등 당사자 양측을 제외한 제3자를 갈등 상황에 개입시켜 갈등을 해결하는 것이다. 이는 앞에서 설명한 조정(mediation), 중재(arbitration), 소송(litigation) 등이 해당한다. **조정(mediation)**이란 국가기관이 수동적으로 당사자의 합의만 기다리는 것이 아니라 적극적으로 그 성립에 협력함으로써 가능한 범위에서 화해를 촉진하는 방식을 의미한다. 즉 국가기관인 법관이나 조정위원회가 분쟁 당사자를 중개하여 화해의 성립을 원조하고 협력하는 제도를 말한다. 조정에 의하여 당사자 간 합의가 성립되면 재판상 화해와 동일한 효력이 인정된다. 다만 조정은 어디까지나 당사자 간 합의에 의한 분쟁 해결을 목적으로 하기 때문에 조정 노력에도 불구하고 당사자 간 합의가 성립하지 않는 경우 분쟁 해결이 성공하지 못한다는 한계가 있다. **중재(arbitration)**란 당사자들이 상호 간 분쟁에 대하여 제3자인 중재인에게 해결을 맡겨 중재인의 판정(중재 판정)에 복종할 것을 약속(중재 계약)하고 그에 따라 행하는 절차를 말한다. 중재 판정은 확정판결과 동일한 효력이 있으며 중재 계약이 있는 사건에 대하여 법원의 심판권이 배제되므로 중재 계약이 존재함에도 불구하고 중재 판정에 불만을 가진 당사자가 소송을 제기하면 그 소송은 각하된다(받아들여지지 않는다). **소송(litigation)**이란 법정에서 공식적인 재판 절차를 진행하는 것을 말한다. 분쟁 당사자가 재판을 청구하고 법관은 각종 증거를 검토하고 심문하여 판결을 내리는 것이다. 소송은 가장 비용이 많이 들고 복잡한 분쟁 해결 방법이다.

수동적 공격(passive and aggressive response)은 갈등 상대방에 대하여 적대감을 느끼면서도 적대적 감정을 직접 표현하지 않고 지연, 의도적 실수, 게으름 등으로 소극적이고 수동적으로 대응하는 것이다. 이는 겉으로는 평화로워 보이지만 내면에는 여전히 갈등이 내포되어 있다.

또 다른 갈등 대응 방식은 자기 주장성과 타인 수용성에 따라 경쟁형, 회피형, 협력형, 수용형, 타협형의 5개로 분류할 수 있다[3]. [그림 1-2]는 이를 정리한 것이다. **자기 주장성(assertiveness)**이란 자신의 이익이나 배려에 대한 관심이 높아 자신의 요구나 이익을 강하게 주장하는 것으로 '독단적이냐 비독단적이냐'로 구분한다. **타인 수용성(cooperativeness)**은 상대방의 이익이나 배려에 대한 관심도 높아 갈등 해결에 '협조적이냐 비협조적이냐'로 구분한다.

경쟁형(forcing)은 자신의 이익이나 배려에 대한 관심이 높고 상대방의 이익이나 배려에 대한 관심은 낮은 경우로, 자신의 주장을 독단적으로 할 뿐 상대방에 비협조적인 자세이다.

회피형(avoiding)은 자신의 이익이나 배려에 대한 관심도 낮고 상대방의 이익이나 배려에 대한 관심도 낮은 경우로, 자신의 주장이 비독단적일 뿐아니라 상대방에 대해서도 비협조적인 자세이다.

[그림 1-2] 갈등 대응 방식

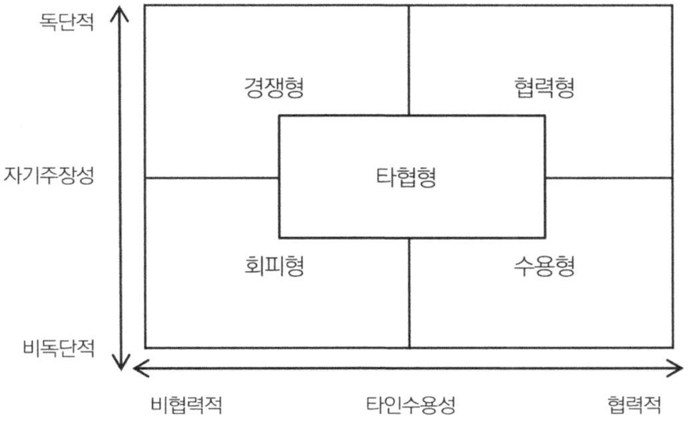

3) 라힘(M.A. Rahim)은 자신의 논문(A Strategy for Managing Conflict in Complex Organizations, Human Relations, 1985)에서 갈등 반응 모형을 제시하였는데, 이를 인용하여 재수정함.

협력형(collaborating)은 자신의 이익이나 배려에 대한 관심이 높고 상대방의 이익이나 배려에 대한 관심도 높은 경우로, 자신의 주장을 독단적으로 할 뿐아니라 상대방에 대해서도 협조적인 자세이다.

수용형(accommodating)은 자신의 이익이나 배려에 대한 관심은 낮으나 상대방의 이익이나 배려에 대한 관심은 높은 경우로, 자신의 주장은 비독단적이지만 상대방에 대해서는 협조적인 자세이다.

타협형(compromising)은 자신의 이익이나 배려에 대한 관심 및 상대방의 이익이나 배려에 대한 관심이 적정한 수준인 경우로, 자신의 주장을 적정수준에서 유지하면서 상대방에 대한 협조도 적절하게 유지하는 경우이다.

1.2.3 협상 당사자의 자세

협상 당사자는 협상과 관련된 여러 가지 요인을 고려하면서 앞에서 살펴본 갈등 대응 방식에 따라 자신의 협상에 임하는 자세를 취할 수 있다. 또한 협상 당사자 자신의 힘의 크기, 즉 협상 주도권의 크기에 따라 협상에 임하는 자세를 구분할 수 있다.

첫 번째 협상 주도권이 가장 큰 경우인 **무관심**이다. 이는 협상 당사자 일방이 협상에 무관심할 때 또는 무관심한 듯할 때 가장 큰 힘을 발휘하는 것이다. 예를 들면 대형 빌딩의 구매 협상에서 건물주인 매도자가 건물 인수를 원하는 매수자의 제시 금액에 전혀 관심을 표현하지 않는 경우이다. 이는 협상의 주도권을 건물주인 매도자가 가진 경우로 매도자가 협상 주도권을 장악하고 있는 경우이다.

협상 주도권이 두 번째로 큰 경우가 **콧대 세우기**이다. 협상 당사자 일방이 예를 들면 대형 빌딩의 구매 협상에서 건물주인 매도자가 일정 금액을 건물 인수를 원하는 매수자에게 제시하고 그 금액에 인수할 것인지 인수하지 않을 것인지를 묻는 경우이다. 즉 '살려면 사고 말려면 마라'라고 하는 것으로 협상의 주도권을 건물주인 매도자가 가진 경우이다.

협상 주도권이 세 번째로 큰 경우가 **흥정**이다. 일반적으로 흥정이라고 하면 가격 흥정을 연상하는데 가격을 두고 판매자와 구매자가 줄다리기를 하는 경우에 익숙하기 때문이다. 마지막으로 협상은 흥정과 달리 가격 이외의 다양한 조건을 교환하는 것으로 협상 당사자 양측의 이해관계나 필요를 최대한 충족시키는 과정이다. [그림 1-3]은 이를 정리한 것이다.

[그림 1-3] 협상 주도권의 크기에 따른 협상 자세[4)]

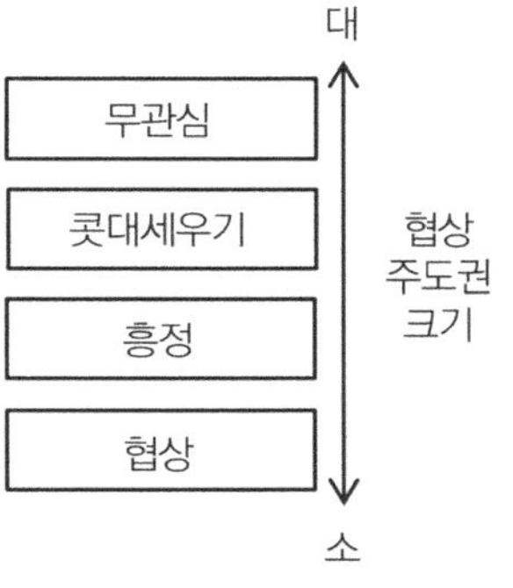

또한 협상 당사자의 협상에 임하는 자세는 권리를 중시하느냐, 힘을 중시하느냐, 협상 당사자의 이해관계를 중시하느냐에 따라, 권리 접근법, 힘 접근법, 이해관계 접근법으로 구분할 수 있다.

권리 접근법은 협상 당사자 일방의 몫에 대한 정당성이나 공정성에 협상의 초점을 두는 협상 접근법이다. 따라서 이 접근법은 협상에서 승자와 패자를 구분하게 되고 불공평한 분배를 초래한다. 협상 1.0의 개념에 근거한 협상 접근법으로 협상 당사자 양측의 이해관계에 집중하지 않으면 협상의 파이를 늘리기 어려우며, 향후 협상 당사자 양측의 법적 소송 등 쟁송의 가능성이 있다.

힘 접근법은 협상 당사자 일방이 자신이 원하는 것을 얻기 위해 협상 상대방에게 강요하는 능력(협조, 강요 등)에 초점을 두는 협상 접근법이다. 이 접근법 역시

4) 탐 가슬린, 협상불변의 법칙, 미디어윌, 2008년, p.20, 그림 1.2를 인용하여 재정리함.

협상에서 승자와 패자를 구분하게 되고 불공평한 분배를 초래하여 협상 당사자 양측의 이해관계에 집중하지 않으면 협상의 파이를 늘리기 어렵다. 협상 1.0의 개념에 근거한 협상 접근법으로 향후 협상 당사자 일방의 분노, 보복 등의 가능성이 있다.

이해관계 접근법은 협상 당사자의 요구, 희망, 관심 사항, 필요 등에 협상의 초점을 두는 협상 접근법이다. 협상 당사자 양측의 이익을 도모하면서 문제를 해결하는 방식으로 협상 상대방의 요구에 응하여 협상의 파이를 늘리기도 한다. 이는 호혜적 접근법으로 앞서 설명한 협상 2.0의 개념에 근거한 협상 접근법이라 할 수 있다. 현재까지 협상에 임하는 자세에서 주가 되는 접근법으로 협상 이후 협상 당사자 양측의 이해 증대, 만족감 고양, 합의의 안정성 등을 기대할 수 있다.

1.2.4 협상을 가로막는 편견[5)]

협상 당사자가 협상에 임하기 전에 갖게 되는 편견이 있다.

첫 번째 **파이 한정 편견(fixed-pie bias)**이다. 이는 협상의 파이 즉 협상의 크기가 정해져 있다고 생각하는 편견으로 협상 과정에서 새로운 가치 창출을 어렵게 한다. 이 편견에 근거한 협상은 어느 한쪽이 손해를 봐야만 다른 한쪽이 이익을 볼 수 있는 제로섬(zero－sum) 게임의 성격을 띠게 된다. 이 편견은 **반사적 평가절하(reactive devaluation)**, 즉 협상 상대방의 제안을 상대방이 제안했다는 이유만으로 폄하하는 행동을 유발하게 한다.

두 번째 **선명성 편견(vividness bias)**이다. 이는 협상 상대방의 제안 중에서 선명한 특징에만 집중하고 다른 특징적 요소를 무시하는 경향을 말한다. 다시 말해서 자신에게 중요하다고 판단되는 문제나 요소에만 지나치게 많은 주의를 기울인 나머지 자신에게 더 많은 만족을 가져다 줄 수 있는 덜 선명한 문제나 요소를 간과하는 경향을 말한다. 이 편견은 협상 과정에서 고려하여야 하는 다양한 의견이나 협상 요소를 무시하여 원하는 협상 결과를 얻어내지 못하는 결과를 초래할 수 있다.

---

5) 디팩 맬호트라, 맥스 베이저먼, 협상천재, 웅진씽크빅, 2008년, p.155~188의 내용을 인용하여 재정리함.

세 번째 비합리적 몰입 강화(nonrational escalation of commitment)이다. 이는 협상 당사자 자신의 협상 이전의 결정이나 행동을 정당화해야 한다는 심리적 요구로, 협상 과정에서 유연한 대처를 어렵게 하고 협상 상대방의 주장이나 논리를 받아들이지 않고 자신의 주장이나 논리만을 주장하여 협상을 결렬시킬 우려가 크다. 이 편견에 사로잡힌 협상 당사자는 '어떤 희생을 치르더라도 협상에서 이기고야 말겠다'는 욕구를 불러일으킨다. 이 편견으로 인하여 양육권 싸움, 입찰 경쟁, 파업, 소송 등 수많은 분쟁들이 통제할 수 없는 파국에 치달을 가능성을 내포하고 있다.

네 번째 프레이밍 효과(framing effect)이다. 이는 틀 효과라고도 하는데 질문이나 문제를 제시하는 방법에 따라 사람들의 선택이나 판단이 달라지는 현상을 말한다. 즉 동일한 사안을 어떤 시각으로 바라보느냐에 따라 해석이 달라진다는 이론이다. 대표적인 예로 행동경제학의 창시자인 대니엘 카너먼(Daniel Kahneman)과 아모스 트버스키(Amos Tversky)의 '아시아 질병 문제'에 대한 실험이다. 첫 번째 질문은 아시아 질병으로 600명 사망이 예상되는 상황에서, A 방안으로 200명을 살린다는 것과 B 방안으로 600명 살릴 확률이 1/3, 모두 죽을 확률이 2/3인 경우, 실험 참가자들에게 A 방안과 B 방안 중 선택하게 한 경우 다수의 실험 참가자가 A 방안을 선택하였다. 하지만 사람을 살릴 확률은 A 방안과 B 방안이 같다. 두 번째 질문 역시 아시아 질병으로 600명 사망이 예상되는 상황에서, C 방안으로 400명이 죽을 수 있다는 것과 D 방안으로 아무도 죽지 않을 확률이 1/3, 600명 모두 죽을 확률이 2/3인 경우, 실험 참가자들에게 C 방안과 D 방안 중 선택하게 한 경우 다수의 실험 참가자가 D 방안을 선택하였다. 역시 사람이 죽을 확률은 C 방안과 D 방안이 같다. 첫 번째 질문에서는 '살린다'라는 긍정적인 표현을 사용하였기 때문에 실험 참가자들이 이를 이익으로 받아들이고 위험 회피적 선택을 한 것이고, 두 번째 질문에서는 '죽는다'라는 부정적인 표현을 사용하였기 때문에 실험 참가자들이 이를 손실로 받아들이고 위험 추구적 선택을 한 것이다. 이처럼 질문의 형태에 따라 선택이 달라지는 것을 프레이밍 효과라고 한다.

다섯 번째 **유도 편향**(motivational bias)이다. 이는 협상 당사자인 자신이 협상 상대방보다 더 공정하고 더 친절하며 더 유능하고 더 관대하여 협상에 기여한 공적이 더 크고 협상의 성공 가능성도 더 높다고 착각하는 것을 말한다. 이 편향은 협상 과정에서 협상 상대방의 의견이나 논리를 무시하고 자신의 의견이나 논리만이 정당하다고 착각하게 만들고 나아가 협상 상대방을 직접적으로 무시하는 행동을 보임으로써 협상을 어렵게 만들 가능성이 크다.

제 3 절 협상의 구조

1.3.1 협상의 구조

협상의 구조는 크게 협상 환경, 협상 배경, 협상 과정의 3개로 구분하여 설명할 수 있다[6].

협상 환경(negotiation environment)은 협상을 둘러싼 분위기로, 협상 당사자의 통제 범위 밖의 상황을 말한다. 이러한 협상 환경에는 글로벌 비즈니스에서 협상 상대국의 법률도 고려해야 한다는 법률적 다원주의, 협상 상대국의 정치적 환경에 대한 철저한 검토가 필요하다는 정치적 다원주의, 협상 당사국 간 자금 이동이 외환으로 이루어지므로 환율변동에 대한 고려, 협상 상대국 정부의 사회적 경제적 문제에 대한 광범위한 영향력을 고려하여야 한다는 외국 정부 통제 및 관료주의, 협상 상대국의 정권 교체, 정책의 급변 등을 의미하는 불안정성, 협상 상대국의 정치적 경제적 이념, 즉 사회주의, 공산주의와 같은 이데올로기 차이, 협상 당사국간의 문화적 차이, 협상 결과에 이해관계를 가진 협상 상대방과 그 외 다른 사람들과 조직, 즉 주주, 직원, 고객, 노조 등 외부 이해관계자 등이 포함된다.

협상 배경(negotiation setting)은 협상 당사자의 상대적 힘과 상호 의존적 성향 등과 같은 측면을 말한다. 보통 협상 당사자들은 협상 배경에 영향력을 가지며 모종의 통제 수단도 가지고 있다. 협상 배경에는 협상 당사자의 상대적 교섭력과 상대방에 대한 신뢰 정도, 협상 자체에 내재하는 마찰의 정도, 즉 '윈－윈(win－win) 협상이 될 것인지 윈－루즈(win－lose) 협상이 될 것인지'의 여부, 협상 전과 협상 중의 협상 당사자 간 관계가 '긍정적인지 부정적인지' 여부, 원하는 협상 결과가 '가시적인지 비가시적인지'의 여부, 직접적인 이해관계자들의 이해관계가 협상에 영향을 미치는지 여부, 협상 당사자의 협상 스타일 등이 포함된다.

6) 클로드 셀리치, 수바시 제인, 글로벌 비즈니스 협상, 도서출판 이치, 2006년, p.3.에서 협상 구조를 협상 환경, 협상 배경, 협상 과정의 3개로 구분하여 설명하고 있는데, 이를 인용하여 재정리함.

협상 과정(negotiation process)은 협상 당사자간 합의에 이르기까지의 이벤트와 상호작용으로 구성되어 있는데, 크게 협상 전 계획 세우기, 협상 시작하기, 본 협상, 협상 마무리, 재협상의 순으로 이루어진다. 협상 과정에는 협상 당사자 간 언어적 또는 비언어적 커뮤니케이션, 협상 전략의 표명, 협상 타결 노력 등이 포함된다. [그림 1−4]는 협상 구조의 3개 요소를 정리한 것이다. 본 저서는 기본적으로 [그림 1−4]의 협상 과정에 따라 협상 전 계획, 협상 착수, 본 협상(협상 조건, 가격 협상, 협상 전략, 협상 스타일), 협상 마무리, 재협상의 순으로 설명을 진행한다.

또 다른 협상 구조는 3D 협상(3차원 협상)으로 분석할 수 있는데, 이는 협상장 전술, 협상안 디자인, 협상판 설계를 일컫는다[7].

협상장 전술은 협상 테이블에서 이루어지는 대면 과정에 초점을 맞추는 것으로, 협상 상대방을 직접 상대하고 설득하는 방법을 말한다. 이러한 협상장 전술에는 협상 상대방과의 의사소통의 개선, 상호간의 신뢰 쌓기, 강경한 술책 채택, 상호간 문화적 차이 극복을 위한 노력 등이 포함된다.

[그림 1-4] 협상 구조[8]

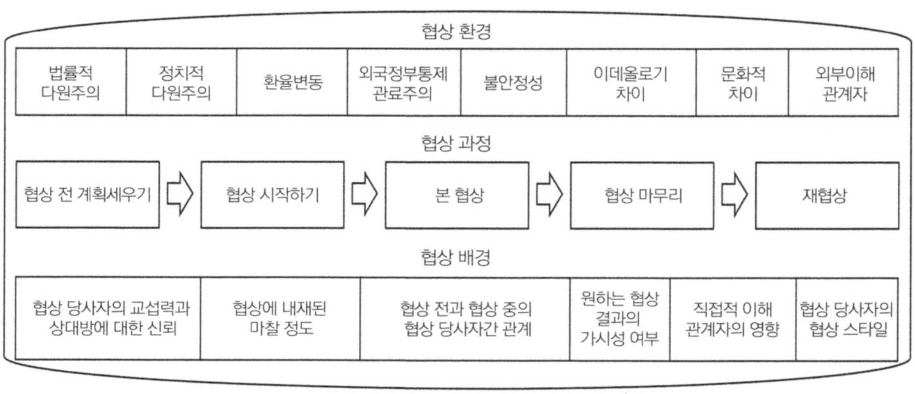

7) 데이비드 렉스, 제임스 세베니우스, 당신은 협상을 아는가; 3D Negotiation(웅진씽크빅, 2015년)에서 3차원 협상의 3가지 요소로 협상장 전술, 협상안 디자인, 협상판 설계를 제시하고 설명함.

8) 클로드 셀리치, 수바시 제인, 글로벌 비즈니스 협상, 도서출판 이치, 2006년, p.5, 표 1−1. 협상 구조를 인용하여 재정리함.

협상안 디자인은 협상 테이블에서 벗어나 실질적인 내용과 결과를 추구하는 것으로, 제도판 위에서 설계도를 그리듯 협상안의 큰 그림을 설계하는 것이다. 협상안 디자인의 핵심은 협상 당사자들에게 더 가치가 있고 더 좋은 목적을 달성할 수 있는 지속 가능한 협상안을 고안하는 것이다.

협상판 설계는 협상 테이블에서 협상 당사자에게 가장 유리한 상황을 만들기 위하여 협상장 밖에서의 조치를 확대하는 것이다. 즉 협상판 설계는 협상을 자신에게 유리하게 하게 위하여 협상을 구성하는 여러 요소를 최적화하는 것으로, 적합한 협상 당사자 선정, 협상 결렬에 대비한 방안 마련, 협상 순서 정하기 등을 포함한다. [표 1-3]은 3D 협상(3차원 협상)의 3가지 차원을 정리한 것이다.

[표 1-3] 3D 협상의 3가지 차원

차원	주제	장소	초점	주요 조치의 예
1차원	협상장 전술	협상 테이블	협상 당사자, 협상 과정	- 의사소통의 개선 - 신뢰 쌓기 - 강경한 술책 채택 - 문화적 차이 극복 노력
2차원	협상안 디자인	협상의 제도판 위	협상의 가치, 실체, 결과	- 더 큰 가치만들기 - 더 좋은 목적을 실현할 지속 가능한 협상안 고안
3차원	협상판 설계	협상장 밖	협상의 구성	- 적합한 협상 당사자 선정 - 협상 결렬 대비 방안 마련 - 협상 순서 정하기

1.3.2 협상의 구조; 비즈니스 협상의 예

협상의 진수를 보여주는 여러 사례 중에서 가장 많이 인용되는 사례는 미국 루스벨트 대통령 선거홍보팀의 협상일 것이다. 1912년 시어도어 루즈벨트는 치열한 접전 중이던 대통령 선거운동의 막바지를 향해 달리고 있었다. 미국 내륙 소도시 기차역을 순회하는 마지막 지방유세는 그의 승리를 결정짓는 중요한 이벤트였다. 루스벨트는 자신의 화려한 웅변술로 청중을 사로잡고 모든 청중에게 작은 소책자를 나누어 줄 계획이었다. 소책자는 총 300만 부가 인쇄되었는데, 표지에는 근엄한 루스벨트의 사진이 실려 있었고 안쪽에는 감동적인 연설문 내용도 실려 있었다. 지방 유세가 막 시작되려는 찰나 한 선거 운동원이 소책자 표지의 루스벨트 사진마다 작은 글씨로 '시카고 모펫 스튜디오'라고 찍혀 있는 것을 발견하였다. 모펫 스튜디오가 사진에 대한 저작권을 가지고 있는 만큼 모펫 스튜디오의 허가를 받지 않고 사진을 무단 사용할 경우, 장당 최소 1달러를 지불해야 할 판이었다. 잠재적으로 300만 달러의 선거비용이 더 드는 것으로 이는 가용 선거자금을 훨씬 초과하는 것이었다. 동시에 소책자를 배포하지 않으면 선거에서 루스벨트가 당선될 가능성이 낮아질 판국이었다. 선거 운동원 전원이 패닉상태에 빠졌다. 낙담한 선거 운동원들은 유명한 금융업자 조지 퍼킨스(George Perkins)에 연락하였다. 퍼킨스는 J.P.모건(Morgen)의 동업자이자 캘리포니아 철도를 놓은 사람으로 루즈벨트 선거운동본부의 책임자였다. 퍼킨스는 즉시 다음과 같은 전보를 시카고의 모펫 스튜디오에 보냈다. '우리는 표지에 루스벨트 사진을 실은 소책자 3백만부를 배포하려고 합니다. 이는 사진을 찍은 귀 스튜디오를 홍보할 절호의 기회입니다. 귀 스튜디오의 사진을 우리의 소책자에 싣는 대가로 얼마를 지불하시겠습니까? 즉시 회신 바랍니다.' 모펫 스튜디오로부터 다음과 같은 답신이 도착했다. '이런 거래를 해본 적이 없지만, 그런 상황이라면 250달러를 기꺼이 지불하겠습니다.' 루스벨트 대통령 선거홍보팀의 협상 사례를 3차원 협상으로 분석하면 [표 1-4]와 같다.

[표 1-4] 루스벨트 대통령 선거홍보팀 3D 협상의 3가지 차원

차원	주제	내용
1차원	협상장 전술	- 모펫 스튜디오와의 신뢰 쌓기; 모펫 스튜디오 홍보 기회 제안 - 강경한 술책 채택; 얼마나 지불할 것인지, 즉시 회답하라는 메시지 - 신속한 의사소통; 전보를 통한 즉답 요청
2차원	협상안 디자인	- 모펫 스튜디오와 루스벨트 선거홍보팀의 윈-윈 가치 창출; 모펫 스튜디오의 홍보 가치와 루스벨트 당선 가능성 및 막대한 금전적 비용의 상호 교환 - 모펫 스튜디오의 금전 지불이라는 창의적 방안 도출
3차원	협상판 설계	- 모펫 스튜디오라는 단일 협상 당사자 선정 - 홍보 효과라는 미끼로 새로운 협상안 도출 - 전보 접촉을 통한 빠듯한 시한 통보로 협상 결렬 시에도 훌륭한 대안이 있다는 암시

제 4 절 배트나(BATNA)

1.4.1 배트나(BATNA)의 의미

배트나(BATNA)는 Best Alternative To a Negotiated Agreement의 약자로, 협상이 결렬되었을 때 협상 당사자가 선택할 수 있는 최선의 대안을 말한다. 이 용어는 하버드大의 로저 피셔(Roger Fisher)와 윌리엄 유리(William Ury)의 저서, <Getting to Yes>에서 처음 소개되었다[9]. 협상에서 계약서상의 협상 당사자인 갑과 을은 무의미하며 배트나(BATNA)가 있는 협상 당사자는 갑이 되고 없는 협상 당사자는 을이 된다. 이러한 배트나(BATNA)는 주어지는 것이 아니라 만들어지는 것이다. 따라서 합의가 이루어지지 않는다 하더라도 협상 당사자는 실패로 생각하지 않는다. 현 상황에서는 배트나(BATNA)가 없을 수도 있지만 노력 여하에 따라 충분히 만들 수 있다. 이러한 배트나(BATNA)에는 협상이 불리할 경우 협상의 중단, 협상이 결렬된 경우 판결에의 호소, 임금 협상에서 임금 합의안에 타결하지 못한 경우 파업, 협상이 불리할 경우 다른 이해관계자와의 연합 또는 제휴 등도 포함이 된다.

앞에서 예를 들어 설명하였지만 애플(Apple)과 삼성SDI의 스마트폰 배터리 구매 협상을 구체적인 예로 배트나(BATNA)를 설명하겠다. 애플(Apple)이 삼성SDI로부터 '연간 배터리 1억개 구매'를 위한 협상을 하는 경우, 애플(Apple)이 구매 가격을 배터리 개당 $8을 제시한 반면 삼성SDI는 판매가격으로 $10을 제시하였다. 배터리 가격에만 초점을 맞추고 협상한다면 양사 가격 차이로 협상이 결렬될 수 있다. 이 경우 애플(Apple)은 구매 가격 $8을 유지하는 대신 구매량을 1억5천만개로 늘려 협상할 수 있다. 즉 애플(Apple)은 '구매 가격 $8 유지' 대신에 '구매 가격 $8 유지 + 구매량 증가'라는 배트나(BATNA)를 제시할 수 있다. 또한 애플(Apple)은 현재 양사 간 대금 지급 조건인 '납기 후 90일 현금 지급'을 '납기 후 30일 현금 지급'으로 삼성SDI에 대한

9) Roger Fisher and William Ury, Getting to Yes, Penguin Books, 1981, p.97~106 참조.

'대금 지급 조건 변경'을 추가하여 '구매 가격 $8 유지 + 대금 지급 조건 변경'이라는 배트나(BATNA)를 제시할 수 있다. 삼성SDI의 경우 '판매가격 $10 유지' 대신 애플(Apple)에 대하여 양사 간 기존 납기 2개월을 1개월로 단축하여 납품하는 '납기 단축'을 추가하여 '판매가격 $10 유지 + 납기 단축'이라는 배트나(BATNA)를 제시하거나 양사 간 기존 품질 보증 기간인 1년을 2년으로 연장하는 '품질 보증 기간 연장'을 추가하여 '판매가격 $10 유지 + 품질 보증 기간 연장'이라는 배트나(BATNA)를 제시할 수 있다.

이러한 배트나(BATNA)는 여러 가지 요소의 영향을 받는다. 협상 시한, 이해관계, 협상 당사자의 식견이나 경험, 수완, 협상 상대방의 수완 등과 같은 요소에 영향을 받는다. 배트나(BATNA)는 협상 시작 전 단계에서부터 평가하고 준비하여야 한다. 자신의 배트나(BATNA)가 무력화된다면 다른 이슈로 협상 당사자 간 힘의 균형을 유지하여야 하는데 가장 유용한 수단이 시간이다. 즉 협상 상대방이 배트나(BATNA)가 없다면 협상을 길게 끌고 가는 것이 유리하고, 자신이 배트나(BATNA)가 없다면 최대한 빨리 협상을 끝내는 것이 유리하다.

대표적인 예로 미국과 베트남의 베트남 전쟁 종전 협상을 들 수 있다. 베트남 전쟁은 1960년부터 1975년까지 미국이 베트남과 벌인 전쟁으로 미국은 전쟁으로 인한 막대한 경제적 손실과 인명 피해는 물론 국내외의 엄청난 반전 여론때문에 굴욕적이지 않으면서도 별 피해 없이 전쟁을 끝내고 빠져 나오기 위한 출구 전략(exit strategy)을 찾기 위해 베트남과의 종전 협상을 진행하였다. 따라서 당시 미국은 '가능한 빠른 시일 내 협상 종료'에만 집중하고 있었다. 미국은 1주일 내 종전 협상을 끝내겠다고 선언하고 협상에 임한 반면 협상 상대방인 베트남은 협상을 3개월간 끌었고 결국 협상은 베트남의 승리로 끝났다. 즉 '빠른 협상 종료'에 대한 배트나(BATNA)가 없었던 미국은 협상에서 패하고 말았다.

1.4.2 배트나(BATNA)의 활용

이와 같이 배트나(BATNA)는 협상의 결과를 유리하게 이끌어가는 데 매우 중요한 요소이기 때문에 실제 협상에서 잘 활용하기 위해서는 다음 사항을 염두에 두어야 한다.

첫 번째 배트나(BATNA)는 주어진 것이 아니라 개발하는 것이다. 자신이 얼마를 양보하느냐는 상대방의 배트나가 어떠냐에 좌우된다. 예를 들어 부품 구매 협상에서 현명한 판매자는 항상 판매 가능한 구매 대상을 찾아 구매자의 배트나(BATNA), 즉 구매자의 부품 구매 가격, 경쟁제품의 존재 여부, 경쟁 제품가격 등에 대한 대안이 무엇인지 조사하고 분석한다. 이러한 구매자의 배트나(BATNA)에 대한 조사 및 분석을 통해 자신의 배트나(BATNA)를 개발하고 개선하여 유리한 조건을 만듦으로써 효과적인 협상력으로 전환할 수 있다.

두 번째 최종결정이 배트나(BATNA)보다 나쁘면 결정을 미루어야 한다. 앞에서 자신의 배트나(BATNA)가 무력화되면 시간으로 협상 상대방과의 힘의 균형을 유지할 수 있다고 설명하였는데, 배트나(BATNA)는 협상 당사자가 진행하고 있는 협상이 실패했을 때 선택할 수 있는 최선의 대안이므로 개발된 배트나(BATNA)가 최저선인 배트나(BATNA)보다 나쁘다면 결정을 보류하라는 의미이다. 예를 들어 판매자가 1억원에 장비를 판매하려고 하는데 구매자가 8천만 원에 구매하려고 한다면 1억 원 이상의 구매자가 올 때까지 그 장비를 팔지 말고 기다려야 한다는 것이다.

세 번째 강력한 배트나(BATNA)가 있으면 빨리 협상 상대방에게 알리는 것이 좋다. '우리에겐 사실상 다른 충분한 대안이 있습니다.'라는 표현을 통해 협상 상대방보다 강력한 배트나(BATNA)가 있음을 알려서 협상을 자신에게 유리한 방향으로 이끌 수 있다. 실제 협상에서는 협상 상대방도 확실한 대안이 있으므로 자기 대안의 강점을 적절히 드러내어 협상 상대방이 자신의 대안을 선택하도록 유도하여야 한다.

네 번째 협상 상대방의 배트나(BATNA)를 파악하여야 한다. 앞에서 기술한 부품 구매 협상의 예에서처럼 협상 상대방의 배트나(BATNA)를 아는 것이 협상력의 또 다른 원천이다. 협상 상대방의 배트나(BATNA)를 자신의 배트나(BATNA)와 비교할 때 더 강력한지 아니면 열등한지 파악해야 한다. 배트나(BATNA)를 개발하고 활용하는 것은 단지 자신이 수용할 수 있는 최저의 합의를 결정하도록 할 뿐만 아니라 그 최저 수준을 높여줄 수 있다. 또한 자신보다 더 강력해 보이는 협상 상대방을 다루는 가장 효과적인 협상 전략이 될 수 있다. 과거 서울시와 청계천 상인들과의 청계천 복원 사업 협상은 배트나(BATNA)의 중요성을 보여준 대표적 사례로 꼽힌다. 청계천 복원 사업은 옛날부터 그곳에 자리잡고 있었던 상인들의 반대로 기획 초기 단계부터 난항을 겪었다. 서울시는 2002년 7월 미관상 좋지 않고 시민의 안전을 위협하는 노후화한 청계고가를 철거하고 청계천을 복원하겠다는 계획을 발표했다. 하지만 2만여 명의 상인들은 상권 소멸, 교통 대란, 홍수 위험 등을 제기하며 격렬하게 반대했다. 서울시는 상인들에게 황학동 만물시장과 문정동 물류 단지 등에 점포 부지를 제공하고 업종 전환도 지원하겠다는 등 유인책을 제시하였지만 상인들은 10조 원의 영업 손실 보상금만을 요구하며 적극 반대하였다. 이 당시 서울시는 청계천 공사비 외에 어떠한 추가 예산도 없었다. 10조 원의 보상금을 요구하는 상인들과 한 푼의 보상금도 지급할 수 없다는 서울시, 양측의 입장이 팽팽히 맞서 협상 타결이 불가능한 상황이었다. 이때 서울시가 강력한 배트나(BATNA)인 '청계고가 보수공사'라는 배트나(BATNA)를 제시하였다. 서울시는 청계천 상인들에게 청계고가의 안전 진단 결과 위험하다는 판정이 내려졌고 만약 협상이 결렬되면 서울시는 향후 2년간 청계고가 보수공사를 할 수밖에 없음을 통지하였다. 청계천 상인들의 입장에서는 청계고가 보수공사가 시작되면 어차피 공사 기간 동안 장사를 할 수 없을 뿐 아니라 시민 안전을 위한 보수공사라는데 반대할 명분도 없었다. 결국 청계천 상인들은 3 년간 이주 및 업종 전환에 대한 지원을 받는다는 조건으로 청계천 복원 사업을 수락하게 되었고 협상은 서울시가 원하는 대로 극적으로 타결되었다.

제 2 장

협상 전 계획

제 1 절 협상 전 고려사항

2.1.1 협상 전 고려사항 개요

체계적 계획과 준비는 성공적인 비즈니스 협상을 위한 결정적인 요소로 널리 인정되고 있다. 만일 준비가 되지 않았다면 협상하지 마라(Do not negotiate if you are unprepared.)라는 말이 협상의 세계에서는 당연히 받아들여지고 있고, 수많은 명언으로 유명한 미국 사상가 벤자민 플랭크린(Benjamin Franklin)도 '준비에 실패하는 것은 실패를 준비하는 것이다.'라는 명언을 남겼다. 링컨 전 미국대통령도 '나무를 베는데 1시간이 주어진다면, 도끼를 가는데 45분 쓰겠다.'고 말한 바가 있는데 이 또한 '준비 없이 협상 없다.'는 말을 잘 표현하고 있다. 수많은 준비의 중요성을 강조하는 용어가 있지만, 대표적인 것이 영국군 격언인 **7Ps**로 ' Proper Planning and Preparation Prevents Piss Poor Performance, 적절한 계획과 준비는 형편없는 성과를 방지한다.'가 있으며, 이외에도 **5Ps**(Proper Preparation Prevents Poor Performance, 적절한 준비는 형편없는 성과를 방지한다.), **6Ps**(Proper Prior Preparation Prevents Poor Performance, 적절한 사전 준비는 형편없는 성과를 방지한다.), **10Ps**(Prior Planning Promotes Proper Performance, Presentation, Passion, Play, Pray and Pay. 적절한 계획은 적절한 성과, 표현, 열정, 행동, 간절한 바램, 보상을 촉진한다.), **12Ps**(Piss Poor Planning Promotes Piss Poor Performance, Piss Poor Performance Promotes Pain, 형편없는 계획은 형편없는 성과를 촉진하고 형편없는 성과는 고통을 촉진한다.) 등이 있다. 협상에서 발생하는 실수는 대부분 짧은 기간 준비로 인하여 발생한다. 협상 전 단계에서 고려하여야 할 사항은 협상 이슈 정하기, 나의 입장 파악하기, 상대방 입장 파악하기, 경쟁 상대 알기, 협상 한계 알기, 협상 전략 개발하기, 협상 미팅 계획하기 등으로 구분할 수 있다.

2.1.2 협상 이슈 정하기

협상 전 계획의 첫 단계는 협상할 이슈(issue)를 정하는 것이다. 이슈란 앞에서 이미 설명한 바와 같이 협상에서 풀어야 할 문제를 가리키는 것으로 쟁점이라고도 한다. 보통 협상에는 한두 개의 주요 이슈와 많은 작은 이슈들이 포함되며 모든 이슈는 목록으로 작성하여 이슈들의 우선순위(priority)를 정하는 것이 중요하다. 협상 당사자가 논의하고자 하는 협상 이슈를 명확히 하지 않으면, 협상에서 논점을 잃어버리고 협상 상대방에게 유리한 협상 결과를 초래하게 된다. 따라서 이슈를 중요도에 따라, 가장 중요한 이슈, 중간 정도 중요한 이슈, 가장 중요하지 않은 이슈 등 3가지 정도로 분류하여 협상에 임하는 것이 필요하다. 협상 이슈 정할 때 주의하여야 할 것은 이슈가 가시적이든 비가시적이든 모두 우선순위를 정하여야 한다는 것이다. 좀 더 구체적으로 설명하면 협상 이슈를 정할 때 협상 이슈의 순서는 '협상 이슈의 중요도'와 '협상 당사자의 이해관계'에 따라 정하는 것이 일반적이다. 즉 협상 이슈의 중요도가 낮고 협상 당사자의 이해관계도 낮은 이슈부터 협상을 시작하여, 협상 이슈의 중요도가 높고 협상 당사자의 이해관계도 높은 이슈로 협상을 진행하는 것이 일반적이다. [그림 2-1]은 협상 이슈의 순서를 정리한 것이다.

[그림 2-1] 협상 이슈의 순서

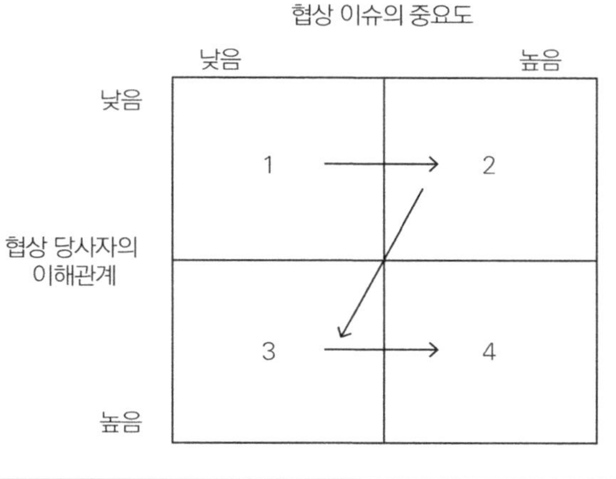

이슈 목록을 작성하고 이슈들의 우선순위를 정한 후, 협상 상대방의 이슈를 결정하기 위하여 협상 상대방과 기본 접촉을 하여야 한다. 협상 상대방의 이슈를 확인한 후 자신의 이슈와 협상 상대방의 이슈를 합하여 최종 이슈 목록을 만들고 이것이 협상의 **아젠다(agenda)**, 즉 협의 사항이 된다. 다시 말해서 협상을 시작하기 전에 협상 당사자 양측은 협상 이슈에 대하여 합의하여야 한다. 또한 협상 당사자는 각자 이슈를 개발하여 우선순위를 정하고 사전 만남, 전화, 이메일, 팩스 등을 통하여 공유할 수 있는데, 양측의 이슈 목록이 공동 목록으로 통합되며 이 통합된 목록을 **교섭 목록(bargaining list)**이라고 한다. 아울러 협상을 위하여 협상 상대방의 회사를 방문할 경우는 방문기간 동안의 세부 일정을 미리 확정하고 세부 일정표를 작성하는 것이 좋다. 세부 일정표에는 협상 참가자들을 모두 명기하는 것이 좋지만 협상 대표자만 명기하고 그 외의 협상 참가자 명단은 이후 따로 교환하기도 한다.

2.1.3 나의 입장 파악하기

협상 이슈를 정하고 난 후 협상에 임하는 나의 입장(position)을 파악하여야 한다. 앞에서 설명한 바와 같이 입장은 특정 문제에 대한 협상 당사자가 취하는 자세 또는 포지션을 말하는 것으로 요구라고도 하는데, 자신의 입장이나 요구를 파악하기 위해서는 협상 목표를 정하고 SWOT 분석에 따라 자신의 강점 및 약점, 외부 환경의 기회 및 위협을 이해하여야 한다. **SWOT 분석(SWOT Analysis)**이란 회사의 현재 상태를 평가하는 분석 도구로, 회사를 둘러싼 외부환경을 분석 평가함과 동시에 자기 회사의 역량 즉 강점 및 약점을 분석 평가하는 것을 말한다. SWOT 분석은 자기 회사의 주요 기능, 문화, 조직 구조, 운영 효율성 및 능력, 브랜드 이미지, 기술력, 정보력 등의 내부환경 분석으로 강점(strengths)과 약점(weaknesses)을 분석하고, 자기 회사의 정치적, 경제적, 사회적, 문화적 환경, 공급업체, 고객, 경쟁업체, 유통기관의 영향력 등의 외부환경 분석으로 기회(opportunities)와 위협(threats)을 파악하고 분석하는 도구이다. 강점의 S, 약점의 W, 기회의 O, 위협의 T를 합하여 SWOT이라고 지칭한다. SWOT 전략은 자신의 강점은 활용하고 약점은 보강하는 한편, 기회는 활용하고 위협은 극복하는 전략으로 요약할 수 있는데, [표 2-1]은 SWOT 분석 및 전략을 정리한 것이다.

[표 2-1] SWOT 분석 및 전략

	강점(S)	약점(W)
기회(O)	SO전략	WO전략
	강점요인 활용 기회요인 활용	약점요인 보강 기회요인 활용
위협(T)	ST전략	WT전략
	강점요인 활용 위협요인 극복	약점요인 보강 위협요인 극복

자신의 강점 및 약점을 파악하는 것이 중요하지만, 특히 자신의 약점을 파악하는 것이 중요한 이유는 협상에서의 자신의 약점을 알아야 모자라는 부분을 보충하는 방법을 사전에 준비할 수 있기 때문이다. 외부환경의 기회 및 위협을 이해하는 것도 중요한 데, 특히 외부환경의 기회를 이해하는 것은 협상에서 자신에게 유리한 협상의 외부환경을 파악함으로써 보다 유리한 협상 결과를 도출해 낼 수 있기 때문이다. 협상 목표는 단순한 소망이나 바램이 아니라 구체적이고 실현 가능한 목표이어야 한다. 자신의 협상 목표는 협상의 이해관계(interest)나 필요와 연결되어야 하고 협상 상대방의 목표와도 연결되어야 한다. 또한 목표에는 자신의 협상 능력에 근거한 경계가 있어야 하는데, 만약 협상 목표를 넘어서게 되면 목표를 바꾸거나 협상을 종료하여야 한다. 보통 목표는 SMART하여야 한다고 하는데, 이는 구체적(specific)이어야 하고 측정 가능(measurable)하여야 하며 달성 가능(achievable)하여야 하고 관련성(relevant)이 있어야 하며 시간을 고려(time-bounded)하여야 한다는 것이다.

2.1.4 상대방 입장 파악하기

협상에 임하는 나의 입장을 파악하고 나면 당연한 상대방의 입장도 파악하여야 한다. 기본적으로는 앞에서 설명한 SWOT 분석을 통하여 자신을 분석한 것처럼 상대방을 파악할 수 있다. 일반적으로 협상 상대방의 입장을 파악하기 위하여 회사의 재무 상태, 영업 현황, 기술 현황 등 기본적인 회사 역량을 파악함과 동시에 협상의 목표, 협상의 이해관계나 필요를 확인하는 것이 필요하다. 상대방을 알기 위한 가장 보편적 방법은 직접 상대방을 방문하여 회의 등을 통하여 필요한 정보를 얻는 것이다. 협상 전에 실질적으로 상대방과 직접 대면하여 필요한 정보를 얻는다는 것이 쉽지 않기 때문에, 이전에 상대방과 협상했던 사람에게 물어보거나 상대방이 신문, 잡지 등에서 언급한 내용을 찾아보는 방법도 있다. 협상 상대방의 목표를 확인할 때 주의하여야 할 것은 상대방도 자신과 비슷하거나 동일한 목표를 가질 것으로 가정하는 것이다. 상대방이 자신과 비슷하거나 동일한 목표를 가질 것으로 가정하게 되면 자신의 협상 목표를 전제로 자신의 방식으로 상대방의 입장을 파악하게 된다. 상대방의 목표를 알아내는 가장 좋은 방법은 앞서 말한 직접 대면, 다른 협상자의 의견 듣기, 상대방의 언론 기사 등의 방법으로 얻은 상대방의 정보를 객관적으로 분석하여 합리적 가정을 세워 목표를 판단하는 것이다. 상대방의 이해관계나 필요는 입장 또는 요구 이면의 근본적인 협상의 이유이기 때문에 협상 전에 반드시 확인하는 것이 필요하다. 상대방 입장 파악하기에는 이외에도 상대방의 협상 스타일, 협상 전술이나 전략 등도 파악하는 것이 필요하지만 협상 상대방의 권한을 파악하는 것도 필요하다. 다시 말해서 협상 상대방이 협상의 실질적인 권한을 가지고 있지 않다면 협상에 진지하게 임하지 않을 가능성이 크고 협상 결과에 대한 책임을 보장하기 어려울 수도 있다. 따라서 실질적인 협상 권한이 없는 상대방과의 협상이 의미가 없고 결과도 없는 협상으로 끝날 수 있기 때문에 협상 권한을 미리 파악해 두는 것이 중요하다. 상대방이 실질적인 협상 권한이 없다면 어느 정도까지 협상하고자 하는지 또는 협상할 수 있는지 미리 정하는 것이 좋다.

2.1.5 경쟁 상대 알기

협상은 다자간 협상도 가능하지만, 양자 협상 즉 협상 당사자가 2인인 것이 보통이다. 하지만 실제 협상에서 협상 테이블에 등장하지는 않지만, 협상에 보이지 않는 제3자가 등장하여 협상에 영향을 미치는 경우가 종종 있다. 따라서 협상 전에 누가 협상에 경쟁 상대로 등장할 지 미리 파악하는 것도 중요하다. 대표적인 예가 가격 협상 시 자신의 경쟁사를 거론하면서 가격 인하 압박을 가하는 것이다. 즉 협상 상대방이 자신의 경쟁사가 자신보다 더 나은 가격 조건을 제시하고 있다고 압박을 하는 것이다. 따라서 협상과 직접 관계없는 제3자의 강점 및 약점을 파악하는 것도 필요하다. 경쟁 상대인 제3자를 파악하는 방법은 먼저 주요 경쟁 상대를 목록화하여 추려내고, 나의 입장 분석에서처럼 SWOT 분석을 통하여 경쟁 상대의 강점 및 약점, 외부환경의 기회 및 위협을 파악하는 것이다.

2.1.6 협상 한계 알기

협상의 한계를 알기 위하여 먼저 협상 당사자는 유보 포인트를 확인하여야 한다.

유보 포인트(reservation point)는 협상 당사자가 협상을 타결하든 결렬하든 차이가 없는 지점을 말하는 것으로 양보의 한계점이라고 할 수 있다. **유보 가치(reservation value)**, **벗어나기 지점(walk-away point)** 또는 **최종 지점(bottom line)**이라고도 한다. 예를 들어 가격 협상에서는 협상 당사자가 받아들일 수 있는 가장 낮거나 가장 높은 가격을 의미한다. 벗어나기 지점(walk－away point)이라고 하는 이유는 협상 당사자 일방이 협상 상대방이 제시한 더 높거나 더 낮은 제안을 받아들이기 보다는 협상장을 벗어나는 것이 낫다는 의미이다. 일반적으로 유보 포인트는 협상 당사자가 가장 이상적으로 생각하는 목표 또는 목표 포인트와 함께 설정한다. 목표 또는 목표 포인트는 현재 상황과 조건을 가장 현실적으로 반영하여 설정한다. 협상 결과는 협상 당사자들의 협상 목표보다는 유보 포인트 사이의 관계에 의하여 좌우된다고 할 수 있다. 이러한 유보 포인트를 결정하는 방법이 앞에서 설명한 **배트나(BATNA)**를 이용하는 것이다. 유보 포인트는 적극적일 수도 있고 소극적일 수도 있다. 적극적일 경우 협상 당사자의 각 유보 포인트가 겹치게 된다. 이는 협상이 합의에 이르는 것이 가능하다는 의미이다. 이러한 협상 당사자들의 유보 포인트들이 합쳐서 만들어지는 것이 교섭영역(bargaining zone)이다.

교섭영역(bargaining zone)은 협상 당사자의 양보 한계점의 차이로, 다시 말해서 협상 당사자들의 유보 포인트들 사이의 범위를 말한다. 이는 협상의 각 당사자가 협상할 수 있는 영역을 말한다. 이 교섭영역 내에서 협상 당사자들은 양보와 반대 제안을 하게 된다. 예를 들면 물건 구매 협상에서는 판매자의 경우 제품의 판매 최저가격, 구매자의 경우는 제품의 구매 최고가격을 설정하는 것이다. 이를 정리하면 [그림 2-2]와 [그림 2-3]과 같다. [그림 2-2]는 협상 당사자 A는 제품 판매자, 협상 당사자 B는 제품 구매자인 제품 구매 협상을 예를 들어 유보 포인트와 교섭영역을 나타낸 것이다. 협상 당사자 A의 경우, 판매할 제품의 가격을 최고가격은 10, 최저가격은 8로 설정한 것이다. 이 때 판매할 제품의 최고가격 10이 목표가격 또는 목표 포인트가 되고, 최저가격 8이 유보 포인트가 된다. 협상 당사자 B의 경우, 구매할 제품에 지불할 가격을 최고가격은 6, 최저가격은 4로 설정한 것이다. 이 때 구매할 제품의 최고가격 6이 유보 포인트가 되고, 최저가격 4가 목표가격

[그림 2-2] 유보 포인트와 교섭영역; 소극적 유보 포인트와 교섭영역

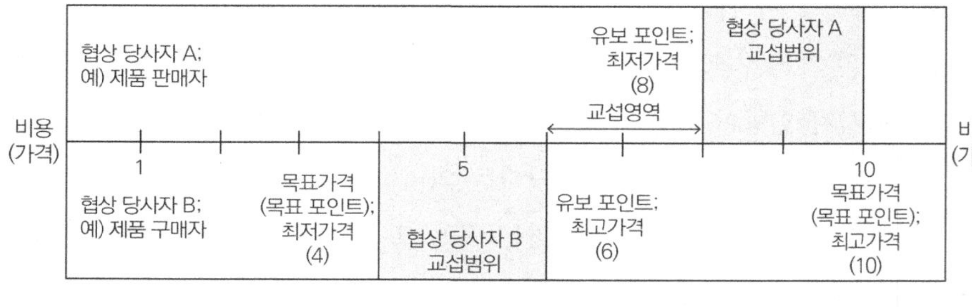

[그림 2-3] 유보 포인트와 교섭영역; 적극적 유보 포인트와 교섭영역

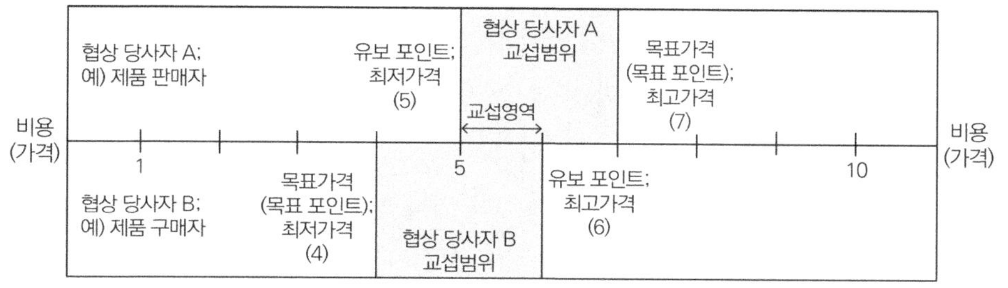

또는 목표 포인트가 된다. [그림 2-2]의 경우는 협상 당사자의 유보 포인트가 소극적이어서 교섭영역이 겹치지 않기 때문에 협상이 합의에 이를 가능성은 낮다. 따라서 이런 상황에서는 양측 모두 협상을 포기하거나 중지하는 것이 유리하다. [그림 2-3] 역시 협상 당사자 A는 제품 판매자, 협상 당사자 B는 제품 구매자인 제품 구매 협상을 예를 들어 유보 포인트와 교섭영역을 나타낸 것이다. 협상 당사자 A의 경우, 판매할 제품의 가격을 최고가격은 7, 최저가격은 5로 설정한 것이다. 이 때 판매할 제품의 최고가격 7이 목표가격 또는 목표 포인트가 되고, 최저가격 5가 유보 포인트가 된다. 협상 당사자 B의 경우, 구매할 제품에 지불할 가격을 최고가격은 6, 최저가격은 4로 설정한 것이다. 이 때 구매할 제품의 최고가격 6이 유보 포인트가 되고, 최저가격 4가 목표가격 또는 목표 포인트가 된다. [그림 2-3]의 경우는 협상 당사자의 유보 포인트가 적극적이어서 교섭영역이 겹치고 있기 때문에 협상이 합의에 이를 가능성이 상당히 높다.

교섭영역과 비슷한 의미로 조파(ZOPA, zone of possible agreement)가 있다. 조파는 협상 당사자의 협상 가능 영역을 일컫는 것으로 협상 상대방의 조파를 알게 되면 협상이 수월해진다.

2.1.7 협상 전략 개발하기

협상 당사자는 협상 전에 협상 전략을 개발하여야 한다. 구체적인 협상 전략은 이후에 상세하게 설명하겠지만(제6장 협상 전략 참조), 협상 전략을 기본적으로 경쟁적 전략과 협조적 전략으로 나누어 볼 수 있다. 이는 협상 당사자가 협상에 임할 때의 자세, 즉 경쟁적 입장인지 협조적 입장인지에 따라 협상 전략을 선택한다는 것이다. 이는 앞에서 설명한 협상 1.0 및 협상 2.0의 협상 관점과도 일맥상통한다.

협상 1.0은 윈－루즈(win－lose) 협상으로 내가 이기면 상대방이 지고 상대방이 이기면 내가 질 수밖에 없는 협상이므로 이 경우 경쟁적 전략을 선택한다. 경쟁적 전략은 협상의 여지가 별로 없다는 인식을 협상 상대방에게 전달하는 것이 중요하다. 협상이 단 한번으로 끝나거나 협상이 잘 진행되지 않거나 정체될 시 활용하는 협상 전략이다.

협상 2.0은 윈－윈(win－win) 협상으로 한쪽만 이기는 것이 아니라 양쪽 다 만족하는 협상이므로 이 경우는 협조적 전략을 선택한다. 협조적 전략은 윈－윈 상황에 초점을 맞추고 협상 상대방과 정보를 공유한다. 또한 협상 상대방의 관점을 이해하며 상호 이익을 증진하기 위하여 노력하는 것이다. 따라서 협조적 전략은 처음 생각했던 것보다 더 많은 것을 얻을 수 있는 창조적 합의 방안을 도출할 수 있다.

협상 전략의 선택은 경쟁적 전략과 협조적 전략의 결합이 바람직하다. 일반적으로 협조적 전략이 비즈니스 협상에 부합하여 협상 양측의 장기적인 건전한 관계를 구축하고 상호 이익을 극대화하여 협상 당사자에게 득이 된다고 생각한다. 하지만 순수한 협조적 전략은 협상 상대방이 자신의 이익을 극대화하려는 경쟁적 전략을 취하게 되면 실행이 불가능해진다. 따라서 협조적 전략과 경쟁적 전략의 결합이 실제 협상에서는 바람직하다고 할 수 있다.

협상 전략 개발 시 주요 쟁점으로는 자신의 초기 입장 설정, 양보하기, 지지

논리 개발 등이 있다. 자신의 초기 입장이 중요한 이유는 협상의 최종 합의는 자신의 초기 제안에 큰 영향을 받기 때문이다. 즉 앵커링(anchoring) 효과 때문이다. **앵커링(anchoring) 효과** 또는 **기준점 효과**는 처음 배가 닻(anchor)을 내리면 배가 닻과 연결된 밧줄의 범위내에서만 움직일 수 있듯이, 처음에 제시했던 인상적인 숫자나 사물이 기준점이 되어 그 후의 판단에 영향을 미치는 것을 말한다. 협상 당사자가 무의식적으로 처음 주어진 조건에서 크게 벗어나지 못하고 이를 기준으로 삼아 협상에 임하게 된다는 것이다.

2.1.8 협상 미팅 계획하기

협상이 순조롭게 진행되기 위해서는 다양한 세부 항목을 협상 전에 점검하고 협상을 위한 미팅 계획을 세워야 한다. 협상 미팅 계획하기의 세부 항목에는 협상 일정, 협상 장소, 협상 당사자 소개 등이 있다.

먼저 협상 일정은 협상의 시간적 순서를 정하는 것을 일컫는 것으로 협상 상대방의 일정을 고려하여 잡는다. 협상 일정을 정하는 날자와 실제 협상일의 기간에 대해서는 일반적으로 기간이 너무 길어지지 않도록 하는 것이 좋다. 협상일까지의 기간이 너무 길어지면 협상의 중요성을 간과하거나 협상 상대방이 협상의 내용을 잊어버릴 수 있고, 협상일까지의 기간이 너무 짧으면 협상 준비를 제대로 하지 못하는 경우가 발생할 수 있다. 어떤 이슈를 어떤 순서로 협상할 것인지 결정하는 것도 협상 일정의 하나이다. 협상 이슈의 순서에 대해서는 앞에서 이미 설명하였듯이 일반적으로 협상 이슈의 중요도와 협상 당사자의 이해관계에 따라 협상 이슈의 순서를 정한다. 다시 말해서 협상 이슈의 중요도가 낮고 협상 당사자의 이해관계도 낮은 이슈부터 협상을 시작하여, 협상 이슈의 중요도가 높고 협상 당사자의 이해관계도 높은 이슈로 협상을 진행하는 것이 일반적이다. 이는 중요하지 않은 이슈부터 해결하여 협상 당사자들이 스스로 쉽게 이슈를 해결했다는 만족감을 느끼게 되어 뒤이은 이슈에 대한 협상도 수월하게 진행하기 때문이다. 대표적인 예가 2002년 한일 월드컵 개최를 위한 한일 양국간 협상 시, 가장 첨예하게 대립하고 있었던 대회 공식 명칭 및 결승전 장소 문제를 맨 나중에 협상하였다. 또한 한미 FTA 협상에서도 양국간 가장 큰 관심사였던 쌀 및 자동차 개방 이슈를 맨 나중에 협상하였다. 또한 협상 시간을 충분히 할당하여 모든 불확실성에 대비하는 것도 중요하다. 본 협상에 소요되는 시간뿐 아니라, 협상장으로의 이동 시간, 휴식 시간 및 식사 시간 등 협상과 관련된 모든 일정에 대하여 충분한 시간을 확보할 수 있어야 한다.

협상 장소 또한 협상에 상당한 영향을 미친다. 협상 장소로는 협상 당사자 자신의 장소, 협상 상대방의 장소, 제3의 장소 등 3가지 대안이 있는데, 협상에서 협상 본거지의 지역적 이점을 충분히 활용하기 위하여 자신에 유리한 장소, 즉 자신의 사무실을 최우선으로 선호한다. 협상 상대방의 장소를 협상 장소로 정하는 것은 협상 상대방의 관계자들을 모두 만날 수 있고 협상 상대방의 시설 및 장비 등을 평가할 기회를 가지는 이점이 있는 반면, 이동 시간 및 비용, 시차 적응의 문제 등의 단점이 있다. 제3의 장소는 중립적 장소를 협상 장소로 정하는 것이다. 예를 들어 스위스 제네바, 싱가포르, 스웨덴 스톡홀름 등이 국제 비즈니스 협상 장소로 많이 선택된다. 2018년 미국 도널드 트럼프 대통령과 북한 김정은 국무위원장의 정상회담이 싱가포르에서 개최되었다. 이는 협상 당사자의 자신 장소인 미국 및 북한이 아닌 제3의 장소에서 협상이 이루어진 대표적인 사례이다.

협상 당사자 소개는 의례적인 협상 에티켓이나 매너의 문제로 협상 당사자들의 지위 및 호칭을 사전에 확인하여 협상 전에 결정하여야 한다. 또한 협상 당사자 소개의 순서도 협상 전에 결정하여야 한다. 협상장에서 협상 상대방이 누구인지 알아보지 못하는 행동, 협상 상대방의 이름이나 지위를 틀리는 행위, 협상 상대방의 소개 순서가 틀리는 행위 등은 협상에 부정적이고 직접적인 영향을 미친다.

제 2 절 필요와 요구의 구분

2.2.1 필요와 요구의 의미

협상의 구성요소에서 언급한 입장(position) 또는 요구, 이해관계(interest) 또는 필요를 구분하는 것이 협상의 첫 단추이다. 앞에서도 설명하였지만 입장(position) 또는 요구는 특정 문제에 대한 협상 당사자가 취하는 자세 또는 포지션을 말한다. 이해관계(interest)는 협상 당사자가 가진 근본적인 필요를 말한다. 즉 필요는 협상 당사자의 근본적 이해 관심사로 요구 속에 감추어진 진정한 가치를 의미한다. 협상에서 필요와 요구의 의미를 파악하는 것이 중요한 이유는, 협상 시 협상 당사자가 무엇인가를 포기해야 하는 상황이라면 요구를 절충하여야 하며 필요를 타협하지 말아야 한다는 데 있다. 즉 협상에서 요구가 아닌 필요에 초점을 맞추어야 한다는 것이다[1]. 협상론에서 필요와 요구의 개념에 대한 이해는 대체로 일치하고 있지만, 용어의 경우 학자에 따라 필요를 욕구, 니즈, 이해관계 등으로, 요구는 포지션, 입장 등으로 사용하기도 한다.

2.2.2 필요와 요구의 구분

필요와 요구를 구분하기 위하여 **캠프 데이비드(Camp David) 협정**이라고 불리는 1978년 이집트와 이스라엘의 협상을 예로 들어 본다. 이집트와 이스라엘의 협상은 대표적 성공 협상 사례로 여러 협상론 책에서 인용하는 사례이다[2]. 1967년 이스라엘이 이집트에 전쟁을 선포하고 불과 6일만에 승리하여 이집트 땅이었던 시나이반도를 차지하자 이집트가 이의 반환을 요구하였지만 이스라엘이 계속 거

1) Roger Fisher and William Ury, Getting to Yes, Penguin Books, 1981, p.40 참조.

2) Roger Fisher and William Ury, Getting to Yes, Penguin Books, 1981, p.41~42 참조. 로저 피셔와 윌리엄 유리도 캠프 데이비드 협정을 인용하여 필요와 요구를 구분하여 설명함.

부하였다. 이에 당시 미국 지미 카터 대통령이 사다트 이집트 대통령과 베긴 이스라엘 수상을 미국 대통령 별장인 캠프 데이비드로 초청하여 중재에 나섰고 역사적인 캠프 데이비드 협정이 체결되었다. 캠프 데이비드 협정에서 협상 당사자인 이집트와 이스라엘의 필요와 요구를 살펴보면, 이집트의 경우 자국의 영토를 빼앗긴 굴욕감을 벗어나 시나이반도를 반환받아 자국의 통치권(주권)을 회복하는 것이 절실한 상황이었으며, 이스라엘의 경우 적대국에 둘러싸인 상황에서 시나이반도를 점령하여 자국의 안보를 확보하는 것이 절실한 상황이었다. 이집트와 이스라엘의 필요와 요구를 정리하면 [표 2−2]와 같다.

[표 2-2] 이집트와 이스라엘의 필요와 요구

협상 당사자	이집트	이스라엘
필요	주권 회복	안보 확보
요구	시나이 반도 반환	시나이 반도 점령

이집트와 이스라엘의 최종 합의는 이스라엘은 시나이반도를 이집트에 반환함과 동시에 시나이반도를 이집트의 통치하에 두되 비무장지대로 지정하여 양국간 완충지대를 두는 것이었다. 캠프 데이비드 협정은 협상 당사자인 이집트와 이스라엘이 단순히 시나이반도에 선을 긋는 절충안이 아니라 이집트의 깃발 아래 비무장지대를 두자는 창의적이고 획기적인 협상으로 협상 당사자 양측이 모두 만족하는 협상이었다. 다시 말해서 이집트의 요구인 '시나이 반도 반환'은 관철되고 이스라엘의 요구인 '시나이 반도 점령'은 관철되지 않았지만, 이집트의 필요인 '주권 회복'과 이스라엘의 필요인 '안보 확보'를 모두 만족시켰던 것이다.

이러한 필요와 요구의 구분은 제품 구매 협상에서도 필요하다. 복사기 판매자와 이를 구매하려는 구매자의 제품 구매 협상을 예를 들어 보자. 일반적인 제품 구매 협상에서는 판매자의 경우 자신의 제품인 복사기의 제품 가격을 높게 책정하여 추가 수익을 내고자 하며, 구매자의 경우 저렴한 가격에 복사기를 구매하여 복사기 구매 비용을 최소화하려고 한다. [표 2−3]은 복사기 판매자와 이를 구매하려는 구매자의 제품 구매 협상의 필요와 요구를 정리한 것이다.

[표 2-3] 복사기 구매 협상 시 필요와 요구

협상 당사자	판매자	구매자
필요	추가 이익 확보	구매 비용 최소화
요구	높은 가격 책정	저렴한 가격에 구매

제품 구매 협상에서의 최종 합의는 구매자가 복사기를 저렴한 가격에 더 많은 양을 더 오랜 기간 동안 구매하는 것이다. 즉 판매자의 경우 가격을 일부 내림으로써 추가 제품 수요를 확보하여 추가 이익 확보를 기대할 수 있고, 구매자의 경우 저렴한 가격에 복사기를 구매할 수 있어 제품 구매 비용을 최소화할 수 있다.

회사 내부 관련 부서 담당자들의 협상에서도 필요와 요구의 구분이 필요하다. 영업팀장과 인사팀장의 신규 인력 충원 협상을 예로 들어 보자. 영업팀장의 경우 해외 수요 급증으로 인한 업무량 증가로 인원이 부족하여 영업사원 충원이 절실한 상황이며, 인사팀장의 경우 인건비 압박 등으로 현재 인원 및 예산을 유지하기 위하여 신규 인력 충원이 어려운 상황이다. 영업팀장과 인사팀장의 신규 인력 충원 협상 시 필요와 요구를 정리하면 [표 2-4]와 같다.

[표 2-4] 신규 인력 충원 협상 시 필요와 요구

협상 당사자	영업팀장	인사팀장
필요	추가 업무량 해소	현재 인원 및 예산 유지
요구	신규 인력 충원	신규 인력 충원 불가

신규 인력 충원 협상의 최종 합의는 임시 직원 고용 및 임시 예산 편성으로, 영업팀장의 경우 임시 직원 고용으로 늘어난 업무량을 소화할 수 있고, 인사팀장의 경우 임시 직원 고용 및 임시 예산 편성으로 대응함으로써 현재의 인원 및 예산을 유지할 수 있다.

제 3 장

협상 착수

제 1 절 협상 단계

3.1.1 협상 단계의 개요

협상 착수는 어떻게 비즈니스 협상을 시작하는가의 문제로 첫 제안부터 마지막 합의에 이르는 과정 전체에 영향을 미친다. 협상의 첫 제안부터 마무리 합의 과정을 협상 단계라고 하며, 협상 단계는 일반적으로 협상 개시 단계, 탐색 단계, 협상 마무리 단계의 3단계로 구분하여 설명한다.

협상 개시 단계는 협상의 전체 방향과 분위기를 결정하는 단계로, 협상 당사자들이 협상 절차를 정하고 협상 안건을 제시하며 첫 제안하기와 협상 상대방의 제안에 대한 반응을 주고 받는 단계이다.

탐색 단계는 협상 당사자들의 필요와 요구를 파악하고 구별하며 협상 상대방의 필요에 따른 대안을 탐색하는 단계이다.

협상 마무리 단계는 협상 당사자간 합의 내용을 확인하고 요약하며 합의 내용의 실행 의사를 교환하는 단계이다. 이를 정리한 것이 [표 3-1]이다.

[표 3-1] 협상의 3단계

단계	주요 내용
협상 개시 단계	- 협상의 전체 방향과 분위기 결정 - 협상 절차 정하기 - 협상 안건 제시하기 - 첫 제안하기 및 협상 상대방의 제안에 대한 반응 주고 받기
탐색 단계	- 협상 당사자들의 필요와 요구 파악 및 구별하기 - 협상 상대방의 필요에 따른 대안 탐색하기
협상 마무리 단계	- 협상 당사자간 합의 내용 확인 및 요약하기 - 합의 내용의 실행 의사 교환하기

또한 협상 단계는 첫 제안 단계, 정보 교환 단계, 양보 단계로도 구분할 수 있다. [그림 3-1]은 이를 정리한 것이다.

[그림 3-1] 협상 단계[1]

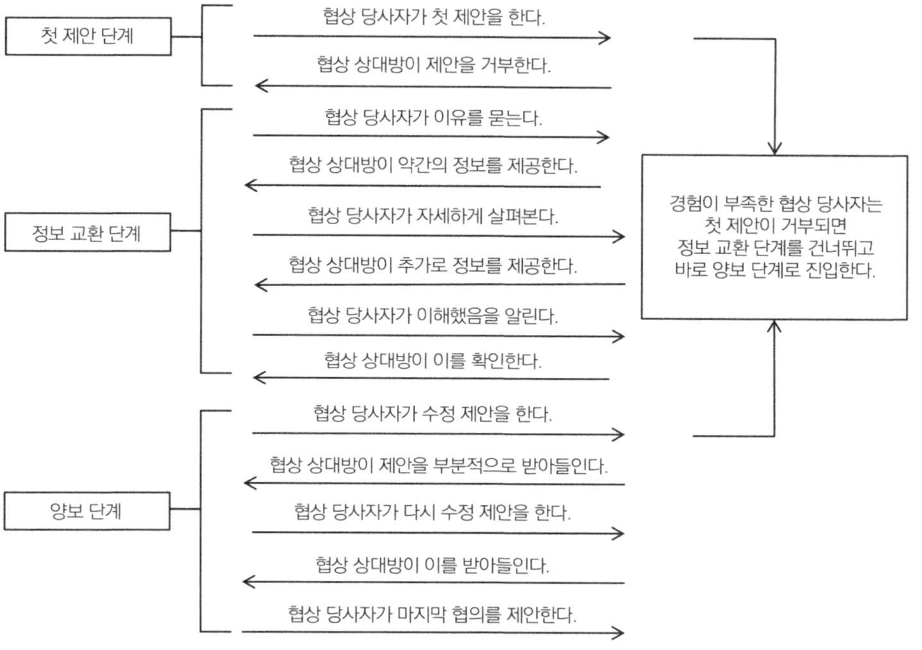

3.1.2 첫 제안 하기

협상 단계의 첫 단계에서 이루어지는 첫 제안이 대단히 중요하다. 협상 당사자가 협상의 주도권을 쥐고 싶다면 첫 제안을 먼저 하여야 한다. 또한 첫 제안을 먼저 할지 여부는 자신의 정보의 양에 달려 있는데 협상 상대방의 유보 포인트(reservation point)에 대한 정보가 충분하다면 첫 제안이 유리하다. 먼저 제안함으로써 앞에서 설명한 앵커링(anchoring) 효과의 이점을 살릴 수 있다. 첫 제안이 **기준점(anchoring point)**가 되어 협상 상대방의 반응에 영향을 미칠 수 있는 것이다. 첫 제안은 객관적이고 구체적인 정보에 근거해야 하고 믿을 수 있고 확실하다는

1) 클로드 셀리치, 수바시 제인, 글로벌 비즈니스 협상, 도서출판 이치, 2006년, p.118, 표 5-1. 협상 단계를 인용하여 재정리함.

것을 전제로 한다. 보통의 경우 협상 상대방이 더 많은 정보를 가지고 있다면 먼저 첫 제안을 해서는 안된다.

첫 제안에서 또 다른 딜레마는 첫 제안을 높게 할 것인가 아니면 낮게 할 것인가이다. 이에 대한 답은 '상황에 따라 다르다'이다. 첫 제안을 높게 할 경우 협상이 조기 중지되거나 결렬되어 비즈니스 기회를 상실할 우려가 있으며, 첫 제안을 낮게 하는 경우 협상 상대방으로 하여금 자신이 협상의 이익을 포기한다는 인상을 줄 우려가 있다. 따라서 첫 제안을 높게 할 것인가 아니면 낮게 할 것인가 하는 문제는 여전히 확실하게 결정되지 않은 복잡한 문제 중 하나이다. 하지만 실증 연구는 첫 제안을 낮게 한 경우보다 극단적으로 첫 제안을 높게 한 경우가 자신에게 더 유리한 협상의 결과를 도출했다는 것을 증명하고 있다. 이는 큰 목표 세우기(aim−high) 효과라고 할 수 있다.

큰 목표 세우기(aim-high)는 목표를 무조건 높게 세우라는 것으로, 협상 시 무조건 세고 강한 첫 제안을 하라는 것이다. '소심한 사람은 원하는 목표가 있지만 그 10분의 1만 요구한다. 용감한 사람은 원래 가치의 두 배를 목표로 잡아 노력하며 그 반만 이루는 것으로 타협한다.' 이는 미국 대문호 마크 트웨인(Mark Twain)이 한 말로 이 역시 큰 목표 세우기의 중요성을 대변하는 것으로 일반적 예상과 달리 목표를 높이 잡을수록 오히려 그 목표를 달성하기 쉬워진다는 뜻이다.

큰 목표 세우기와 관련하여 또 하나의 잘 알려진 용어가 **BHAG**이다. 이는 **Big Hairy Audacious Goal**의 약자로, 크고(Big) 스릴있으며(Hairy) 대담한(Audacious) 목표(Goal)라는 뜻이다. 미국의 대표적인 경영평론가인 짐 콜린스(Jim Collins)가 그의 저서 <성공하는 기업들의 8가지 습관(Build to Last)>에서 제시한 용어이다. BHAG은 한치 앞을 내다보기 힘든 글로벌 시대에 기업들이 경쟁력을 가지려면 때로는 무모하게 보일 정도의 공격적인 목표를 내세워 경영하여야만 성공에 이를 수 있다는 의미를 내포하는 것으로 이 역시 큰 목표 세우기라고 할 수 있다. 큰 목표 세우기는 아예 멀고 큰 목표를 세워 놓으면 중간 과정을 고민할 여유가 없이 그저 목표 방향만을 향하여 전진할 수 있는 것이며, 협상의 기준점이 되어 협상에 직간

[표 3-2] 큰 목표 세우기(aim-high)의 장단점

장점	단점
초기 양보 없이도 정보 교환이 가능	협상 상대방이 단번에 거절할 가능성, 협상판이 깨질 가능성, 협상이 교착상태에 빠질 가능성이 있음
협상 장기화 암시로, 협상 상대방이 예상보다 더 많은 양보를 준비해야 한다는 메세지를 전달	장기적 관계 유지에 도움이 안되는 가혹한 태도로 보여질 수 있음
거절 당해도 협상 지속이 가능	제안의 정당화할 수 있는 준비(근거 등)가 안되어 있을 가능성이 큼

접적으로 영향을 미치게 되는 것이다. [표 3-2]는 큰 목표 세우기(세고 강한 첫 제안)의 장단점을 정리한 것이다.

큰 목표, 즉 세고 강한 첫 제안이 그 후 협상의 기준점이 되어 협상에 직간접적으로 영향을 미치는 예는 부동산 중개인의 주택 가격 평가 실험에서도 증명되었다. 주택를 판매하고자 하는 주택 소유자가 매도 희망 가격을 $119,000, $129,000, $139,000, $149,000의 4개 가격을 각기 다른 부동산 중개인들에게 제공하고 각 부동산 중개인이 생각하는 적절한 매도가격을 답하게 하는 실험을 실시하였다. [표 3-3]은 이 실험 결과를 정리한 표이다.

[표 3-3] 부동산 중개인의 주택 가격 평가

주택 소유자의 매도 희망 가격	$119,000	$129,000	$139,000	$149,000
부동산 중개인의 적절한 매도 가격(평균)	$117,000	$127,000	$129,800	$132,000

[표 3-3]에서 알 수 있듯이 같은 주택임에도 불구하고 주택 소유자가 제시한 매도 희망가격이 높을수록, 부동산 중개인이 평가한 적절한 매도가격도 높게 나타났다. 이는 주택 소유자의 세고 강한 첫 제안이 기준점이 되어 부동산 중개인들의 주택 매도가격 평가에도 영향을 미쳤음을 나타내는 것이다. 흥미로운 것은 이 실

험에서 부동산 중개인들에게 부동산 소유자의 매도 희망가격이 적절한 매도가격을 결정하는데 영향을 미쳤는지 여부를 질문하였을 때, 80%이상이 '그렇지 않다'고 대답하였다는 것이다. 첫 제안을 낮게 하는 경우 자신이 협상의 이익을 포기한다는 인상을 줄 우려가 있다는 단점에도 불구하고, 비즈니스 협상 시 새로운 시장 개척이나 새로운 거래를 시작하는 데 유용하다.

3.1.3 양보하기

첫 제안을 하고 협상 상대방이 이를 거절하는 경우, 어떻게 양보를 해야 하는가의 문제가 발생한다. [그림 3-1]에서 볼 수 있듯이 경험이 부족한 협상 당사자는 첫 제안이 거부되면 정보 교환 단계를 건너뛰고 바로 양보 단계로 진입한다. 하지만 유능한 협상 당사자는 곧바로 양보 단계로 들어가지 않고 거절을 기회로 전환하는 자세를 취한다. 유능한 협상 당사자는 협상 상대방의 거절 반응을 다양한 질문을 통하여 정보 교환을 시작하는 이상적 기회로 간주한다. 질문 반복을 통한 협상은 협상 상대방의 거절을 극복하고 협상에서 유리한 입장에 놓이게 할 수 있다. 유능한 협상 당사자는 충분한 정보를 모은 후 수정 제안을 한다. 수정 제안의 의미는 본래의 입장을 고수하는 것이 아니라 양보하는 것을 의미한다. 양보는 협상에서 아주 중요한 부분으로 양보 단계가 발전하면서 협상 당사자들은 협상 합의에 대하여 긍정적으로 생각하게 된다. 양보는 기본적으로 협상 상대방의 필요에 대한 인식을 바탕으로 하며 적어도 부분적으로는 협상 상대방의 필요를 맞추려는 시도이기도 하다.

이러한 양보에는 3가지 측면을 고려하여야 한다.

첫 번째 **호혜주의(reciprocity)**로, **상호이타주의**라고도 한다. 이는 '네가 나에게 무엇을 해주면 나도 너에게 무엇을 주겠다.' 즉, 한 사람의 이익을 위한 것이 아니라 서로의 이익을 추구한다는 사고이다. 따라서 협상에서도 협상 당사자 한쪽이 양보하면 협상 상대방에게서도 비슷한 양보를 기대한다는 것이다. 때로는 협상 상대방에게 조건부로 양보하면서 호혜주의를 기대할 수 있다.

두 번째 양보의 크기로, 협상 초기 단계에서는 높은 차원의 양보, 보다 많은 양보가 가능하지만 협상이 진행될수록 양보의 크기는 작아진다. 예를 들어 휴대폰용 배터리 대량 구매 협상에서 판매자가 처음에 개당 가격 $10를 제시하였다면, 첫 번째 수정 제안 시는 $8, 두 번째 수정 제안 시는 $7, 마지막 수정 제안은 $6.5로 하는 것이다. 이는 양보의 크기(가격 조정의 크기)를 줄임으로써 협상의 여지, 즉 가격 조정의 여지가 없어지고 있음을 표현하는 것으로 협상 상대방도 이를 확인하고 무리한 양보(가격 조정)을 하지 못하게 된다.

세 번째 양보의 패턴으로, 양보가 일정한 패턴을 보이는가 아니면 불규칙적 예측 불가능한 패턴을 보이는가 하는 문제이다. 예를 들어 앞에서 설명한 휴대폰용 배터리 대량 구매 협상에서 판매자가 처음에 개당 가격 $10, 첫 번째 수정 제안 시 $8, 두 번째 수정 제안 시 $7, 마지막 수정 제안은 $6.5로 하는 것이 아니라, 처음에 개당 가격 $10, 첫 번째 수정 제안 시 $8, 두 번째 수정 제안 시 $9, 세 번째 수정 제안 시 $7로 하는 것이다. 휴대폰용 배터리 구매 협상의 구매자는 판매자의 이러한 불규칙한 가격 제안으로 인하여 판매자의 가격 제안 자체에 대하여 불신하게 되어 가격 협상이 원활하게 이루어질 수 없다. 따라서 협상 당사자의 양보 패턴이 일정하여야 협상 당사자 쌍방이 서로 어느 정도 신뢰할 수 있는 분위기에서 협상을 진행할 수 있다.

양보하기에 대해서는 이후 '양보 전략'에서 다시 자세히 설명한다.

3.1.4 협상 아마추어의 실수

앞에서 첫 제안하기와 양보하기에 대하여 살펴보았는데 이와 관련하여 협상에 능숙하지 못한 협상 아마추어는 협상 과정에서 여러 가지 실수를 저지른다. 이러한 협상 아마추어의 실수들은 협상력을 약화시키거나 불필요한 양보를 하게 만들 수 있다. 이런 실수는 준비 부족, 협상 전략의 부재, 협상 상대방과의 소통방식

등에서 기인하며 다양한 형태로 나타날 수 있다.

첫 번째 준비 부족이다. 협상 아마추어는 협상 전 사전 정보를 충분히 확보하지 않는 경우가 많아 협상 상대방이 제안하는 조건이나 요구에 대한 판단을 내리기 어렵다. 또한 협상 대안이나 배트나(BATNA)가 부족하여 협상이 난관에 부딪히면 협상 상대방의 제안이 유일한 선택지처럼 느껴져 불리한 조건이나 요구를 수락하게 된다.

두 번째 감정 조절 실패이다. 협상 아마추어는 협상 중 협상 상대방과의 의견 충돌이나 협상 상대방의 공격적 언행에 감정적으로 반응하는 경우가 많아 협상에 부정적 영향을 미치고, 냉정하고 차분하게 상황을 판단하지 못하여 감정적으로 무리한 양보를 하거나 협상을 중단하는 경우가 있다. 또한 협상 상대방을 이겨야만 한다는 지나친 경쟁의식으로 윈-윈(win-win) 협상의 의미를 무시하고 단기적 이익에만 집중하여 장기적 관계에 부정적 영향을 미치기도 한다.

세 번째 양보와 침묵의 오용이다. 협상 아마추어는 협상 초기부터 협상 상대방에게 지나치게 양보하는 경향이 있으며 이는 협상 상대방이 더 많은 요구를 하도록 유도할 수 있다. 또한 협상 중 침묵은 협상 상대방의 의도를 파악하거나 생각을 정리할 수 있는 협상의 전략이나 수단이지만 협상 아마추어는 이러한 협상 중 침묵을 불편하게 여겨 불필요한 양보나 정보를 제공하는 경우가 많다.

네 번째 경청 부족이다. 협상 아마추어는 자신의 입장만을 강조하며 협상 상대방의 의견을 듣지 않거나 경청을 소홀히 하여 협상 상대방의 요구나 상황을 파악하지 못하고 적절한 대응을 놓치기도 한다. 또한 협상 상대방의 표정, 몸짓, 말투 등 비언어적 신호를 놓치는 경우가 많아 협상 테이블에서 협상 상대방의 심리를 읽기 어려워지고 이로 인하여 협상 상대방의 진의를 파악하는 데 중요한 단서를 놓치기도 한다.

다섯 번째 전략 및 목표 부재이다. 협상 아마추어는 구체적인 협상 전략이나 목표가 없이 협상에 임하여 협상 상대방의 주도권에 의하여 협상에 임하는 경우도 있다. 이런 경우 협상 아마추어는 협상의 단기적 이익에만 집착하게 되고 장기적 관계와 신뢰 구축의 중요성을 간과할 수 있다.

마지막으로 지나치게 낙관적인 자세이다. 협상 아마추어는 지나치게 긍정적인 협상 결과만을 기대하고 협상에 임하는 경향이 있어 협상이 자신의 목표나 계획을 벗어나는 경우 대응하기 어려워진다. 또한 이러한 지나치게 낙관적인 자세는 협상 중 발생할 수 있는 다양한 상황에 대한 시나리오를 가정하기 어렵게 만들고 결과적으로 협상 중 예기치 않은 상황에 무방비 상태가 되기도 한다.

3.1.5 협상의 영향력

협상의 영향력이란 협상 당사자가 유리한 협상 결과를 얻으려는 의도로 자신의 권력을 이용하는 것이다. 협상 당사자 양측은 협상에서 자신에게 유리한 결과를 얻어 내기 위하여 영향력을 이용하며 협상 상대방의 영향력 사용에 민감하고 신속하게 대처하여야 한다. 협상의 영향력과 관련하여 가장 유명하고 가장 많이 인용되는 것이 **로버트 치알디니(R. B. Cialdini)**의 영향력 분류이다. 치알디니는 자신의 저서 <Influence>에서 상호성(reciprocation), 일관성(commitment and consistency), 사회적 증거(social proof), 호감(liking), 권위(authority), 희소성(scarcity) 등 협상에서 효과적으로 적용할 수 있는 6가지 영향력의 원칙을 설명하고 있다[2]. 로버트 치알디니(Robert Cialdini)의 <Influence(설득의 심리학)>은 영향력 있는 설득의 원리를 다룬 고전적인 저서로, 이 책에서 제시한 원칙들은 사람들의 의사결정에 깊은 영향을 미치는 심리적 요인을 기반으로 하며 협상 상황에서 협상 상대방을 설득하고 원하는 결과를 얻는 데 중요한 역할을 한다.

첫 번째 **상호성(reciprocation)의 원칙**이란 다른 사람에게서 뭔가를 받으면 그에 보답해야 한다는 강박관념을 말하는 것으로, 흔히 **호혜주의(reciprocity), 상호이타주의, 기브앤테이크(give and take)** 또는 **부채 의식**이라고도 한다. 상호성의 원칙은 받은 호의를 되갚으려는 심리적 압박감을 느낀다는 원칙으로 누군가로부터 혜택이

2) Robert B. Cialdini, Influence, A Person Education Company, 2001, p.19~232의 내용을 인용하여 재정리함.

나 도움을 받았을 때 이를 갚고자 하는 강한 동기를 갖게 되는 심리적 메커니즘을 말한다. 협상에서 상호성의 원칙을 활용하려면 먼저 상대방에게 작은 양보나 호의를 제공함으로써 상대방이 이에 보답하도록 유도할 수 있다. 예를 들어 가격 협상에서 작은 가격 인하나 추가 혜택을 먼저 제시하면 상대방이 이에 대해 더 긍정적인 반응을 보일 가능성이 커진다. 이 원칙은 상대방에게 심리적 부담을 주어 협상 테이블에서 더 유리한 조건을 얻어내는 데 도움이 된다. 미국 초등학교 5학년생에게 '나는 준다'의 미래형은 무엇인가라는 질문을 하면 답은 '나는 받는다'가 된다. 상호성은 비단 협상에서만 활용되는 영향력이 아니며 실제 마케팅에서도 많이 활용되는데 대표적인 것이 화장품 무료 샘플을 나누어 주는 판매촉진 활동이다. 화장품 무료 샘플을 받은 사람은 상호성에 의하여 작은 것이나마 화장품을 구매하게 된다.

두 번째 **일관성(commitment and consistency)의 원칙**이란 일단 어떤 선택이나 입장을 취하면 기존 선택이나 입장을 유지하려는 강한 심리적 동기를 의미한다. 이유는 수준 높은 일관성이 뛰어난 인격과 지성을 연상시키기 때문이다. 또한 일관성은 복잡한 생활 환경 속에서 끊임없이 사고를 해야 하는 부담을 덜어 주고 신속한 결정을 내려주게 한다. 협상에서 이 원칙을 활용하려면 협상 상대방이 처음에 작은 약속이나 동의를 하도록 유도하고 그 후에 점진적으로 더 큰 요구를 제시하는 방법을 사용할 수 있다. 이를 통해 협상 상대방이 일관성을 유지하려는 심리적 압박감에 의해 더 큰 양보를 하게 될 가능성이 높아진다. 마케팅에서 **문안에 한발 들여놓기(foot-in-the-door)** 전략이 대표적 사례이다. 이는 작은 요구를 먼저 수용하게 한 후 더 큰 요구를 하는 방식이다. 협상에서 협상 상대방이 초기 제안에 동의하게 되면 그 후에 더 큰 요구를 받아들일 가능성이 커진다. 문안에 한발 들여놓기(foot－in－the－door) 전략에 대해서는 제6장 협상 전략에서 다시 설명한다.

세 번째 **사회적 증거(social proof)의 원칙**이란 다른 사람이 하는 것 또는 비슷한 상황에서 했을 법한 것에 기초하여 자신의 행동을 정당화하는 것을 말하는 것으로, 불확실한 상황에서 군중이나 다수의 집단적 지혜를 무한 신뢰한다는 것을 의미한다. 이는 **유사성의 효과** 또는 **베르테르 효과(Werther effect)**라고도 한다. 협상에서 사회적 증거를 활용하려면 제안이나 행동이 다른 사람들에게도 인정받았다는 점을 강조하는 것이 효과적이다. 예를 들어 유사한 상황에서 많은 사람들이 선택한 옵션을 제시하거나 유명 인물이나 권위 있는 기관의 지지를 받았다는 점을 언급함으로써 상대방의 신뢰를 얻을 수 있다. 기업에서 제품을 광고할 때, '많은 사람들이 이 제품을 사용하고 있습니다.' 또는 '유명인이 추천하는 제품'과 같은 메시지를 사용하는 것이 사회적 증거를 활용한 대표적 예이다. TV 코미디 프로그램에서 시청자의 웃음을 유도하거나 웃음소리 효과를 발생시키기 위하여 **녹음된 웃음소리(canned laughter)**를 트는 경우도 사회적 증거를 보여주는 또 하나의 예이다.

네 번째 **호감(liking)의 원칙**이란 일반적으로 사람들이 자신이 좋아하는 사람들에게 동의하거나 양보하는 성향을 말한다. 호감의 이유는 신체적 매력, 유니폼, 칭찬, 접촉 및 협조 등이 있는데, 이러한 요소들은 각자 자기 생각의 연상 작용이 발휘되어 긍정적이든 부정적이든 상대방에 대한 자신의 느낌을 연관시키게 한다. 협상에서 호감을 이끌어내기 위해서는 협상 상대방과의 유사성을 강조하거나 칭찬을 적절히 사용하여 긍정적인 관계를 형성하는 것이 중요하다. 호감을 형성하면 협상 상대방은 더 협조적이고 긍정적인 태도를 보일 가능성이 높아진다. 따라서 협상에서 상대방의 의견에 공감하거나 칭찬을 통해 긍정적인 관계를 형성한 후, 제안을 하면 협상 상대방이 이를 더 긍정적으로 받아들일 확률이 높아진다.

다섯 번째 **권위(authority)의 원칙**은 일반적으로 사람들이 권위 있는 인물, 전문가의 의견이나 관점, 방침 등을 더 신뢰하고 받아들이는 경향을 말하는 것으로 자동 복종이라고도 한다. 권위의 이유는 직함, 복장(제복), 장식(값비싼 보석, 최고급 자동차 등) 등이 있다. 이는 사람들이 권위자의 말을 따르는 것이 더 안전하고 정확할 것이라는 심리적 확신에서 비롯된다. 협상에서 권위의 법칙을 활용하려면 자신이 해당 분야에서 전문가임을 나타내거나 권위 있는 기관이나 인물의 지지를 받고 있다는 점을 강조할 수 있다. 이를 통해 협상 상대방의 신뢰를 얻고 제안이 더 설득력 있게 받아들여지도록 할 수 있다. 일상 생활에서 의사나 변호사 같은 전문가의 조언은 일반인보다 더 신뢰를 받으며 협상에서도 전문가의 조언을 인용하거나 권위 있는 기관의 승인을 받은 제안을 하면 협상 상대방이 이를 수용할 가능성이 높아진다.

여섯 번째 **희소성(scarcity)의 원칙**은 부족하면 귀해진다는 수요 법칙의 기본 원리로 자원이 제한되어 있을 때 사람들이 그 자원의 가치를 더 높이 평가하는 경향이 있다는 원칙이다. 이는 '기회가 적을수록 더 매력적이다'는 심리적 반응에서 비롯된다. 협상에서 희소성을 강조하려면 제안이나 혜택이 제한적이라는 점을 부각시킬 수 있다. 예를 들어 '이 조건은 이번 주까지만 유효합니다'와 같은 문구는 협상 상대방의 결정을 서두르게 만들고 제안을 더 가치 있게 느끼도록 유도할 수 있다. 마케팅에서 '한정 수량', '한정 기간 할인' 등과 같은 표현이 사용되는 이유도 희소성의 법칙을 활용한 것이다. 협상에서도 제한된 시간이나 기회를 강조하면 협상 상대방이 더 빨리 결정을 내리고 제안을 수락할 가능성이 커진다.

제 2 절 협상 목적

3.2.1 협상 목적

앞에서 설명한 바와 같이 협상 시 자신의 필요와 요구를 확인함과 동시에 협상 상대방의 필요와 요구를 확인하는 것도 중요하다. 협상에서는 협상 당사자 양측의 요구가 아니라 필요에 집중하고 이를 바탕으로 협상의 목적을 확인하는 것이다. 협상에서 목적을 세운다는 것은 필요를 충족할 수 있는 대안(alternative)을 가지고 있다는 것을 의미하기도 한다.

협상의 목적은 여러 가지 형태로 분류할 수 있겠지만 여기서는 공적 목적과 사적 목적, 크게 2가지로 구분하여 설명한다.

공적 목적은 대외적 목적인 동시에 조직 구성원의 일원으로서 자신이 자기 조직에 기여하기 위한 목적이다. 이에는 시장 점유율 증가, 매출 증대, 수익 극대화, 비용 최소화, 회사 자원 최대 활용 등이 있다.

사적 목적은 협상에서 자기 조직을 위해서가 아니라 개인이 얻고자 하는 것을 말한다. 이에는 협상 상대방과의 우호적 관계, 개인적 영향력 확대, 지역사회에서의 좋은 평판, 자기 조직 상사의 좋은 평가 등이 있다.

이러한 공적 목적과 사적 목적의 구별은 협상에 나 자신 아니라 대신 다른 사람이 참여하더라도 여전히 그 목적이 필요한가라는 질문에 '그렇다'라고 하면 공적 목적이고, '그렇지 않다'고 하면 사적 목적이다. 완전한 공적 목적이나 순전한 사적 목적으로만 협상이 이루어지는 것은 아니며, 협상가는 공적 목적과 사적 목적 양쪽을 모두 고려하면서 협상에 임하여야 한다.

3.2.2 협상 목적 정리; 사례

공적 목적과 사적 목적을 어떻게 구별하는지 예를 들어 설명한다. 앞에서 필요와 요구를 설명하면서 예를 들었던 한 기업의 영업팀장과 인사팀장의 신규 인력 충원 협상을 다시 예로 들어 보자. 영업팀장의 경우 해외 수요 급증으로 인한 업무량 증가로 인원이 부족하여 영업사원 충원이 절실한 상황이며, 인사팀장의 경우 인건비 압박 등으로 현재 인원 및 예산을 유지하기 위하여 신규 인력 충원이 어려운 상황이다. 영업팀장과 인사팀장의 신규 인력 충원 협상 시 각자의 공적 목적과 사적 목적은 다음과 같다. 영업팀장의 경우, 공적 목적은 업무량 증가로 인한 인원 부족을 해소하여 회사의 매출 증대에 기여하고 수익 증가도 도모하는 것이다. 사적 목적은 신규 인력 충원으로 영업팀의 부서원들에 대한 자신의 영향력을 확대하고 좋은 평판도 유지하는 것이다. 인사팀장의 경우, 공적 목적은 신규 인력 충원으로 인한 인건비 증가를 억제하여 비용 절감에 기여하는 것이며, 사적 목적은 영업팀을 비롯한 회사내 다른 부서에 대한 인사팀장으로서의 영향력을 유지하는 것이다. 이를 정리하면 [표 3-4]와 같다.

[표 3-4] 신규 인력 충원 협상 시 공적 목적 및 사적 목적

협상 당사자	영업팀장	인사팀장
공적 목적	매출 증대 수익 증가	인건비 증가 억제 비용 절감
사적 목적	부서원에 대한 영향력 증대 좋은 평판 유지	타부서에 대한 영향력 유지

제 3 절 협상 범위

3.3.1 협상 범위의 의미

협상 당사자는 협상에서 풀어야 할 문제인 이슈(issue)에 대한 수용 가능한 범위를 사전에 결정하여야 한다. **협상 범위(negotiation range)**란 이러한 이슈에 대한 수용 가능 범위를 말하는 것으로는 보통 3개 조건으로 검토하며 이 3개 조건은 같은 연장선상에 표현된다[3]. 협상 범위(negotiation range)는 제2장 협상 전 계획에서 설명한 교섭영역(bargaining zone)과 유사한 의미로 받아들여질 수 있으나 차이가 있다.

첫 번째 **희망 합의선(DSP, desired settlement point)**으로 협상에서 적정한 합의 또는 거래가 이루어질 수 있는 지점이나 조건으로 협상 당사자가 '적정하다'고 느끼는 지점 또는 조건을 말한다. 협상 범위를 정할 때는 항상 희망 합의선을 먼저 결정하여야 한다. 희망 합의선을 결정할 때는 시장 상황, 자신의 상황, 이전 거래나 선례, 유사 사례 등을 고려하여야 한다.

두 번째 **최초 제안선(OP, opening position)**으로 보통 희망 합의선보다 약간 높게(또는 낮게) 결정되는 지점 또는 조건을 말한다. 최초 제안선은 두 가지 조건이 필요한데, 첫째 희망 합의선보다 높아야(또는 낮아야) 하며, 둘째 객관적이고 구체적인 근거로 최초 제안선이 논리적으로 합당함을 설명할 수 있어야 한다는 것이다.

세 번째 **최후 방어선(WAP, walk-away point)**으로 협상 상대방의 제안이 도저히 수용할 수 없는 수준일 경우 자신이 수용할 수 있는 최후의 지점이나 조건을 말한다. 이는 앞에서 설명한 **유보 포인트(reservation point)**와 유사한 의미로 **벗어나기 지점(walk-away point)**으로 설명하였다. 협상 상대방의 제안을 도저히 수용할 수 없는 경우 최후 방어선을 사전에 결정해 놓으면, 불필요한 시간 및 비용을 소비하는

3) 탐 가슬린, 협상불변의 법칙, 미디어윌, 2008년, p.60~62의 내용을 인용하여 재정리함.

것을 사전에 방지할 수 있다. 복사기 구매 협상을 예를 들어 희망 합의선(DSP), 최초 제안선(OP), 최후 방어선(WAP)을 설명하기로 하며, [그림 3-2]는 이를 정리한 것이다. 이 때의 거래 조건은 가격 단 하나만인 것으로 가정한다. 복사기 구매자의 경우, 희망 합의선(DSP)은 $1,500, 최초 제안선(OP)은 $1,000, 최후 방어선(WAP)은 $2,000이다. 복사기 판매자의 경우, 희망 합의선(DSP)은 $1,400, 최초 제안선(OP)은 $1,900, 최후 방어선(WAP)은 $900이다. [그림 3-2]에서 알 수 있듯이 협상 당사자 각각의 협상 범위는 서로 반대임을 알 수 있다. 복사기 구매자의 최초 제안선(OP)이 $1,000인 반면에 판매자의 최초 제안선(OP)은 $1,900으로 상당히 차이가 나는 가격이다. 하지만 협상 당사자 어느 쪽의 최초 제안선(OP)도 협상 상대방의 최후 방어선(WAP)을 넘어서지는 않는다. 더우기 협상 당사자 양측의 희망 합의선(DSP)은 각각 $1,500과 $1,400으로 비슷한 수준이다. 따라서 이 복사기 구매 협상에서 협상 범위는 협상 타결이 가능한 사정권내에 있다고 볼 수 있으며 이 거래는 성사될 가능성이 높다고 할 수 있다.

[그림 3-2] 복사기 구매 협상 시 희망 합의선, 최초 제안선 및 최후 방어선

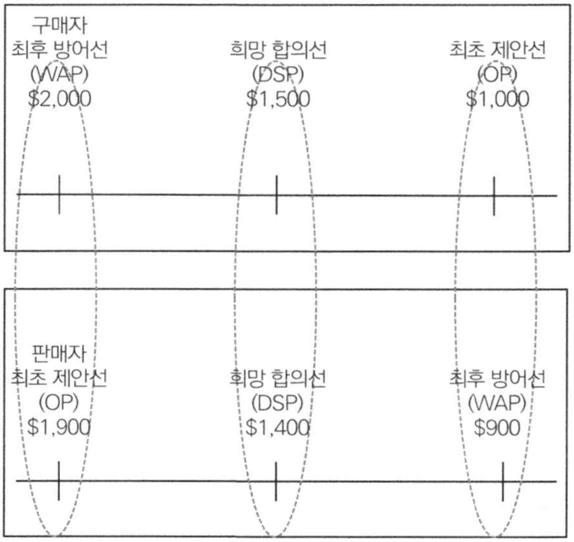

3.3.2 협상 범위의 확대; 다른 조건 추가

앞에서 복사기 구매 협상을 단순히 가격 조건만을 가정하여 협상 범위를 설명하였지만, 일반적인 구매 협상에서는 단순히 가격만으로 협상하는 것이 아니라 가격 이외의 다른 조건을 추가하여 협상하는 경우가 많다. 가격 이외의 조건을 추가로 하는 복사기 구매 협상에서 구매자가 제안할 수 있는 협상 이슈로는 신용카드 대신 현금으로 결재하는 것, 복사기 유지 보수 조건을 계약 조건으로 추가하는 것, 복사기 업그레이 비용을 추가로 지불하는 것, 복사기 사용과 관련된 추가 장치 및 소프트웨어를 구입하는 것 등이 있다. 복사기 판매자가 제안할 수 있는 협상 이슈로는 복사기 출장 수리를 포함한 유지 보수 계약 조건을 할인 가격으로 제안하는 것, 복사기 보안 소프트웨어를 무료로 제공하는 것, 소프트웨어 업그레이드 및 소모품을 무료로 제공하는 것, 복사기 최저가격 보상제를 제안하는 것 등이 있다. 복사기 구매 협상에서 구매자와 판매자의 입장에 따라 양측이 제시한 가격이외의 이슈들의 비중이 각기 다르지만, 양측이 새로운 이슈를 제시하여 협상 범위를 확대함으로써 협상의 총가치가 높아지는 것이다. 즉 협상의 파이가 커지는 것이다.

제 4 장

협상 조건

제 1 절 거래조건의 개념

4.1.1 거래조건의 의미

협상 조건은 협상 과정에서 협상 당사자 일방이 협상 상대방에게 요구하는 조건을 일컫는다. 따라서 협상 조건은 협상에서의 거래조건으로도 이해할 수 있다. 일반적 의미의 거래조건은 거래 당사자가 거래를 개시하거나 거래 중에 거래관계에 직간접적으로 영향을 미치는 거래 당사자간 설정된 거래상의 제반 조건을 말하는 것으로, 이는 계약서에 명시적으로 정한 조건뿐 아니라 구두 합의나 조건 등도 포함한다. 협상은 협상 당사자 양측이 서로 필요한 것을 주고 받는 과정이므로, 특정 조건을 주고 받는 것이 협상의 핵심이다. 중요한 것은 협상 상대방이 특정 조건을 가치 있다고 여기느냐 그렇지 않느냐이다. 부동산 재벌이자 협상가로 유명한 도널드 트럼프 미국 대통령도 본인의 저서 <거래의 기술(The Art of the Deal)>에서 '상대가 원하는 것을 자신이 가지고 있다면 거래를 할 수 있다'고 하였다. 따라서 협상에서의 **거래조건**은 받는 측에서 가치가 있다고 여기는 자원이라고 할 수 있다. 가치가 있다고 여기는 자원은 실체가 있든 없든 중요하지 않으며 협상 상대방이 그것을 가치가 있다고 여기느냐 그렇지 않느냐이다. 가장 친근한 거래조건은 돈, 즉 가격이지만 가격이라는 단일 거래조건에서 다른 거래조건으로 협상 범위를 넓힐 때 협상의 총가치가 증가한다는 것은 이미 설명하였다. 거래조건이 협상 상대방의 필요를 얼마나 충족하느냐에 따라 거래조건의 가치가 결정된다. 가장 좋은 거래조건은 협상 상대방이 가치를 아주 높이 평가하는 반면 자신은 협상 상대방에게 넘겨주더라도 중요하게 여기지 않는 거래조건이다. 따라서 거래조건의 중요도를 파악하여 협상 당사자가 서로 교환하는 것이 협상 성공에 가장 중요하므로, 다양한 거래조건을 주고받는 협상에서 거래조건별 중요도를 파악하는 것이 우선이다. 이 과정에서 각 협상 당사자가 서로 동일하게 추구하는 가치를 찾을 수 있을 뿐아니라 협상 당사자 자신에게는 중요하지만 협상 상대방에게는 별로 중요하지 않은 가치를 찾을 수 있다. 이러한 가치 파악 과정이 협상을 원활하게 이끌어 가는 힘이 되기도 한다. 중요도가 서로 다른 가치를 활용하여 서로 교환하는 방법을 **바게닝 믹스(bargaining mix)**라고 한다. 이는 협상 시에 주고받는 다양한 가치를 섞은 후 협상 당사자 자신에게 중요한 것은 취하고 덜 중요한 것은 협상 상대방에게 양보하여 협상 당사자 양측이 모두 만족할 만한 결과를 얻는 방법이다. 예를 들어 갑작스런 스마트폰용 배터리 공급 부족 상황에서 애플(Apple)이 삼성SDI에게 배터리 긴급 공급 요청을 하는 경우, 애플의 경우는 '즉시 공급'이라는 가치가 최우선하는 거래조건이며, 삼성SDI의 경우는 '즉시 공급'이라는 공급 일정이외에 '배터리 공급 가격', '배터리 대금 현금 지급'이라는 가치의 거래조건을 추가할 수 있다. 이 경우 애플(Apple)과 삼성SDI의 바게닝 믹스에는 '즉시 공급', '개당 배터리 가격 $1 인상', '배터리 대금 현금 지급'이라는 가치를 섞어서 상호 교환하는 것이다. 하지만 여기서 주의하여야 할 것은 같은 대상이라고 하더라도 각 협상 당사자가 부여하는 가치의 중요도가 다르다는 것이다. 애플(Apple)과 삼성SDI의 바게닝 믹스에서 애플(Apple)에게는 '즉시 공급'이 삼성SDI에게는 '개당 $1 인상'이 가장 중요한 가치가 있다 할 것이다.

4.1.2 거래조건의 유형

거래조건은 크게 기본 거래조건, 대안 거래조건, 으뜸 거래조건의 3가지 유형으로 분류한다[1].

기본 거래조건은 협상 시 주로 관심을 두는 조건으로, 예를 들어 제품 구매 협상 시 주로 가격이나 비용, 할인율 등이 해당한다. 최초 제안선(OP)을 결정할 때 주로 관심을 두는 조건이다.

대안 거래조건은 기본 거래조건만큼 중요하지 않지만 협상 당사자 한쪽이 협

---

1) 탐 가슬린, 협상불변의 법칙, 미디어윌, 2008년, p.72~73의 내용을 인용하여 재정리함.

상 상대방의 필요를 충족해 줄 수 있는 조건으로, 협상 당사자 양측의 기본 거래조건의 차이가 너무 클 때 그 차이를 메우는 역할을 하는 조건이다. 이는 주로 협상 당사자 양측이 창의력을 발휘하여 파이를 늘리는 방법으로 이루어지는데, 예를 들어 복사기 구입을 위한 가격 협상 시 협상 당사자 양측의 가격 차이가 클 경우, 복사기 구입 수량의 조정, 제품 대금 지불 기간 조정 등의 조건을 제시하는 것이다.

으뜸 거래조건은 협상 당사자 일방은 거래조건에 매우 높은 가치를 부여하지만, 협상 상대방은 그 거래 조건으로 인하여 손실을 전혀 보지 않는 조건을 말한다. 다시 말해 협상 당사자 일방이 협상 상대방이 제시한 거래조건을 수용하더라도 비용이나 손실을 전혀 부담하지 않지만, 협상 상대방은 아주 만족하는 거래조건이다. 으뜸 거래조건이 많을수록 협상의 가치는 높아지게 된다. [그림 4-1]은 거래조건의 유형을 정리한 것이다.

[그림 4-1] 거래조건의 유형

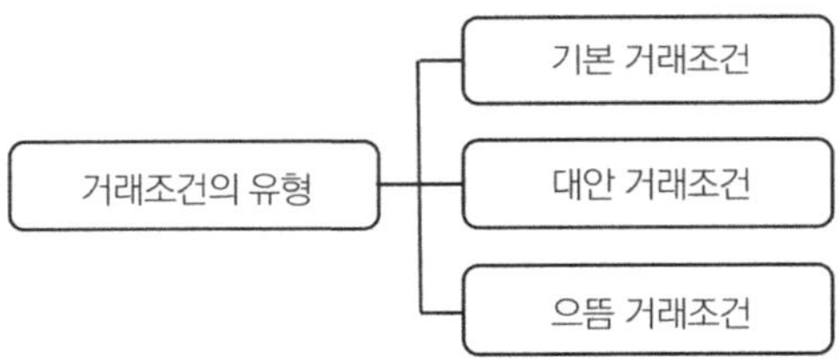

4.1.3 거래조건 개발하기

협상을 시작할 때 가장 먼저 할 일은 협상 상대방의 필요 또는 이해관계를 파악하는 것이다. 앞에서 필요 또는 이해관계와 요구 또는 입장의 구별에 대하여 설명하였지만, 협상 시 협상 당사자들이 가장 흔하게 저지르는 실수가 필요와 요구를 혼동하는 것이다. 협상의 성공을 위해서는 요구가 아니라 필요에 초점을 두고 필요가 충족되어야 한다. 필요에 집중하고 필요가 충족되면 선택 가능한 거래조건이 급격히 증가하게 된다. 거래조건에는 2가지의 충족 요소가 필요하다. 먼저 협상 당사자 자신이 생각하는 것보다 실제는 훨씬 더 많은 거래조건을 가지고 있다는 것이다. 이는 앞에서도 언급한 바와 같이 협상의 파이가 커지는 것을 의미하는데, 하나의 거래조건에 다른 거래조건을 추가하여 협상의 범위를 확대하는 것이다. 앞에서 설명한 복사기 구매 협상에서 가격 조건이외에 대금 결재 조건, 복사기 유지 보수 조건, 복사기 최저가격 보장 조건 등의 다른 거래조건을 추가하여 협상 범위를 확대하고 협상의 총가치를 높일 수 있다. 다른 하나는 거래조건의 가치가 거래조건을 받는 쪽, 협상 상대방의 시각에 달려 있다는 것이다. 이는 각 협상 당사자가 서로 동일하게 추구하는 가치가 있을 뿐아니라 협상 당사자 자신에게는 중요하지만 협상 상대방에게는 별로 중요하지 않은 가치도 있을 수 있다는 의미이며, 같은 거래조건이라도 각 협상 당사자가 부여하는 가치가 다를수 있다는 의미이기도 하다.

수많은 거래조건을 **가장 효율적 조건**(MVC, most viable condition)과 **가장 비효율적 조건**(LVC, least viable condition)을 연속선상에 표시하고 비교하여 선택하는 것도 거래조건 개발의 한 방법이다[2]. [그림 4-2]는 이를 정리한 것이다. [그림 4-2]에서 협상 당사자는 거래조건 1, 거래조건 2, 거래조건 3을 하나의 연속선상에 표시하고 그 중에서 가장 효율적 조건에 근접해 있는 거래조건 3을 거래조건으로 선택하는 것이다.

[그림 4-2] 거래조건의 개발

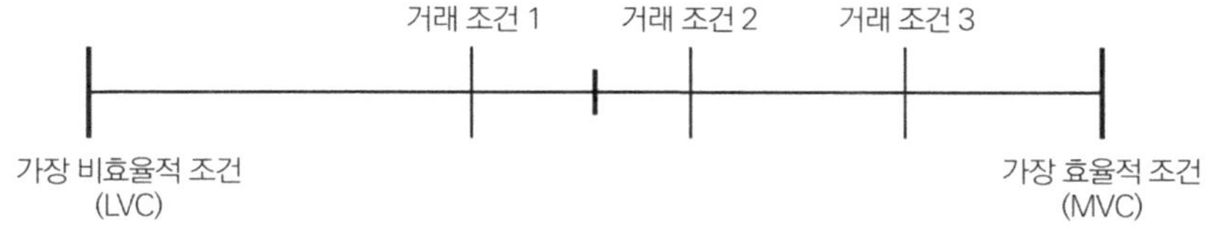

2) 탐 가슬린, 협상불변의 법칙, 미디어윌, 2008년, p.102~103의 내용을 인용하여 수정하고 재정리함.

거래조건 개발에서 또 하나 중요한 것은 새로운 시각을 통해 상황을 파악하고 이슈를 해결하기 위한 제3의 대안을 만들어 내는 것이다. 가장 대표적인 예가 하버드대학교 교수이자 <Getting to Yes>의 저자인 윌리엄 유리(William Ury)의 '18번째 낙타 활용하기'이다. 3명의 아들을 둔 중동의 부호가 유언을 남기고 사망하였다. 유언은 첫째 아들에게 낙타의 반을 남기고, 둘째 아들에게는 낙타의 1/3을 남기고, 셋째 아들에게는 낙타의 1/9를 남긴다는 것이었다. 하지만 사망한 중동 부호가 남긴 낙타는 17마리였고, 17은 2로도 3으로도 9로도 나누어지지 않는다는 것이었다. 3형제는 자포자기한 심정으로 옆 동네 현명한 노파를 찾아가 해결책을 구하게 되었다. 옆 동네 현명한 노파는 해결책으로 자신의 낙타 1마리를 3 형제에게 빌려 주었다. 즉 낙타가 총 18마리가 되었던 것이다. 옆동네 현명한 노파의 해결책으로 첫째 아들은 18마리의 반인 9마리를, 둘째 아들은 18마리의 1/3인 6마리를, 셋째 아들은 18마리의 1/9인 2마리를 가지게 되었고, 나머지 1마리는 옆동네 현명한 노파에게 다시 돌려주었다. 17마리의 낙타로 문제를 해결할 수 없는 상황에서 옆동네 현명한 노파의 도움으로 18번째 낙타를 찾아냄으로써 문제를 해결할 수 있었던 것이다. 이 사례는 윌리엄 유리(William Ury)가 세계 민족 분쟁의 해결책으로 주로 사용하는 방법이라고 설명하였다. 협상이 교착 상태이거나 거래조건의 개발에 한계를 느끼는 상황에서 새로운 시각으로 제3의 대안을 찾아냄으로써 협상을 원활하게 마무리할 수 있고 새로운 거래조건도 개발할 수 있는 것이다.

제 2 절 거래조건의 종류

4.2.1 거래조건의 종류

앞에서 거래조건의 유형을 살펴보았는데, 여기서는 협상 과정에서 실제 협상 내용과 직접으로 연관하여 만들어 낼 수 있는 거래조건을 구분하여 살펴본다.

첫 번째 **우선순위(top priority)** 거래조건이다. 우선순위(top priority) 거래조건은 협상 당사자에게 가장 중요하고 반드시 성취해야 하는 조건으로 협상 과정에서 양보하기가 어려운 핵심 요소로 협상 타결 여부에 큰 영향을 미친다. 우선순위 거래조건은 다음과 같은 내용을 포함하고 있다. 첫째 핵심 목표를 달성하기 위한 필수조건으로 협상 당사자의 핵심 목표를 달성하기 위해 반드시 충족되어야 하는 조건이다. 이 조건은 각 협상 당사자가 협상에 참여하는 주요 이유와 직결되며 협상이 타결되기 위한 최소한의 요구사항으로 간주되기도 한다. 예를 들어 기업이 새 기술을 획득하기 위한 협상을 진행하는 경우 해당 기술의 독점적 사용 권한이 우선순위 거래조건일 수 있다. 둘째 협상의 '레드라인(red line)'으로 이는 협상에서 넘을 수 없는 선을 의미한다. 협상 당사자는 이 조건을 포기할 수 없으며 이 조건이 충족되지 않으면 협상이 무산될 가능성이 높다. 예를 들어 특정 지불 조건(선불, 지불 시기 등)이 중요한 기업은 이 조건이 충족되지 않으면 협상을 중단할 수 있다. 셋째 양보가 불가능한 조건으로 이는 양보할 수 없는 필수 조건을 의미한다. 일부 거래 조건들은 상호 이익을 고려하여 조정하거나 양보할 수 있지만, 이 우선순위 거래조건은 반드시 유지되어야 한다. 이 조건을 확보하지 못하면 거래의 주요 목적을 상실할 수 있기 때문이다. 예를 들어 공급망 안정성을 중요시하는 회사는 협상에서 물류와 관련된 조건(납기, 품질, 공급 안정성 등)을 절대적으로 고수할 수 있다. 실제 국제협상에서 중시되는 구체적인 우선순위 거래조건에는 가격, 품질 보증, 납기 및 시간 관리, 법적 보호 등이 있다. 가격은 국제협상에서 가장 중요한 요소로 비용을 최소화하고 이윤을 극대화하려는 기업은 가격을 우선순위 거래조건으로 설정할 가능성이 크다. 국제 부품 공급 계약 협상에서 저렴한 가격으로 제품을 공급받는 것이 우선순위일 경우, 다른 조건보다 가격이 우선순위 거래조건이 되는 것이다. 또한 경우에 따라서는 제조업체나 서비스 제공자의 협상에서 품질 보증(quality assurance)이 우선순위 거래조건일 수 있다. 특히 높은 품질 기준이 요구되는 산업에서는 이 조건이 협상의 핵심으로 우선순위 거래조건이 된다. 예를 들어 의료 기기 제조업체가 장비의 품질을 최우선으로 고려하여 제품이 엄격한 품질 기준을 충족해야 한다는 조건을 우선순위 거래조건으로 내세울 수 있다. 납기 및 시간 관리(delivery and timelines)도 납기나 시간과 관련된 조건이 매우 중요한 협상의 경우 우선순위 거래조건이 된다. 특히 대형 건설 프로젝트에서 공사 완료 시점이 중요한 우선순위 거래조건이 될 수 있다. 또한 협상 당사자 일방이 협상 상대방에게 제품이나 서비스의 원래 일정보다 조기에 공급하는 조건, 다른 협상 당사자에 우선하여 제품이나 서비스를 공급하는 조건, 제품이나 서비스의 공급 마감 기한을 연장하는 거래조건, 제품이나 서비스의 공급 순위를 변경하는 거래조건 등이 있다. 납기 및 시간 관리와 관련된 우선순위 거래조건은 특히 국제 구매 협상에서 부품 공급 부족 사태가 발생하는 경우 대형 부품 구매자가 부품 공급자와 협상 시 가장 많이 내세우는 거래조건이다. 예를 들어 스마트폰용 배터리 공급 부족이 지속되는 상황에서 애플(Appple)이 삼성SDI에게 배터리 우선순위 공급이라는 거래조건을 내세우는 경우가 이에 해당한다. 또한 법적 문제에서의 보호가 중요한 협상일 경우 법적 보호(legal protection)와 관련된 조항이 우선순위 거래조건이 될 수 있다. 이는 특히 계약의 불이행이나 분쟁 해결과 관련된 사항으로 예를 들어 해외 거래에서 계약 불이행 시 현지 법률에 따른 보호를 우선시하는 조건이 우선순위 거래조건이 될 수 있다.

두 번째 **독점 권리 인정(exclusivity agreement) 거래조건**이다. 독점 권리 인정 조건은 거래나 계약에서 특정한 권리를 한 당사자에게만 부여하여 다른 경쟁자들이 동일한 권리를 갖지 못하게 하는 조건이다. 독점 권리 또는 독점권은 한 당사자가 특정 상품, 서비스, 기술 또는 시장에 대해 배타적인 권리를 가지는 것으로 해당 권리를 독점적으로 사용, 판매, 배포하거나 특정 지역 또는 기간 동안 다른 경쟁자들이 접근할 수 없게 제한하는 것을 포함한다. 독점 권리 인정 거래조건은 협상 시 당사자들이 계약을 통해 이러한 독점적 권리를 명시적으로 부여하고 이를 법적으로 보호받기 위한 조건을 설정하는 것을 말한다. 이 거래 조건은 **라이센싱(licencing)**에서 주로 사용하는 거래조건으로, 라이센싱은 법적으로 등록된 재산권을 가지고 있는 개인 또는 단체가 타인에게 대가를 받고 그 재산권을 사용할 수 있는 권리를 부여하는 계약이다. 라이센서(licensor)는 법적으로 등록된 재산권을 가지고 있는 자를 말하며 라이센시(licensee)는 이 권리를 대여받는 자를 말한다. 따라서 라이센싱이란 라이센서가 보유하고 있는 특허, 기업 비밀, 노하우, 등록상표, 지식, 기술 공정 등 가치있는 재산권의 일정한 영역을 라이센시에게 계약기간 동안 양도하는 것으로 사용권 계약이라고 할 수 있다. 독점권은 다양한 형태로 존재한다. **제품 또는 서비스 독점권(product or service exclusivity)**은 특정 제품이나 서비스를 판매하거나 공급할 수 있는 권리를 한 당사자에게만 부여하는 경우로 이로 인해 다른 경쟁사는 해당 제품을 판매할 수 없게 된다. 예를 들어 한 유통업체가 특정 브랜드의 제품을 독점적으로 판매할 수 있는 권리를 확보하면 다른 유통업체는 그 제품을 판매할 수 없다. **지역 독점권(geographical exclusivity)**은 특정 지역 내에서만 독점적으로 상품이나 서비스를 제공할 수 있는 권리로 이를 통해 경쟁사를 배제하고 해당 지역에서의 시장 지배력을 확보할 수 있다. 예를 들어 한 회사가 특정 국가나 도시에서 독점적인 프랜차이즈 운영 권리를 확보하는 경우 해당 지역에서는 다른 회사가 동일한 브랜드로 경쟁할 수 없다. **공급 독점권(supply exclusivity)**은 특정 공급업체가 특정 고객에게 독점적으로 상품이나 서비스를 제공할 수 있는 권리로 이를 통해 고객은 다른 공급자로부터 해당 제품을 받을 수 없게 된다. 예를 들어 대기업이 특정 부품을 한 공급업체로부터 독점적으로 조달받는 경우이다. **기술 및 지적 재산권 독점(technological and intellectual property exclusivity)**은 특정 기술이나 지적 재산권에 대한 사용 권리를 독점적으로 부여하는 경우로 이를 통해 해당 기술이나 지적 재산은 다른 경쟁사가 사용할 수 없게 된다. 예를 들어 한 회사가 새로운 소프트웨어나 특허 기술을 독점적으로 사용할 권리를 계약을 통해 확보하는 경우 다른 회사는 이를 사용할 수 없다. **프로젝트 및 계약 독점(project or contractual exclusivity)**은 특정 프로젝트나 계약에서 한 회사가 독점적인 수행권을 갖는 조건으로 이는 경쟁사들이 해당 프로젝트나 계약에 참여할 수 없도록 보장한다. 예를 들어 대형 건설 프로젝트에서 특정 건설사가 단독으로 프로젝트를 수행할 권리를 갖는 경우이다. 이러한 독점 권리 인정 거래조건은 독점권을 통해 경쟁사들이 해당 상품이나 서비스, 기술에 접근하지 못하도록 하여 시장에서의 경쟁우위를 확보할 수 있고, 특정 지역이나 분야에서 독점적 지위를 차지함에 따라 그 시장 내에서의 지배력을 강화할 수 있으며, 독점 공급을 통해 장기적인 고객 관계를 형성하고 안정적인 수익을 확보할 수 있다는 장점이 있다. 하지만 많은 국가에서는 독점이 시장 경쟁을 저해하고 소비자에게 피해를 줄 수 있다는 이유로 엄격한 규제를 가하고 있어 독점 권리 인정 거래조건이 반독점법이나 공정거래법을 위반하는 경우 법적 문제에 직면할 수 있고, 특정 공급자나 고객에게 지나치게 의존하는 경우 해당 파트너가 계약을 종료하거나 문제를 일으키면 큰 리스크가 발생할 수 있으며, 독점권을 가진 기업은 경쟁이 없는 환경에서 혁신에 대한 동기가 줄어들 수 있으며 이는 장기적으로 기업 경쟁력을 약화시킬 수 있다는 단점이 있다. 독점 권리 인정 거래조건을 구성하는 주요 요소는 다음과 같다. 첫 번째 **독점 범위(scope of exclusivity)**로 이는 독점권이 적용되는 범위를 의미하며 제품, 서비스, 기술 등 구체적인 대상과 해당 권리가 적용되는 지역, 시장 등을 명시하여야 한다. 예를 들어 '본 계약에 따라 A사는 북미 지역에서 B사의 모든 전자제품을 독점적으로 판매할 권리를 갖는다.'라고 규정하는 것이다. 두 번째 **독점 기간(duration of exclusivity)**으로 이는 독점권이 유효한 기간을 의미하는데 무기한 독점이 아니라면 독점권이 만료되는 시점과 갱신 가능 여부 등을 계약서에 명시하여야 한다. 예를 들어 '본 계약의 독점권은 3년 동안 유효하며 만료 후 상호 합의에 따라 연장될 수 있다.'라고 규정하는 것이다. 세 번째 **독점 위반 시 페널티(penalty for breach of exclusivity)**

로 이는 독점 조건을 위반하는 경우 발생할 수 있는 벌칙이나 페널티를 의미하며 계약을 보호하고 위반에 대한 대응책을 마련하기 위한 조항이다. 예를 들어 '독점권을 위반하는 경우, A사는 B사에게 $10만의 위약금을 지불하여야 한다.'라고 규정하는 것이다. 네 번째 **예외조항(exceptions)**으로 특정 상황이나 조건에서 예외를 허용할 수 있는 조항을 포함하여 유연성을 부여하는 것이다. 예를 들어 '긴급 상황 시 B사는 다른 공급업체로부터 제품을 조달할 수 있다.'와 같은 규정을 두는 것이다. [그림 4-3]은 독점 권리 인정 거래조건의 주요 요소를 정리한 것이다.

[그림 4-3] 독점 권리 인정 거래조건의 주요 요소

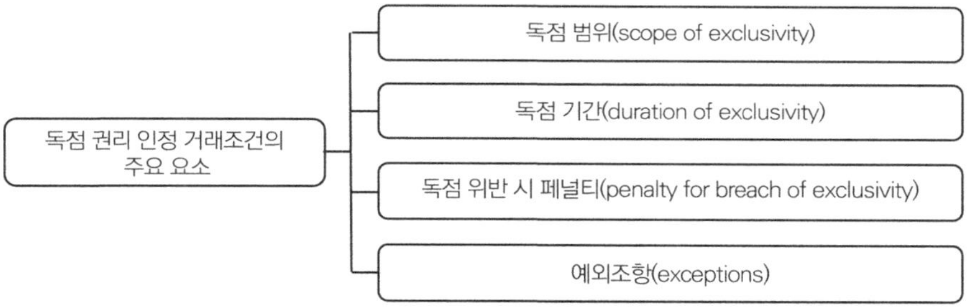

세 번째 **위험 완화(risk mitigation) 거래조건**이다. 위험 완화 거래조건은 거래나 계약에서 발생할 수 있는 다양한 위험 요소를 관리하고 최소화하기 위한 조건을 의미한다. 이 조건은 예측 가능한 리스크에 대비하고 각 계약 당사자의 책임과 의무를 명확히 하여 거래 과정에서 발생할 수 있는 손해를 줄이기 위한 목적으로 설정한다. 위험 완화 거래조건은 특히 계약 당사자들이 재정적, 법적, 운영상의 위험을 피하거나 줄이기 위해 중요하며 이 조건은 거래 과정에서 예기치 않은 상황이 발생할 때의 대응책을 마련하여 거래 안정성을 높이는 역할을 한다. 위험 완화 거래조건과 관련된 주요 조항은 다음과 같다. 첫 번째 **면책 조항(indemnity clause)**이다. 면책 조항은 한 당사자가 특정 위험으로 인해 발생시키는 손해나 손실에 대해 다른 당사자를 보호하는 조항이다. 이는 특히 법적 분쟁, 손해 배상 청구 등에서 중요한 역할을 한다. 예를 들어 공급업체가 공급한 부품의 결함으로 인해 제조업체가 소비자에게 손해를 입혔을 경우 면책 조항을 통해 제조업체는 법적 책임을 면하고 대신 공급업체가 법적 책임을 지고 구매자는 보호받을 수 있다. 따라서 면책 조항은 분쟁이나 사고 발생 시 책임 소재를 명확히 하고 계약의 한쪽 당사자가 다른 당사자를 대신하여 비용이나 책임을 부담하도록 한다. 두 번째 **보험 요구 조건**(insurance requirements)이다. 이는 거래 당사자들이 특정 위험에 대비해 보험을 가입하여야 한다는 조건이다. 이를 통해 특정 사건(예: 화재, 도난, 파산 등)으로 인한 손해를 최소화할 수 있다. 예를 들어 건설 계약에서 시공업체는 건설 작업 중 발생할 수 있는 사고에 대비하여 상해 및 재산 손해 배상 보험에 가입할 의무가 있다. 따라서 보험을 통하여 재정적 손실을 전가하고 리스크를 사전에 분산시킬 수 있다. 세 번째 **책임 제한 조항**(limitation of liability clause)이다. 책임 제한 조항은 특정 상황에서 한쪽 당사자가 부담할 수 있는 최대 책임의 범위를 제한하는 조건으로 이를 통해 거래 당사자들은 과도한 책임을 지는 것을 방지할 수 있다. 예를 들어 계약상 불이행이 발생하는 경우 손해 배상액이 계약 금액의 20%를 초과하지 않도록 제한하는 조항을 둘 수 있다. 이를 통하여 손실 발생 시 과도한 재정적 부담을 막고 책임을 예측 가능한 수준으로 유지할 수 있다. 네 번째 **불가항력 조항**(force majeure clause)이다. 불가항력 조항은 천재지변, 전쟁, 테러, 정부의 규제 변화와 같은 예측 불가능한 사건이 발생하는 경우 계약 의무를 일시적으로 면제하거나 연기할 수 있도록 하는 조건으로 이러한 사건은 당사자들이 통제할 수 없는 상황이므로 의무 불이행에 대한 책임을 면제해 준다. 예를 들어 코로나19와 같은 대규모 팬데믹 상황에서 계약 의무를 이행할 수 없게 되었을 경우 불가항력 조항을 통해 계약을 중단하거나 조정할 수 있다. 이를 통하여 예기치 않은 외부 요인으로 인한 의무 불이행 시 법적 보호를 제공하고 계약을 유연하게 조정할 수 있다. 다섯 번째 **위약금 조항**(penalty clause)이다. 이는 계약 의무 불이행 또는 지연 발생 시, 한쪽 당사자에게 위약금을 부과하여 다른 쪽 당사자가 부담할 위험을 경감시키는 조건으로, 계약을 충실히 이행하도록 강제하는 효과가 있으며 손실을 금전적으로 보상받는 수단으로 활용된다. 예를 들어 특정 기한 내에 프로젝트가 완료되지 못하면 1일 지연당 일정 금액의 위약금을 지급하여야 한다는 조항을 둘 수 있다. 이를 통하여 계약 불이행에 대한 페널티 명시에 따라 거래 안정성을 높이고 당사자들이 의무를 더 성실히 이행하도록 유도한다. 여섯 번째 **보증 및 담보 조항(warranty and guarantee clause)**이다. 이는 계약 대상이 되는 제품이나 서비스에 대한 품질, 성능, 적합성 등을 보증하는 조건이다. 이 조건을 통해 거래 상대방은 해당 제품이나 서비스가 예상한 성능을 제공하지 곳하는 경우 보상을 받을 수 있다. 예를 들어 부품 구매 계약에서 부품 제조 및 공급업체가 부품에 대한 1년간의 품질 보증을 제공하는 경우이다. 이를 통하여 제품이나 서비스의 품질에 대한 보장을 제공하여 구매자에게 발생할 수 있는 리스크를 줄이고 신뢰를 제공한다. 일곱 번째 **분쟁 해결 조항(dispute resolution clause)**이다. 이는 거래 과정에서 발생할 수 있는 법적 분쟁을 어떻게 해결할 지에 대한 절차를 미리 정해놓는 조항이다. 조정, 법적 소송 등의 방법을 명시하여 분쟁 발생 시 해결 방안을 사전에 합의한다. 예를 들어 분쟁 발생 시 상호 협상을 우선으로 하며 해결되지 않는 경우 중재를 통해 해결한다는 조건을 규정할 수 있다. 이를 통하여 분쟁이 발생하는 경우 신속하고 비용 효율적인 방법으로 문제를 해결할 수 있게 하며 법적 분쟁으로 인한 위험을 최소화할 수 있다. [그림 4-4]는 위험 완화 거래조건의 주요 조항을 정리한 것이다. 위험 완화 거래조건은 이외에도 가격 협상 완료 후 가격 상승 시 대응 방안을 제시하거나 손해 발생 시 보상 방안을 제시하는 것도 해당한다. 대표적인 것이 최근 이마트나 롯데마트와 같은 대형 유통업체들이 자신이 판매한 제품의 가격보다 더 싼 가격이 있으면 이를 보상하는 **최저가격 보상제(low price guarantee)**이다. 또한 국제 인수 및 합병(M&A) 협상에서 많이 사용하는 풋백 옵션도 이에 해당한다. **풋백 옵션(put-back option)**이란 기업의 인수 및 합병에서 기업 인수자가 기업 인수 자금을 대주는 투자자의 보유 지분을 상호 합의한 날짜와 가격에 되사줄 것을 약속하는 거래를 말한다. 기업 인수자는 자금이 부족할 경우 투자자로부터 자금을 공급받아 기업을 인수하지만, 미래의 기업 인수 시점에서 자산 가치를 정확하게 산출하기 어렵거나 자산 가치가 하락할 수 있기 때문에

[그림 4-4] 위험 완화 거래조건의 주요 조항

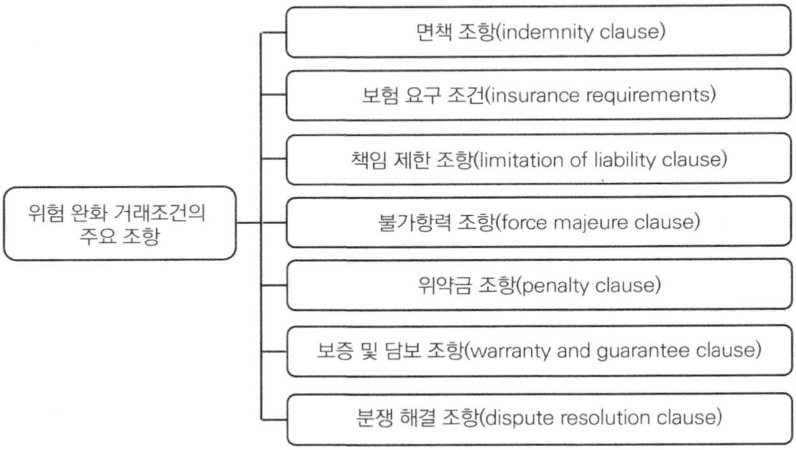

투자자는 자신이 투자한 자금을 회수하지 못할 위험성이 존재한다. 따라서 이러한 투자자의 재무적 손실을 완화하는 거래조건이 풋백 옵션이다.

네 번째 **인정 및 보상(recognition and compensation) 거래조건**이다. 인정 및 보상 거래조건은 계약 또는 거래에서 특정 행위나 성과를 인정하고 이에 대한 적절한 보상을 제공하는 조건을 말한다. 이는 계약 당사자 간의 관계를 강화하고 협력의 동기를 부여하며 성과에 따른 공정한 보상을 명확하게 규정하는 조건이다. 이 조건은 기업 간의 계약, 고용 계약, 비즈니스 협력 관계 등 다양한 분야에서 사용될 수 있으며 성과에 대한 인정과 보상 체계를 투명하게 정의함으로써 갈등을 예방하고 신뢰를 증대시키는 역할을 한다. 인정 및 보상 거래조건의 주요 유형은 다음과 같다. 첫 번째 **성과 기반 보상(performance-based compensation)**이다. 이는 성과에 따라 보상이 결정되는 방식으로 계약 당사자가 정해진 목표를 달성하는 경우 성과에 비례한 보상을 받게 된다. 이러한 보상 체계는 성과를 극대화하기 위한 강력한 동기 부여 수단으로 작용한다. 예를 들어 물품 판매 계약에서 특정 매출 목표를 달성하는 경우 판매자가 추가 보너스를 받는 조건으로, 성과 목표에 따른 명확한 보상 기준을 제시하여 더 높은 성과를 장려하고 기여도에 따라 보상한다. 두 번째 **로열티 및 수수료(royalty and commission)**이다. 로얄티는 특정 자산(특허, 브랜드, 기술 등)의 사용에 대한 대가로 지속적으로 지급되는 보상이며, 수수료는 특정 거래나 판매가 이루어졌을 때 발생하는 대가로 거래 당사자에게 지급하는 것이다. 예를 들어 기술 라이센스 계약에서 기술 소유자가 기술 사용권을 제공하고 그 대가로 매출의 일정 비율을 로열티로 받는 조건이다. 이를 통하여 일정 기간 자산이나 성과에 대한 보상을 지속적으로 제공하여 장기적인 수익을 확보할 수 있다. 세 번째 **계약 이행 보상(completion bonuses)**이다. 이는 계약상 의무를 성공적으로 이행하는 경우 제공되는 보상으로 프로젝트 완료, 일정 준수, 품질 유지 등의 목표를 달성하는 경우 지급하는 형태로 계약 상대방의 성실한 계약 이행을 촉진하는 역할을 한다. 예를 들어 건설 계약에서 프로젝트를 일정 내에 완료한 시공사에게 추가 보너스를 지급하는 조건이다. 이를 통하여 계약 이행을 독려하고 목표 기간 내 성실한 계약 이행을 보장할 수 있다. 네 번째 **성과 지표 보상(key performance indicators(KPI)-based compensation)**이다. 이는 성과 지표(KPI)를 기준으로 보상을 결정하는 조건으로 구체적이고 측정 가능한 목표(예: 매출, 고객 유치, 비용 절감 등)를 정하고 이를 달성하는 경우 보상을 제공하는 것이다. 예를 들어 영업 사원이 분기별 매출 목표를 달성하면 KPI에 따라 보너스가 지급되는 조건이다. 이를 통하여 성과 평가의 객관성을 높이고 당사자 간 성과 기대치를 명확히 설정할 수 있다.

이러한 인정 및 보상 거래조건을 설정하는 경우 몇 가지 고려 사항이 있다. 첫 번째 인정 및 보상 기준이 구체적이고 명확하여야 한다. 보상을 제공하는 기준, 시기, 형태 등을 사전에 구체적으로 정의하여 당사자 간의 오해나 분쟁을 방지하여야 한다. 예를 들어 '프로젝트가 계약서에 명시된 기한 내에 완료될 경우, 시공사에게 10%의 보너스를 지급한다.'와 같이 보상 조건을 구체적으로 명시하여야 한다. 두 번째 공정성과 투명성을 확보하여야 한다. 보상 체계는 공정하여야 하며 모든 당사자에게 일관성 있게 적용되어야 한다. 특히 성과를 측정하는 기준이 모호하거나 주관적일 경우 불만을 초래할 수 있으므로 투명한 기준을 설정하는 것이 중요하다. 세 번째 보상의 적절성을 확보하여야 한다. 보상은 성과나 업적에 상응하는 수준으로 설정되어야 하며 과도하거나 부족한 보상은 당사자의 불만을 유발하거나 동기 부여를 약화시킬 수 있다. 실례로 스마트폰용 배터리 공급 부족이 지속되는 상황에서 삼성SDI가 다른 고객보다 애플(Apple)에게 배터리를 우선하여 공급하였을 경우, 애플(Apple)이 이에 대한 보상으로 삼성SDI에게 추가 배터리 구매를 제안하거나 배터리 구매가격을 인상하는 경우이다. [그림 4-5]는 인정 및 보상 거래조건의 고려 사항을 정리한 것이며, [그림 4-6]은 거래조건의 종류를 정리한 것이다.

[그림 4-5] 인정 및 보상 거래조건의 고려 사항

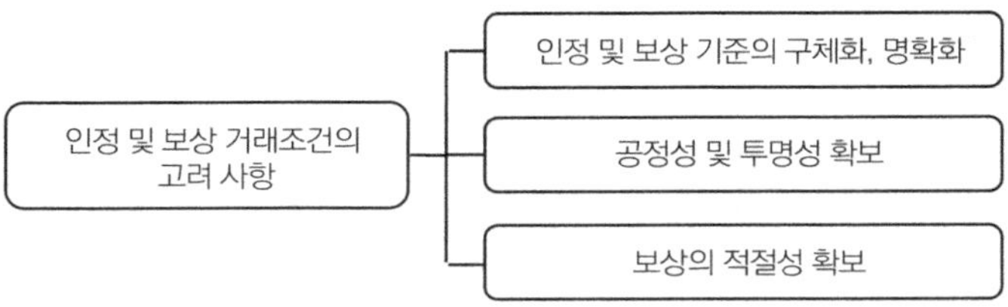

[그림 4-6] 거래조건의 종류

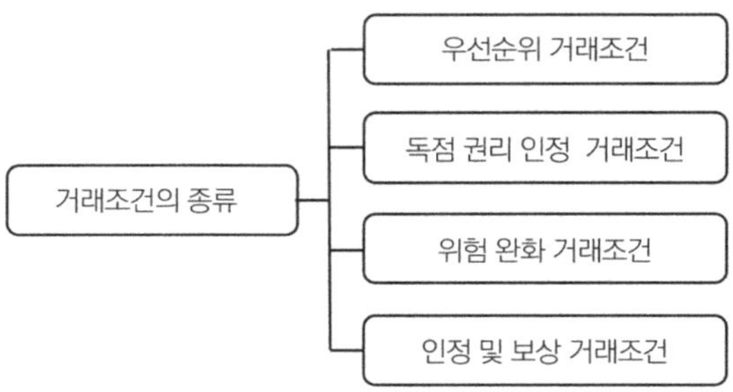

4.2.2 거래조건의 가치 향상

거래조건이 늘어나면 협상의 가치도 늘어나며 거래조건의 가치를 향상시키는 것은 곧 협상의 총가치를 향상시키는 것이 된다. 협상에서 거래조건의 가치를 향상시키기 위해서는 협상 상대방의 필요와 목표를 잘 이해하고 양측이 모두 이익을 볼 수 있는 기회를 찾는 것이 중요하다. 이를 위하여 적절한 질문을 통해 협상 상대방의 동기, 우선순위, 제약 사항을 탐색하고 보다 나은 조건을 도출할 수 있다. 거래조건의 가치를 높이기 위하여 협상에서 사용할 수 있는 몇 가지 핵심 질문은 다음과 같다.

첫 번째 협상 상대방의 필요와 우선순위를 파악하는 질문이다. 협상 상대방이 협상에서 진정으로 원하는 것이 무엇인가를 알아내는 것으로 이 질문을 통하여 양측의 필요를 충족시킬 수 있는 방법을 모색할 수 있다. 예를 들어 '이 거래에서 가장 중요한 요소는 무엇인가요?'라는 질문은 협상 상대방이 어떤 부분에 가장 큰 가치를 두고 있는지 알 수 있다. 협상 상대방에게 가장 중요한 요소를 파악하면 그 부분에서 양보할 수 없는 대신, 덜 중요한 부분에서는 타협할 여지가 생길 수 있다. 또한 '당신이 고려하는 최우선 순위는 무엇인가요?'라는 질문은 거래에서 우선시되는 사항을 묻는 질문으로 상대방의 의도나 전략을 이해하는 데 도움이 된다. '어떤 부분에서 유연성을 가질 수 있나요?'라는 질문은 상대방이 어느 부분에서는 양보할 수 있고 어느 부분에서는 그렇지 않은지를 파악할 수 있다. 협상 상대방의 필요와 우선순위를 파악하는 질문은 결국 '협상 상대방이 원하는 것 중에서 내가 줄 수 있는 것은 무엇인가?'라는 질문과 '내가 원하는 것 중에서 협상 상대방이 나에게 줄 수 있는 것은 무엇인가?'라는 질문과 직결된다. 다시 말해서 협상 상대방의 필요를 충족시키면서 협상 상대방에게는 중요하지만, 협상 당사자 자신에게는 별로 중요하지 않은 가치의 거래조건이 있는지를 확인하고 이를 협상 상대방에게 넘겨줌과 동시에, 협상 당사자 자신의 필요를 충족시키면서 협상 당사자 자신에게는 중요하지만, 협상 상대방에게는 별로 중요하지 않은 가치의 거래조건이 있는지를 파악하고 이를 협상 상대방에게 요구하는 것이다.

두 번째 대안과 옵션을 탐색하는 질문이다. 대안이 없으면 협상력이 약해질 수 있으며 협상 당사자 쌍방에게 이익이 될 수 있는 새로운 옵션을 제안하거나 여러 가지 선택지를 열어놓을 수 있는 질문을 던져야 한다. 예를 들어 '이외에 어떤 옵션들이 있을까요?'라는 질문은 상대방이 기존 제안 외에도 고려할 수 있는 대안을 가지고 있는가를 확인할 수 있다. 새로운 옵션이 나오는 경우 더 나은 조건을 만들 수 있는 기회가 생긴다. 또한 '현재 조건 외에 다른 방법으로 문제를 해결할 수 있는 방안이 있을까요?'라는 질문은 거래구조나 거래조건을 바꿔도 될 상황에서 유용한 질문으로 협상 상대방이 제안한 방법보다 더 나은 방법을 찾을 수 있는 가능성을 열어준다. 대안과 옵션을 탐색하는 질문은 결국 '거래조건에 가치를 더할 수 있는 요인이 있는가?'라는 질문과 직결된다. 이는 거래조건이 실체가 있는가 아니면 실체가 없는가를 확인하고 실체가 없더라도 가치를 더할 수 있는 것을 찾아 추가하는 것이다. 예를 들어 부품 구매 협상에서 부품 품질 보증이라는 거래조건에서 '1년 무상 보증'을 '2년 무상 보증'이라는 거래조건으로 변경하여 거래조건의 가치를 증가시키는 것이다.

세 번째 제한 사항을 파악하는 질문이다. 이는 협상 상대방이 협상에서 직면한 제약 조건을 이해하고자 하는 질문으로 이를 해결하는 대가로 원하는 조건을 얻을 수 있다. 예를 들어 '이 거래에서 무엇이 가장 큰 걸림돌인가요?'라는 질문은 협상 상대방의 입장에서 거래를 진행하는 데 있어 어려움이 무엇인지를 파악하여 그 어려움을 해결해 줄 수 있는 방안을 제시하며 협상에서 더 나은 위치를 차지할 수 있다. 또한 '어떤 제약 조건이 존재하나요?'라는 질문으로 협상 상대방이 가진 자원적, 시간적, 혹은 정책적 제약을 파악하면 협상을 더욱 효율적으로 이끌 수 있다.

네 번째 장기적인 목표나 관계와 관련된 질문이다. 단기적인 거래보다 장기적인 협력 관계를 목표로 하는 협상이라면 지속 가능한 가치를 창출하는 질문이 필요하다. 예를 들어 '장기적으로 이 거래가 당신에게 어떤 영향을 미치기를 바라시나요?'라는 질문으로 협상 상대방의 장기적 목표를 이해하면 그 목표를 도와줄 수 있는 방안을 통하여 양측 모두에게 이익이 되는 조건을 협상할 수 있다. 또한 '이번 거래를 통해 우리는 어떤 협력 관계를 만들 수 있을까요?'라는 질문은 단기적인 이익보다는 협력 관계를 중시하는 질문으로 서로가 지속적인 가치를 창출할 수 있는 방향으로 협상 조건을 조율할 수 있다.

다섯 번째 시간과 긴급성에 대한 질문이다. 시간은 협상에서 매우 중요한 요소이므로 협상 상대방의 시간적 여유나 긴급성을 파악하면 이를 활용하여 협상에서 유리한 조건을 끌어낼 수 있다. 예를 들어 '이 거래를 언제까지 마무리해야 하나요?'라는 질문으로 협상 상대방이 급하게 거래를 완료해야 할 상황이라면 시간의 압박을 활용하여 거래조건을 유리하게 조정할 수 있다. 또한 '이 거래의 시급성은 어느 정도인가요?'라는 질문으로 시간적인 압박이 큰지 아닌지에 따라 협상 상대방의 협상 태도를 예측하고 전략을 수정할 수 있다.

여섯 번째 정보 수집을 위한 질문이다. 협상 상대방에 대한 정보가 부족하거나 협상 상대방에 대하여 잘못된 판단을 하고 있을 수 있는데 이 질문으로 협상 상대방이 가진 정보의 양과 질을 파악하고 부족한 부분을 채울 수 있다. 예를 들어 '이 거래에 대해 추가로 알고 싶은 정보가 있으신가요?'라는 질문은 협상 상대방이 이해하지 못하거나 명확히 알지 못하는 부분을 해결해줄 수 있는 기회를 제공함으로써 신뢰를 쌓고 협상력을 강화할 수 있다. 또한 '현재 정보로는 결정이 어려운 부분이 있나요?'라는 질문으로 협상 상대방이 결정을 내리기 어려운 이유를 파악하고 그 문제를 해결하여 원하는 조건을 더 쉽게 받아들이게 할 수 있다.

마지막으로 '협상 당사자 양측이 어떻게 하면 협력하여 협상 가치를 높일 수 있을까?'라는 질문이다. 이는 협상의 원활한 타결을 바라는 각 협상 당사자는 서로가 협상의 파이 및 총가치를 키우기 위하여 노력한다는 대전제하에 구체적인 상호협력 방안을 논의하는 것이다.

이러한 거래조건의 가치를 향상시키기 위한 질문을 하면서 잠재적인 거래조건들을 목록으로 작성하고 이를 활용하는 것이다. 또한 이러한 질문들은 협상 상대방의 관점을 이해하고 보다 창의적이고 윈-윈(win-win)할 수 있는 해결책을 도출하는 데 중요한 역할을 한다. 협상에서 가장 중요한 것은 협력적인 자세로 서로의 목표와 필요를 충족시키는 방법을 찾는 것이므로 이러한 질문을 통해 협상 상대방의 필요와 한계를 명확히 이해하는 것이 필수적이다.

제 3 절 양보 전략

4.3.1 양보의 의미

협상이란 협상 당사자 양측이 서로 무엇인가를 주고받는 과정이므로 협상 시 어느 쪽이든 양보하는 것은 자연스러운 협상 행위이다. 따라서 협상 시 양보하는 것을 협상 상대방에 대한 패배나 협상 실패 등으로 간주하여서는 원활한 협상을 수행할 수 없다. 협상에서의 양보 전략은 협상 테이블에서 원하는 결과를 얻기 위하여 의도적으로 어떤 부분을 타협하거나 포기하는 것을 의미한다. 성공적인 협상을 위해서는 무조건적인 양보가 아니라 전략적인 양보가 필요하다. 이는 협상 상대방의 요구를 충족시켜주면서도 자신에게 중요한 부분은 유지하거나 더 나은 조건을 얻는 방향으로 협상을 이끄는 것을 의미한다. 효과적인 양보 전략을 구축하기 위하여 먼저 양보의 기본 원칙을 이해하여야 한다.

첫 번째 **상호적 양보, 즉 양보의 호혜주의(reciprocity)**이다. 이는 협상 상대방이 자신에게 무엇인가를 해주면 나도 협상 상대방에게 무엇인가를 해 주는 것으로, 협상 당사자 일방의 이익을 위한 것이 아니라 협상 당사자 양측의 이익을 추구하는 것이다. 양보하면 내가 협상 상대방으로부터 무엇을 받을 것인지를 생각하여야 한다는 것이다. 양보는 한쪽만 일방적으로 하는 것이 아니라 서로 주고받는 것이어야 한다. 협상 상대방이 양보할 때만 당신도 양보할 수 있다는 원칙을 세우면 균형 잡힌 협상을 이끌 수 있다.

두 번째 가치의 교환이다. 양보 시에는 단순히 무엇인가를 포기하는 것이 아니라 더 큰 가치를 얻기 위한 교환의 관점에서 접근하여야 한다. 예를 들어 가격에서 양보하더라도 계약기간, 계약 물량, 제공 서비스 수준에서 더 유리한 조건을 얻는 것이다.

세 번째 우선순위에 따른 양보이다. 협상에서 모든 요소가 동일하게 중요한 것은 아니다. 자신에게 덜 중요한 것부터 양보하며 더 중요한 부분은 지키거나 더 나은 조건을 얻기 위해 협상하여야 한다. 이를 위하여 사전에 자신의 양보의 우선 순위를 명확히 설정하는 것이 중요하다.

협상에서의 양보의 시기 및 순서도 중요한 데 효과적인 양보의 시기 및 순서 전략은 다음과 같다.

첫 번째 양보의 시기를 결정하여야 한다. 협상 당사자 일방이 처음부터 너무 많은 양보를 하면 협상 상대방은 그 이상을 요구할 가능성이 커진다. 처음에는 견고한 입장을 유지하다가 협상 상대방이 먼저 양보를 하면 그에 맞춰 양보하는 것이 좋다. 따라서 협상 당사자는 협상에서의 첫 양보의 시점을 제대로 결정하여야 한다. 또한 앞에서 설명한 최초 제안선(OP)을 제시하기 전에는 절대 양보해서는 안되며 희망 합의선(DSP), 최후 방어선(WAP)를 고려하면서 양보를 하여야 한다.

두 번째 점진적인 양보를 하여야 한다. 다시 말해서 한 번에 큰 양보를 하는 것보다는 점진적으로 조금씩 양보하는 것이 효과적으로, 협상이 진행되면서 양보의 규모나 크기가 작아지는 것을 의미한다. 이렇게 하면 협상 상대방이 더 큰 성취감을 느끼고 협상이 순조롭게 진행된다.

세 번째 양보의 간격을 조절하는 것으로 일정한 양보의 패턴을 유지하여야 한다. 즉 협상 당사자 일방이 작은 양보를 하다가 협상이 진행되면서 갑자기 더 많은 양보를 하거나 많은 양보를 하다가 갑자기 양보를 취소하거나 하게 되면, 협상 상대방은 협상 당사자 일방을 신뢰하지 못하게 되고 결국 협상이 파국으로 치달을 가능성이 커진다. 따라서 일정한 양보의 패턴은 협상에서 중요한 의미를 지닌다. 또한 협상 초반에 적은 양보를 하고 협상이 막판에 다다랐을 때 좀 더 큰 양보를 제안하는 것도 양보의 패턴을 유지하는 것이다. 이렇게 하면 협상이 결렬될 위험을 줄이고 상대방이 더 만족감을 느낄 수 있다.

양보의 가시성과 이에 근거한 심리적 효과도 잘 활용하여야 한다. 다시 말해서 양보 시 협상 상대방이 그 양보를 인식할 수 있도록 명확히 전달하는 것이 중요하다. 협상 과정에서 가시적인 양보를 통해 협상 상대방이 자신이 이익을 얻고 있다는 느낌을 받을 수 있게 해야 한다는 것이다. 또한 양보를 강조하는 것도 협상에 긍정적인 영향을 준다. 예를 들어 '이 부분은 저희에게 매우 중요하지만 이번 한 번은 양보하겠습니다.'와 같은 명시적 언급을 통하여 협상 상대방이 양보의 가치를 인지하게 만드는 것이 필요한데 이는 협상에서 상호신뢰를 구축하는 데도 도움이 된다. 또한 협상 상대방이 양보를 통하여 성취감을 느끼면 심리적 만족감을 표현하기 마련인데 이러한 경우 협상 상대방도 보다 적극적으로 양보할 가능성이 커진다. 따라서 협상 상대방이 무언가를 얻었다고 느낄 수 있도록 양보의 의미를 크게 부각시킬 필요가 있다.

4.3.2 양보 시 고려 사항

협상에서 양보는 협상 성공에 중요한 요소이지만 무조건적 양보는 오히려 협상 결과를 악화시킬 수 있다. 따라서 양보 시에는 신중하게 여러 요소를 고려하여야 한다. 양보의 효과를 극대화하고 자신의 입장을 보호하며 협상 결과를 최적화하기 위해 다음과 같은 사항들을 고려하여야 한다.

첫 번째 고려 사항은 공짜 양보를 하지 않는다는 것이다. 협상에서 양보의 대원칙은 대가 없는 양보는 절대 금지이다. 이 원칙은 양보의 호혜주의에서도 설명하였지만 협상 상대방에게 호의로 양보하더라도 그 이유를 밝혀야 한다. 이는 양보 시 협상 상대방이 양보로 인한 가치를 느낄 수 있도록 논리와 근거를 제시하여야 한다는 것이다. 공짜 양보를 하지 않기 위하여 트레이드 오프 기법을 활용할 수 있다. 트레이드 오프(trade off)는 하나를 얻기 위해서 다른 하나를 희생하는 것을 의미하는데, 협상에서는 자신이 하나를 양보하면서 협상 상대방에게서 다른 하나의 양보를 얻어내는 것이다. 이는 양보의 대가로 자신이 원하는 것을 조금이라도 더 얻기 위해서이다.

두 번째 배트나(BATNA)를 고려하여야 한다. 협상에서 가장 중요한 것은 협상 결렬 시 대안을 명확히 이해하는 것이다. 배트나(BATNA)가 강하면 양보할 필요성이 줄어들고 협상이 불리하게 진행될 때 협상에서 빠져나갈 수 있는 자신감을 가질 수 있다. 이를 위하여 먼저 자신의 배트나(BATNA)를 평가하여야 한다. 협상이 결렬되었을 때 취할 수 있는 가장 좋은 대안이 무엇인지 사전에 명확히 이해하고 준비해야 한다. 동시에 협상 상대방의 배트나(BATNA) 파악도 중요하다. 협상 상대방의 배트나(BATNA)가 약한지 강한지 파악하여 협상 상대방이 배트나(BATNA)가 없거나 약하다면 자신이 양보할 필요성은 줄어들고 협상 상대방이 배트나(BATNA)를 가지고 있거나 강하다면 자신이 양보의 필요성을 검토하여야 한다. 배트나(BATNA)를 고려한다는 의미는 결국 협상 시작 전에 양보의 범위를 미리 정하여야 한다는 것이다. 이는 양보에도 계획이 필요하며 어느 정도까지 양보할까를 미리 정하여야 한다는 것이다. 양보의 범위를 미리 계획하는 가장 중요한 이유는 양보를 잘 하기 위해서이다. 이를 위해 양보의 비용이나 가치를 분석하는 것도 필요하다. 이는 협상 상대방의 필요를 분석하고 이를 바탕으로 자신의 비용이 최소화하면서 협상 상대방의 가치는 최대화하는 양보를 의미한다.

세 번째 우선순위를 고려하여야 한다. 모든 협상 항목이나 요소가 동일하게 중요한 것은 아니기 때문에 협상에서의 양보 시 자신의 협상 항목이나 요소의 우선순위를 명확히 설정하고 덜 중요한 항목부터 양보하여야 한다. 이를 위하여 자신의 협상 항목이나 요소의 핵심 사항과 부차적 사항을 구분하고 양보할 항목 중에서 필수적으로 지켜야 하는 부분과 타협 가능한 부분을 미리 파악하여야 한다. 동시에 협상 상대방의 우선순위를 파악하는 것도 필요하다. 협상 상대방이 중요하게 여기는 항목을 파악하고 그 부분에서 전략적으로 양보를 제안함으로써 협상 상대방에게 유리한 조건을 제공하면서도 중요한 부분은 유지할 수 있다.

네 번째 양보의 가치 극대화도 고려하여야 한다. 이는 양보가 협상 상대방에게 단순히 제공되는 것이 아니라 협상 상대방이 가치 있게 인식하도록 하여야 한다는 것을 의미한다. 이를 위하여 협상 당사자 일방이 양보의 희생을 강조하는 것, 다시 말해서 양보의 가시성을 부각하여 양보가 쉽게 이루어진 것이 아니라 점을 강조하는 것이다. 이렇게 하면 협상 상대방은 협상 당사자 일방의 양보가 가치 있다고 느끼고 그에 상응하는 양보를 보다 쉽게 할 수 있다. 이를 위하여 양보 시 연기적 요소를 가미하는 것이 필요하다. 연기적 요소란 협상 상대방에게 보여주는 표정이나 행동을 말하는 것으로, 양보 시 곤란하거나 괴로운 표정을 짓거나 쉽게 양보할 수 있는 거래조건이라도 망설이는 듯한 태도를 보이는 것이다. 또한 양보의 가치 극대화 및 가시성을 확보하기 위하여 협상 상대방에게 양보를 명확히 알리기뿐만 아니라 양보의 문서화, 즉 협상 과정에서 양보한 항목을 명확히 문서화함으로써 양보가 공정하게 진행되었음을 협상 당사자 쌍방이 인식할 수 있도록 하는 것도 필요하다.

다섯 번째 협상 당사자들의 심리적 상태를 고려하여야 한다. 양보를 협상 상대방이 어떻게 인식할지 양보를 통해 협상 상대방이 어떤 감정을 느낄지 등을 이해하는 것이 중요하다. 이를 위하여 협상 상대방의 자존심 보호가 필요하다. 협상에서 양보 시 협상 상대방의 자존심을 건드리지 않도록 주의하여야 하며 양보는 상호 존중의 일환으로 이루어져야 하며 협상 상대방이 체면을 잃지 않도록 배려하는 것이 중요하다. 또한 양보로 신뢰를 구축할 수 있어야 한다. 적절한 양보는 상대방에게 신뢰를 주는 기회가 될 수 있으며 협상에서 한쪽이 신뢰를 주는 양보를 하면 상대방도 긍정적으로 대응할 가능성이 높아지고 이는 상호간 신뢰 구축으로 이어질 수 있다.

여섯 번째 양보의 패턴을 관리하여야 한다. 이는 앞에서 이미 설명하였지만 점진적 양보와 일정한 양보의 패턴 유지가 필요하다는 것이다. 점진적 양보는 협상 초반에는 작은 양보를 하고 후반부에 점차 큰 양보를 하는 방식으로 양보를 하는 것이다. 또한 양보가 협상에서 어떻게 이루어졌는지에 따라 상대방의 기대가 달라지는데 일정한 패턴을 유지하지 않고 불규칙하게 양보를 하면 상대방이 혼란을 느끼게 되고 불신감을 갖게 된다. 양보의 패턴 관리는 결국 양보를 나누어 하라는 것이다. 양보를 조금씩 나누어 하면 협상에 더 좋은 영향을 미친다는 것이다. 협상에서 양보를 나누어서 하여야 하는 이유는 첫째 일반적으로 협상 당사자들은 협상 이슈나 거래조건에 대하여 여러 번에 걸쳐 논의하는 것을 기대한다. 즉 협상 결과에 대한 합의에 이르기 전에 협상 당사자간 여러 번의 양보를 당연한 것으로 생각한다는 것이다. 둘째 양보를 나누어서 하는 것은 협상 당사자 자신뿐 아니라 협상 상대방으로 하여금 큰 양보를 할 필요가 없다는 사실을 일깨우는 것이다. 이는 협상 당사자가 조금씩 양보할 때 그에 대한 보답으로 원하는 양보를 조금씩 얻을 수 있다는 것이다. 셋째 양보를 나누어서 하는 것은 협상 상대방에게 협상 당사자 자신이 융통성이 있는 협상 상대방이라는 인상을 주며 나아가 협상 당사자 자신이 협상 상대방의 말이나 제안에 주의를 기울이고 있다는 사실을 인식시키는 것이다.

일곱 번째 협상의 장기적 영향을 고려하여야 한다. 양보는 단기적인 이익만을 위한 것이 아니라 협상의 장기적 관계에도 영향을 미칠 수 있다. 따라서 양보는 협상 상대방과의 장기적인 협력 관계를 고려하여 이루어져야 한다. 따라서 한 번의 협상이 아니라 앞으로의 협력 관계를 고려하여 양보하는 것으로 양보를 통해 신뢰를 구축하고 미래의 협상에서도 유리한 입지를 다질 수 있다. 아울러 양보 후의 후속 협상을 고려하는 것도 필요하다. 양보가 다음 협상에 어떤 영향을 미칠지를 고려하여야 한다는 것이다. 너무 많은 양보를 하면 앞으로의 협상에서 불리해질 수 있으므로 그 영향력을 사전에 평가하여야 한다.

여덟 번째 일단 양보한 후에는 절대 뒤돌아보지 말아야 한다는 것이다. 즉 한 개의 거래조건에 대하여 양보했다면, 그 거래 조건에 대해서는 더 이상 논의하지 말고 다음 거래조건으로 옮겨가야 한다는 것이다. 협상 당사자 일방이 어떤 거래조건을 양보하였는데, 양보한 거래조건을 다시 협상 과정에 끌어들여 논의하는 것은 협상 상대방이 협상 자체에 대한 신뢰를 상실할 수 있기 때문이다.

마지막으로 협상 시간에도 유의하여야 한다. 즉 협상 시간 제한으로 협상 당사자 본인의 의도와는 다르게 더 빨리 더 많이 양보할 가능성이 있기 때문이다. 또한 협상 상대방으로부터 더 많은 양보를 이끌어 내기 위해 협상 시간을 지연시킬 수도 있다.

4.3.3 양보 기술

협상에서 양보 기술은 협상의 목적을 달성하면서도 상대방과의 관계를 긍정적으로 유지하는 중요한 수단이다. 단순한 양보가 아닌 전략적이고 기술적인 양보를 통해 원하는 결과를 효과적으로 얻어내는 것이 핵심이다. 이를 위해서는 체계적인 접근과 심리적 기법이 필요하다. 협상에서 사용할 수 있는 다양한 양보 기술과 그 적용 방법은 다음과 같다.

가장 기본적인 기술은 **상호성의 원칙(give and take)**이다. 앞에서 설명한 호혜주의(reciprocity)에 입각한 양보 기술로, 가는 것이 있으면 오는 것이 있어야 한다는 신호를 보내는 것이다. 다시 말해서 상호성의 원칙(give and take)은 암묵적으로 상호 필요한 것을 주고받는 것이며, 서로 양보하는 것, 공동의 이익 및 협력이라는 의미로도 이해할 수 있다. 이러한 상호성의 원칙(give and take)은 몇 가지 특징이 있다. 첫째 상호성의 원칙(give and take)은 기본적으로 협상 당사자의 상호신뢰를 바탕으로 한다. 즉 협상 당사자 일방이 협상 상대방에게 무엇인가를 해주면 협상 상대방이 협상 당사자 일방에게 도움이 되거나 이익이 되는 것을 제시한다는 믿음이 전제되어야 한다는 것이다. 협상 당사자 일방이 협상 상대방에게 해준 것에 대하여 보답이나 보상이 없거나 오히려 피해나 손해를 끼친다면 상호성의 원칙(give and take)는 성립하지 않는다. 둘째 상호성의 원칙(give and take)은 사회적 기본 행위로 공동 이익을 증진하는 행위이다. 다시 말해서 상호성의 원칙(give and take)이 협상에만 적용되는 특별한 암묵적 규칙이 아니라 사회의 다양한 상호작용에 적용되는 기본 행위이자 사회적 기본 질서를 유지하는 하나의 규칙으로 모든 사회 구성원이 지켜야 하는 규범이라는 것이다. 이는 상호신뢰를 바탕으로 상호성의 원칙(gve and take)이 지켜지면 불신과 갈등으로 인한 사회적 비용이 크게 줄어들고 공동의 이익을 증진하는 결과로 이어진다. 협상에서도 이는 그대로 적용된다. 따라서 상호성의 원칙(give and take)에 따라 협상 당사자 일방이 비용이 적게 드는 거래조건을 우선 제시하고 이 거래 조건에 대하여 협상 상대방이 어떻게 반응하는지를 보고 협상을 진척시킬 수 있다. 즉 협상 상대방의 의향을 떠보기 위하여 비용이 적게 드는 양보를 먼저 제의하는 것이다. 비용이 적게 드는 양보를 협상 상대방이 받아들인다면 상호성의 원칙에 따라 협상 당사자 일방도 협상을 진척시킬 가능성이 크다. 비용이 적게 드는 거래조건에는 정보가 있다. 협상 상대방이 정보를 공유하고 싶어 하는지 그리고 공유한다면 어느 정도까지 공유하고 싶어 하는지 파악하는 것이 중요하다. 이를 통해서 향후 협상이 우호적으로 진행될 것인지 아니면 적대적으로 진행될 것인지 예상할 수 있다.

두 번째 조건부 양보 기술로 '만약 그렇다면(what if)' 기술이다. 조건부 양보는 일방적인 희생이 아니라 양쪽이 서로 이득을 얻도록 만드는 양보 기술로 상대방의 요구를 받아들이면서도 자신이 원하는 것을 얻어내는 기술이다. 만약 그렇다면(what if)은 자신이 원하는 것을 협상 상대방이 내준다면 자신도 어떤 것을 양보할 의사가 있음을 표현하는 것이다. 예를 들면 부품 구매 협상에서 구매자가 판매자에게 부품가격 인하를 수용하면 부품 구매량을 늘리겠다는 제안을 하는 것이다. 즉 당신이 가격을 내린다면(if) 나는 구매량을 늘린다(what)는 것이다. 만약 그렇다면은 협상 당사자 양측의 양보 조건을 연결함으로써 협상의 균형을 유지할 수 있다.

세 번째 점진적 양보 기술이다. 이는 이미 양보의 시기 및 순서 전략에서도 설명하였지만, 양보는 갑작스러운 변화보다 점진적으로 진행하는 것이 효과적이다. 처음에는 작은 양보를 하고 협상이 진행될수록 조금씩 더 많은 양보를 하는 방식이다. 점진적 양보는 상대방이 협상 과정에서 더 많은 성취감을 느끼게 해주며 협상을 긍정적으로 이끌 수 있다. 협상 초기 단계에서는 작은 양보부터 시작하여 협상 막바지에 상대방에게 중요한 항목에서 상대적으로 더 큰 양보를 제안하여 협상을 성공적으로 마무리하는 것이다.

네 번째 양보의 페이스 컨트롤(pace control) 기술이다. 이는 협상의 페이스를 조절하면서 양보하는 것으로 협상을 급하게 진행하면 협상 상대방이 더 많은 양보를 요구할 수 있으므로 협상의 속도를 신중하게 조절하며 양보의 압박을 줄이는 것이다. 구체적으로는 먼저 양보를 천천히 제시하는 것이다. 급하게 양보하지 않고 충분한 논의 후에 신중하게 양보를 제시함으로써 협상의 속도를 조절한다. 또한 양보를 지연시키는 기술도 있다. 협상 상대방이 양보를 요구할 때 즉시 응답하기보다 지연시키면서 더 나은 조건을 요구할 수 있다. 예를 들어, '이 요구를 받아들이기 전에 몇 가지 고려할 사항이 있습니다'라고 응답함으로써 시간을 벌고 더 나은 조건을 모색할 수 있다.

마지막으로 **배트나(BATNA)**도 하나의 양보의 기술이다. 협상에서 협상 당사자의 힘은 협상 당사자 양측의 필요를 충족시킬 수 있는 협상 대안의 개수가 얼마인가에 달려 있다고 해고 과언이 아니다. 양보할 때도 배트나(BATNA)를 염두에 두고 협상 상대방과 만족스러운 합의에 도달하지 못할 경우, 자신이 선택할 수 있는 다른 대안이 무엇인가를 끊임없이 생각하여야 한다. [그림 4-7]은 양보 기술을 정리한 것이다.

[그림 4-7] 양보 기술

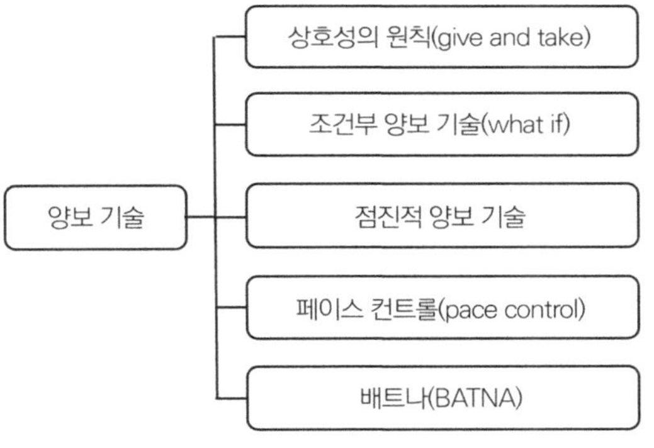

양보를 위한 새로운 대안을 모색하는 방법으로 가장 많이 활용하는 것이 브레인스토밍이다. 협상이 교착 상태에 빠지면 일단 협상을 일시 중단하고 협상 당사자 전원이 참석하는 브레인스토밍으로 새로운 대안을 모색하는 것도 필요하다. **브레인스토밍(brain storming)**이란 새로운 대안을 만들어 낼 때 3인 이상이 모여 자유롭게 아이디어를 내놓는 회의 방식을 말한다. 협상 이슈를 놓고 회의를 통해 여러 가지 아이디어를 구상하는 방법이기 때문에 짧은 시간에 많은 아이디어나 대안을 만들 수 있다. 브레인스토밍(brain storming)에는 몇 가지 원칙이 있다. 첫 번째

판단 보류의 원칙으로 **비판 금지의 원칙**이라고도 한다. 이는 남의 아이디어에 대하여 비판이나 비난을 하지 말고 당사자가 아이디어를 내기만 하면 그것을 그대로 기록하여야 한다는 것이다. 즉 일단 말이 안 되는 것이라도 떠오르면 이야기하고 기록하여야 한다는 것이다. 두 번째 **다양성의 원칙**으로 다다익선을 의미한다. 이는 아이디어가 많으면 그 중에 기발한 아이디어가 나오거나 문제 해결을 위한 창의적인 방법이 나올 확률이 높기 때문에 우선적으로는 다양하고 많은 아이디어를 모으는데 집중하여야 한다는 것이다. 세 번째 **독창성의 원칙**이다. 이는 어떠한 아이디어도 환영한다는 원칙으로 자유분방한 분위기를 의미한다. 고정된 사고를 타파하고 자유로운 의사 표출을 통하여 아이디어를 내는데 집중하여야 한다는 것이다. 기존 방식과 다르게 새로운 관점에서 고민하고 이를 통하여 가벼운 아이디어라도 편안하고 자유로운 분위기에서 제안할 수 있어야 한다는 것이다. 네 번째 **결합의 원칙**으로 **결합 및 개선의 원칙**이라고도 한다. 이는 도출된 아이디어를 조합하고 이를 통하여 더 나은 아이디어를 발전시키는데 집중하여야 한다는 것이다. 타인의 아이디어를 모방하고 결합하면 아이디어 간에 연쇄반응이 일어나고 이러한 과정을 통하여 아이디어는 점점 강화되고 개선될 수 있기 때문이다. 이러한 브레인스토밍의 원칙들이 있지만 브레인스토밍을 위해 가장 중요한 것은 반드시 자유로운 분위기를 유지해야 한다는 것이다. [그림 4-8]은 브레인스토밍의 원칙을 정리한 것이다.

[그림 4-8] 브레인스토밍의 원칙

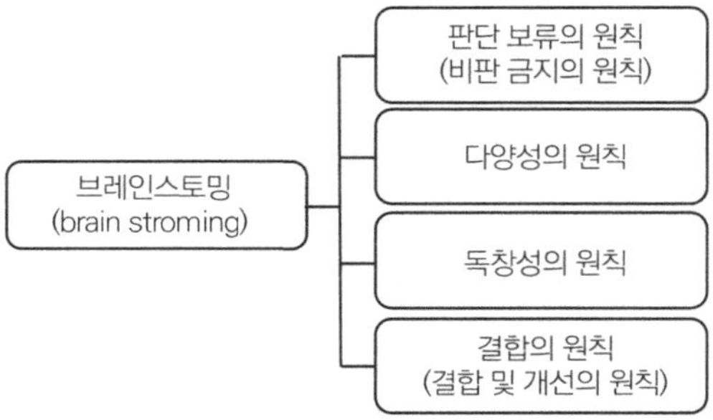

제 5 장

가격 협상

제 1 절 가격 결정 요소

5.1.1 가격의 중요성

비즈니스 협상의 이슈는 무수히 많지만 가장 빈번하면서도 민감한 이슈는 가격이다. 실제 기업 현장에서 수많은 협상을 수행하였지만 결국 협상의 최종 이슈는 가격이었다. 가격이 협상 이슈 중 하나일지라도 전체 협상 과정에 미치는 영향은 빈번하면서도 강력하다. 협상의 다른 모든 이슈가 가격이 논의되고 합의될 때까지 늦추어지거나 무시되는 경우도 허다하다. 대부분 가격과 관련된 협상의 경우 가격이 너무 높다는 사실 때문에 문제가 발생한다. 따라서 협상에서 가격 결정이 가장 우선순위의 협상 이슈가 된다. 구체적 예로 부품 구매 협상과 같은 장기 구매 계약의 경우, 어떤 경우에도 가격만이 아닌 여러 가지 추가 조건, 예를 들어 대금 결제 조건, 공급 시기 및 공급량, 기술적 지원 등을 협상 테이블에 올려 협상을 벌이지만, 이런 추가 조건들이 가격 이슈에 묻히는 경우가 허다하다. 협상에서 가격은 핵심적인 요소로 거래의 성사 여부에 직접적인 영향을 미치는 단순한 금전적인 요소만을 의미하는 것이 아니라 협상 전반에 다양한 방식으로 중요하게 작용하는 협상의 전략적 포인트이기도 하다.

첫 번째 가격은 협상의 출발점이자 종착점이다. 가격은 많은 협상에서 가장 첫 번째 논의되는 항목이자 최종 결론에 도달하는 핵심 요소이다. 협상 시작 단계에서는 가격이 협상 당사자 상호 입장을 명확히 하게 해주는 기준이 되고 협상 마무리 단계에서는 협상 당사자 양측이 그 가격에 도달할 수 있는가가 협상 성패를 결정짓는다. 다시 말해서 협상 시작 단계에서의 가격은 거래조건의 기준이 되며 협상의 나머지 조건(예: 품질, 납기, 서비스 등)은 가격을 기준으로 협상하게 되며 협상 상대방의 협상 태도를 결정짓기도 한다. 협상 마무리 단계에서의 가격은 협상의 최종 목표이자 협상의 결론으로 협상 과정 전반에 걸쳐 논의된 다른 요소들

(납기, 서비스, 품질, 사후 지원 등)이 모두 고려된 최종 가격은 협상 결과를 확정짓는 역할을 한다.

두 번째 가격은 협상에서 심리적 '앵커링 효과'를 유발한다. 협상에서 초기 가격 제시는 일종의 앵커링(anchoring) 효과를 만들어내어 협상의 전반적인 흐름에 영향을 미치게 된다. 특히 초기 제시 가격은 협상 중 협상 상대방의 기대를 형성하게 하는데, 협상 당사자 일방이 제시한 가격이 높다면 협상 상대방이 협상 과정에서 양보를 요구할 여지가 커지며 제시한 가격이 낮으면 협상의 여지가 줄어든다.

세 번째 가격은 협상 당사자 양측의 이익을 명확하게 보여주는 요소이다. 가격은 협상 당사자 양측의 이익 구조를 명확히 드러내며 양측이 협상에서 얼마나 이득을 보고 있는지를 숫자로 나타낸다. 이는 협상에서 매우 명확한 기준으로 작용하며 가격을 통해 서로의 입장을 명확히 할 수 있다. 다시 말해서 가격은 이익의 척도로 협상 당사자 양측 모두의 이익을 정량적으로 나타내므로, 가격이 너무 낮거나 너무 높으면 협상 당사자 일방이 손해를 보게 되므로 협상 당사자 양측이 수용 가능한 가격의 범위를 설정하는 것이 중요하다.

네 번째 가격은 거래의 가치를 종합적으로 결정한다. 협상에서 가격은 제품이나 서비스의 가치를 종합적으로 반영하는 중요한 척도로 단순히 금액 이상의 의미를 가지며, 품질, 신뢰, 사후 관리, 운송 등의 여러 요소를 통합적으로 나타낸다.

다섯 번째 가격은 시장에서의 경쟁력을 대변하기도 한다. 협상에서 가격은 단순히 협상 상대방과의 관계에서만 중요한 것이 아니라 시장 전체에서 협상 당사자의 경쟁력을 좌우하는 요소이기도 하다. 따라서 협상 전에 반드시 해당 제품이나 서비스의 시장 가격을 분석하여야 하고 경쟁사의 가격과 비교하여야 한다. 시장 가격보다 지나치게 높은 가격을 제시하면 협상 상대방이 다른 대안을 찾을 가능성이 커지며 반대로 시장 가격보다 낮은 가격을 제시하면 이익을 극대화하지 못할 수 있다.

여섯 번째 가격은 신뢰와 연결된다. 가격은 단순히 협상 테이블에서의 수치일 뿐만 아니라 협상 상대방과의 신뢰와도 밀접한 관련이 있다. 협상 당사자 일방이 가격을 지나치게 높거나 낮게 제시하는 경우 협상 상대방이 가격에 대한 의심을 품게 되고 이는 협상 과정에 부정적인 영향을 미칠 수 있다. 따라서 협상에서의 신뢰 구축을 위해서 가격의 투명성을 확보하고 가격 산출의 합리적인 근거를 제시할 수 있어야 한다.

마지막으로 가격은 협상 당사자 양측의 장기적 관계에 영향을 미친다. 가격 협상은 단기적으로 거래를 성사시키는 요소일 뿐만 아니라 장기적인 관계에도 큰 영향을 미친다. 지나치게 낮은 가격으로 합의한 경우에 장기적인 협력 관계가 불가능해질 수 있고 지나치게 높은 가격은 협상 상대방의 신뢰를 잃을 수 있다. 따라서 단기적 이익보다는 장기적이고 안정적인 협력 관계와 미래의 협상을 고려한 가격 설정이 중요하며, 적정 수준의 가격으로 협상에 임하면 협상 상대방과 신뢰를 구축하며 장기적인 파트너십을 강화할 수 있고 향후 협상에서의 가격 결정에도 좋은 영향을 미칠 수 있다.

5.1.2 가격 결정 요소

협상에서 가격 결정에 영향을 미치는 요소는 매우 다양하며 각 요소는 협상 당사자들의 입장과 상황에 따라 다르게 작용할 수 있다. 가격은 단순히 원가 구조나 시장 상황에 의해서만 결정되는 것이 아니라 제품 또는 서비스의 특성, 계약 조건, 협상 당사자간의 관계, 경제 상황, 정부의 가격 정책, 협상 당사자의 심리적 요인, 배트나(BATNA)에 의해서도 결정된다.

첫 번째 원가 구조로 제품 또는 서비스의 원가 구조는 가격 협상의 가장 중요한 요소이다. 판매자의 원가는 협상에서 가격의 하한선을 결정하며 이익을 위해 반드시 고려해야 할 요소이다. 생산 원가는 고정비(fixed cost)와 변동비(variable cost)로 구성되는데 **고정비(fixed cost)**는 제품 생산량과 같은 규모나 수량에 따라 변동하지 않는 비용으로, 임금, 임대료, 이자 등이 이에 해당하며, **변동비(variable cost)**는 제품 생산을 위한 재료비, 부품비 등과 같이 시설 가동률과 밀접한 관련이 있다. 이러한 생산 원가를 바탕으로 가격을 결정하는 방법으로 가장 기본적인 것이 **원가 기준법**이다. 이는 제품 원가에 일정 비율의 이익을 더하여 가격을 결정하는 방법으로 기업의 원가 분석이 뒷받침되어야 한다. **원가 분석**은 기업의 고정비(fixed cost)와 변동비(variable cost)를 고려하여 가격을 결정하는 것이다. 원가 분석 시에는 이외에 규모의 경제 효과도 고려하여야 하는데, **규모의 경제**(economy of scale)란 생산 요소 투입량이 증가함에 따라 생산 비용이 절약되거나 수익이 향상되는 것을 말한다. 일반적으로 대량 생산의 이익, 대규모 경영의 이익으로 알려져 있으며 다른 표현으로 **경험 곡선**(experience curve), **경험 곡선 효과**(experience curve effect)라고도 한다. 생산 원가에 적정 이윤을 고려하여 가격을 결정하는데 추구하는 이윤의 폭(마진)에 따라 가격 협상의 폭이 달라진다. 목표하는 이윤의 폭이 크다면 가격을 낮추기 어렵고 작다면 가격을 조정하는 여지가 커진다.

두 번째 시장 요소 즉 시장 상황은 가격 결정에 있어 기본적 영향을 미친다. 수요와 공급의 법칙은 협상에서 가격을 결정하는 주요 요인이며 이를 바탕으로 거래 가격의 상한선과 하한선이 결정된다. 시장에서 특정 상품이나 서비스의 수요가 증가하고 공급이 감소하는 경우 가격은 상승하고 반대로 공급이 과잉이거나 수요가 감소하면 가격은 하락하게 된다. 또한 시장에서의 경쟁 정도나 경쟁사의 가격 정책도 협상 가격에 직접적인 영향을 미친다. 시장에서 경쟁이 치열한 경우 가격을 낮춰야만 경쟁력을 유지할 수 있으며 반대로 경쟁이 적은 독점적 상황에서는 가격을 높일 수 있다. 협상 중 경쟁사의 가격을 인용하거나 참고하는 전략이 흔히 사용되기도 한다.

세 번째 제품 또는 서비스의 특성이 가격 결정에 직접적 영향을 미치기도 한다. 제품의 희소성, 품질 및 차별화, 브랜드의 가치 등이 모두 가격 협상에서 중요한 요소로 작용한다. 희소한 제품일수록 가격은 높게 설정될 가능성이 크고 품질이 뛰어난 제품이거나 시장에서 유일무이한 기술을 보유한 제품은 가격을 높게 설정할 수 있다. 브랜드의 가치 즉 브랜드의 신뢰도와 인지도는 가격 결정에 중요한 역할을 하는데 유명 브랜드는 동일한 제품이라도 가격을 더 높게 설정할 수 있으며 협상에서 브랜드 가치를 강조함으로써 가격 인하 요구에 대응할 수도 있다.

네 번째 계약 조건도 가격에 큰 영향을 미친다. 대금 결제 방식, 제품 납기 일정, 추가 서비스 제공 등의 계약 조건에 따라 가격이 유동적으로 변동될 수 있다. 대금 결제가 얼마나 빠르게 이루어지느냐, 혹은 어떤 방식으로 이루어지느냐에 따라 가격이 달라질 수 있으며, 제품 납기 일정이 급하거나 요구사항이 까다로울수록 가격은 상승할 가능성이 크다. 추가적인 서비스나 사후 관리 서비스를 요구한다면 이를 가격에 반영하여 협상할 수 있다.

다섯 번째 협상 당사자 간의 관계와 신뢰 수준도 가격 결정에 큰 영향을 미친다. 장기적인 거래 관계를 유지하고 있는 경우 가격 협상에서 더 유리한 조건을 이끌어낼 수 있고 지속적인 거래가 예상되면 일회성 거래보다 낮은 가격에 합의할 가능성이 높아진다. 또한 협상 당사자 간의 신뢰가 높은 경우 가격 협상에서 좀 더 유연하게 협의가 가능할 수 있고 협상 상대방이 제공하는 가격이 정당하고 합리적이라는 신뢰를 바탕으로 가격이 결정되면 협상 과정이 순조롭게 진행될 가능성이 크다.

여섯 번째 전반적인 경제 상황도 협상에서 가격 결정에 영향을 미친다. 경제가 호황일 때는 지출에 대해 여유를 가지며 가격에 대해 더 유연해질 수 있는 반면 불황일 때는 지출에 민감해지므로 가격 협상이 더 치열해질 수 있다. 국제 거래의 경우 환율 변동은 가격 결정에 직접적인 영향을 미치는데 원자재나 제품을 수입해야 하는 경우 환율이 높아지면 가격이 상승할 수 밖에 없다. 또한 물가 상승이나 인플레이션은 생산 비용의 상승으로 이어져 가격 협상 시 공급자가 가격 인상을 주장할 수 있는 정당한 근거가 된다.

일곱 번째 정부의 가격 정책도 가격 결정에 중요한 영향을 미치는 요소 중 하나이다. 정부는 시장의 효율성과 공정성을 유지하거나 특정 사회적 목표를 달성하기 위해 다양한 가격 정책을 시행하며, 이는 특히 규제 산업이나 필수재, 국가 경제에 중요한 품목과 관련한 협상에서 큰 영향을 미친다. 정부의 가격 정책은 가격 상한제, 가격 하한제, 부가가치세, 소득세, 법인세, 관세 등 세금, 보조금, 통화 및 금리 정책 등 다양한 방식으로 나타난다.

여덟 번째 협상 당사자의 심리적 요인도 가격 결정에 큰 영향을 미칠 수 있다. 이러한 심리적 요인에는 초기 가격 제안이 협상의 흐름을 주도하는 앵커링 효과(anchoring effect), 이익을 얻는 것보다 손실을 피하는 데 더 민감하다는 손실 회피(loss aversion) 성향, 협상 당사자 일방이 양보하면 협상 상대방도 양보할 가능성이 높다는 상호성(give and take)의 원칙 등이 있다.

마지막으로 배트나(BATNA)도 협상 가격 결정에 직접적인 영향을 미치는 중요한 요소이다. 협상에서 더 강력한 배트나(BATNA)를 가진 협상 당사자가 유리한 위치에서 협상을 진행할 수 있기 때문에 가격 인하를 요구하는 등 가격 결정에 영향력을 행사할 수 있다.

제 2 절 국제 가격 협상

5.2.1 국제 가격 결정 성향

국제 가격 협상은 국내 가격 협상과 협상 환경이 상당히 다르다. 국제 가격 협상에서 가격 결정 성향은 앞에서 설명한 가격 결정 요소이외에 다양한 요인에 의해 영향을 받는다. 국제 가격 협상은 협상 상대방 국가의 정치, 경제, 법률, 문화, 사회 등 거시적 환경 요인이 국내 환경과 다를 뿐 아니라, 협상 상대방의 기술 수준, 노동 여건, 유통 구조 등 미시적 환경 요인도 다르기 때문에 각국의 경제적, 정치적, 문화적 맥락에 따라 달라질 수 있다. 이러한 성향은 가격 협상 전략, 가격 책정 및 최종 합의에 커다란 영향을 미치며 협상 당사자들은 국제 가격 협상을 수행하는데 있어서 반드시 고려하여야 한다.

첫 번째 국제 가격 협상은 재화 및 용역, 더 나아가 자본, 인력 등 생산 요소 및 경영 자원의 국가 간 이동을 전제로 한다. 따라서 이러한 생산 요소 및 경영 자원의 이동에 대한 법적 행정적 제한이 있으며 운송 문제나 위험 부담 등이 추가로 존재한다. 특히 다자간 국제 가격 협상일 경우, 다수 협상 당사자와 동시에 협상이 이루어지기 때문에 이들 간 협상을 조정 통합하여야 할 필요가 있다.

두 번째 국제 가격 협상에서도 경제적 요인은 가격 결정의 중요한 요소이다. 각국의 경제 상태, 환율, 물가 상승률, 구매력 등은 협상에서 고려해야 할 주요 사항이다. 특히 해당국의 통화 및 환율 문제를 세심하게 고려하여야 한다. 각국의 환율은 각종 정치적 경제적 사회적 여건에 따라 변동하기 때문에 환율의 안정성은 가격 결정에서 중요한 요소로 협상 당사자는 환율 변동에 대한 대응 전략을 고려하여야 한다.

세 번째 정치적 요인도 국제 가격 결정 성향에 큰 영향을 미친다. 정치적 요인에는 정부의 무역 정책, 관세를 포함한 세금 정책 등이 포함되지만, 특히 정치적 안정성은 국제 가격 협상에서 문제가 되는 경우가 많다. 정치적 불안정성이 높은 국가에서는 가격 협상 시 정치적 불안정성이 이유가 되어 가격을 높게 설정하거나 대금 지급에 대한 안전책을 확보하는 방안을 마련할 수 있다.

네 번째 문화적 요인은 가격 결정에 대한 태도와 접근 방식에 큰 영향을 미친다. 각국의 문화적 요인은 의사소통 방식, 갈등 해결 방식, 시간에 대한 개념 등을 포함한다. 각국의 의사소통 방식이 국제 가격 결정에 영향을 미친다. 예를 들어 일본이나 중국과 같은 고맥락 문화에서는 비언어적 신호와 배경 맥락이 중요하며 직접적인 표현을 피하고 간접적이고 우회적인 접근을 선호한다. 반면 미국이나 독일과 같은 저맥락 문화에서는 명확하고 직접적인 의사소통을 선호하기 때문에 협상이 매우 직설적이고 공격적일 수 있다. 이는 곧 협상 스타일의 차이를 의미하기도 하는데, 고맥락 문화에서는 간접적인 의사소통을 선호하기 때문에 우회적인 가격 제시를 시도할 수 있지만 저맥락 문화에서는 직설적인 가격 제시가 일반적이다. 이러한 차이는 가격 협상에서 가격에 대한 인식에 오해를 초래할 수 있다. 또한 일부 문화에서는 직접적인 갈등 회피를 선호하는 반면 다른 문화에서는 갈등을 피하지 않고 적극적인 토론 등을 통해 문제를 적극적으로 해결하려 한다. 따라서 갈등 해결 방식의 차이는 첨예한 가격 협상에서 긴장감을 조절하는 방식에 영향을 미칠 수 있다. 시간에 대한 개념도 영미권 문화에서는 시간을 엄격하게 관리하며 신속한 결정을 선호하는 반면, 중동이나 라틴 아메리카 문화권에서는 관계 형성을 중시하며 시간이 덜 중요할 수 있는데 이는 가격 협상의 진행 방식과 속도에 영향을 미치기도 한다.

5.2.2 수출 가격 결정

국제 가격 협상에서 가장 일반적인 형태가 수출 가격 결정 협상이다. 수출 가격 결정 시에도 당연히 제품이나 서비스의 생산 원가, 통화 및 환율 변동을 고려하여야 하지만 이외에도 대금 지급 주체, 제품의 성격 등의 요소를 고려하여야 한다.

첫 번째 대금 지급 주체는 누가 가격을 지불할 것인가의 문제이다. 국제 거래에서는 신용장 방식, 송금 방식, 추심 방식 등 지급 수단이 다양할 뿐 아니라, 지급과 관련된 주체도 다양하므로 지급 주체를 명확히 하는 것이 필요하다. 신용장(letter of credit, L/C) 방식은 수출업자와 수입업자 간의 거래에서 수입업자의 은행이 수출업자에게 지급을 보장하는 문서인 신용장으로 대금을 지급하는 방식이다. 즉 수입업자가 자신의 거래 은행에 요청하여 신용장을 개설하고 이 거래 은행은 수출업자에게 대금 지급을 보장하고, 수출업자는 계약에 따라 필요한 서류(예: 선적 서류, 보험 증서 등)를 준비하여 신용장 조건에 맞추어 자신의 거래 은행에 제출하고, 수출업자의 거래 은행은 제출된 서류를 검토하고 조건이 충족되면 대금을 수출업자에게 지급하고 이후 수입업자의 거래 은행이 대금을 상환하는 방식이다. 송금(remittance) 방식은 수입업자가 수출업자에게 직접 대금을 송금하는 방식으로 신뢰 관계가 확립된 거래에서 주로 사용하는 대금 지급 방식이다. 송금 방식은 수입업자가 수출업자에게 직접 송금하는 방식인 전신(telegraphic transfer, T/T), 사전 송금 방식인 선불, 상품 수령 후 송금 방식인 후불로 나누어진다. 추심(collection) 방식은 수출업자가 거래 은행을 통해 대금을 회수하는 방식으로, 수출업자가 선적 서류를 거래 은행에 제출하고 수입업자는 선적 서류를 인수하는 대가로 대금을 지급하는 방식인 **지급 인도 조건(documents against payment, D/P)**과 수입업자가 선적 서류를 인수할 때 대금을 즉시 지급하지 않고 일정 기간 후에 지급하는 조건으로 선적 서류를 인수하는 방식인 **인수 인도 조건(documents against acceptance, D/A)**이 있다.

두 번째 제품의 성격도 중요한데, 예를 들어 원자재인지 반제품인지 완제품인지, 유형의 제품인지 무형의 제품 또는 서비스인지 등에 따라 가격 결정 방법이 달라질 수 있다. 특히 국제 거래에서는 물품 인도(위험 이전) 시점과 비용 이전 시점에 따라 다양한 거래 조건 및 거래 규칙이 존재하므로 제품의 성격을 고려한 가격 결정이 필요하다. **국제 무역 조건(Incoterms, International Commercial Terms)**은 국제 거래에서 매도인과 매수인의 책임, 의무, 비용 등을 명확히 하기 위해 설정된 규칙으로 이는 거래의 명확성을 높이고 분쟁을 줄이는 데 중요한 역할을 한다.

EXW(Ex Works, 공장 인도 조건)는 매도인이 자신의 공장이나 시설에서 상품을 매수인에게 인도하고 이후의 모든 비용과 위험은 매수인이 부담한다. FCA(Free Carrier, 운송인 인도 조건)는 매도인이 지정된 장소에서 상품을 운송인에게 인도하며 이후의 비용과 위험은 매수인이 부담한다. FAS(Free Alongside Ship, 선측 인도 조건)는 매도인이 선박 옆에 상품을 인도하며 이후의 비용과 위험은 매수인이 부담한다. FOB(Free On Board, 본선 인도 조건)는 매도인이 상품이 선박에 적재될 때까지 모든 비용과 위험을 부담하며 이후의 책임은 매수인이 부담한다. CFR(Cost and Freight, 운임 포함 인도 조건)은 매도인이 목적지까지의 운임을 지불하지만, 위험은 선박에 적재될 때 매수인에게 이전된다. CIF(Cost, Insurance and Freight, 운임 및 보험료 포함 인도 조건)는 CFR과 유사하지만 매도인이 보험료도 부담한다. CPT(Carriage Paid To, 운송비 지급 조건)는 매도인이 지정된 목적지까지의 운송비를 지불하지만 위험은 운송인에게 물품을 인도한 시점에 매수인에게 이전된다. CIP(Carriage and Insurance Paid To, 운송비 및 보험료 지급 조건)는 CPT와 유사하지만 매도인이 위험에 대비하여 보험도 가입하는 방식으로 매도인이 운송비와 보험료를 모두 부담한다. DAP(Delivered At Place, 도착지 인도 조건)는 매도인이 지정된 장소까지 모든 비용을 부담하여 물품을 인도하고 도착 이후 비용과 책임은 매수인이 부담한다. DPU(Delivered at Place Unloaded, 도착지 양하 인도 조건)는 매도인이 물품 하역 비용을 포함한 지정된 장소까지의 모든 비용과 책임을 부담한다. DDP(Delivered Duty Paid, 관세 지급 인도 조건)는 매도인이 모든 비용, 위험 및 통관 절차를 포함하여 지정된 장소까지 물품을 인도하는 방식으로 매수인은 거의 모든 책임이 없다.

제 3 절 가격 협상 준비

5.3.1 가격에 대한 반응 및 대응

가격 협상에서도 가장 먼저 할 일은 협상 상대방의 필요와 요구를 확인하는 것이다. 가격 협상에서는 제안 가격에 대한 협상 상대방의 반응에 따라 대응 방안을 고려하여야 한다. [표 5-1]은 가격 협상에서 자신의 제안 가격에 대한 협상 상대방의 반응과 이에 대한 대응 방안을 예를 들어 정리한 것이다. 또한 가격 협상에서 협상 상대방도 납득하고 받아들일 수 있는 객관적인 가격 기준을 제시하는 것이 중요한데, 객관적인 가격 기준으로는 공시 가격(published price), 시장 가격(market price), 전례 가격(historical price) 등이 있다.

공시 가격(published price)은 정부나 권위있는 공공기관 등이 조사 산정하여 공표하는 가격으로 대표적인 것이 토지나 건물의 부동산 가격이다.

[표 5-1] 가격 제안에 대한 반응 및 대응

제안 가격에 대한 상대방 반응	가능한 대응
첫 제안 가격이 너무 높다	- 너무 높다는 근거는 무엇인가 질문하기 - 가격 인하 요구의 근거는 무엇인가 질문하기 - 가격 이전에 품질과 이점을 강조하기
경쟁자가 더 낮은 가격을 제안하였다	- 그 제안의 상세 정보 요구하기 - 그 제안이 얼마나 진지한 지 물어보기 - 자신이 더 나은 제안을 하고 있다고 확신시키기
제품은 만족스럽지만, 가격이 너무 높다	- 상세한 원가에 대한 토론하기 - 제품의 이점, 공급의 신뢰성, 적시 배달 등 가격 이외의 추가 조건 강조하기
이 가격이 내가 제안할 수 있는 최고의 제안 가격이다	- 그 제안을 즉각 받아 들이지 말 것 - 연관된 수량, 추가 주문 여부 확인하기 - 제품 운송, 보관, 애프터 서비스 등의 비용 부담 주체 확인하기

시장 가격(market price)은 시장에서 실제로 소비자와 판매자 간에 재화나 서비스가 거래되면서 형성되는 가격으로, 재화와 서비스에 대한 시장 가격은 수요와 공급의 관계에 따라 결정된다.

전례 가격 또는 선례 가격(historical price)은 과거 유사한 거래 경험에서 채택했거나 활용했던 가격으로, 대표적인 것이 부동산 감정평가액을 결정할 때 사용하는 감정평가 전례 가격인데, 이는 감정평가사가 부동산을 평가할 때 당해 부동산이 속한 지역의 거래 사례를 수집하고 이때 당해 부동산이나 인근 유사 부동산의 평가 선례가 있는지 찾아보고 이를 근거로 가격을 결정하는 것이다. 이러한 객관적인 가격 기준 중 협상에서 가장 강력하게 영향력을 발휘할 수 있는 가격은 협상 상대방의 전례 가격이다.

5.3.2 가격 협상을 위한 준비 사항

가격 협상을 위하여 협상 상대방의 필요와 요구를 확인한 후 자신의 가격 제안에 대한 협상 상대방의 반응을 확인하고 그 대응을 방안을 수립하는 것이외에도 수많은 가격 협상을 위한 준비 사항이 존재한다. 그 중에서 중요한 몇 가지를 선택하여 정리한 것이 [표 5-2]이다.

[표 5-2] 가격 협상을 위한 준비 사항

질문	확인 사항
사전 준비는 잘 되었는가?	- 협상 상대방 및 경쟁 상대에 대한 조사 - 수요 또는 시장 조사
협상 상대방을 잘 아는가?	- 협상 상대방의 유보 포인트(reservation point) 확인 - 협상 상대방의 배트나(BATNA) 확인
협상 상대방에게 제시할 가격 이외의 이익은 무엇인가?	- 경쟁사의 제품 가격, 공급 능력 등 정보 확인 - 자신의 안정된 공급 능력, 적기의 서비스, 원활한 부품 공급 능력, 협상 상대방에 유리한 지불 조건 등 확인
가격 양보는 잘 준비되었는가?	- 가격 양보의 크기 및 시기 확인

제 4 절 가격 협상 들어가기

5.4.1 가격 협상 시 강조 사항

가격 협상 시 가격이 협상의 주요 이슈가 되는 것이 일반적이지만, 가격이외의 추가 조건이나 가격 협상과 관련된 유용한 정보를 제공하여야 한다. 이러한 추가 조건이나 유용한 정보는 협상 상대방의 필요와 요구에 부합하여 가격 협상을 보다 원활하게 할 수 있게 한다.

첫 번째 자기 회사의 신뢰성을 강조한다. 협상 상대방과의 장기적 비즈니스 관계를 유지할 수 있는 믿을만한 파트너임을 부각하고 계약기간 내 필요한 제품을 필요한 시기에 공급할 수 있다거나 계약기간 내 협상 내용을 충분히 이행할 수 있다는 확신을 심어 주어야 한다.

두 번째 구매 협상의 경우 자기 회사 제품의 속성을 강조한다. 협상 상대방에게 자신이 장기적 비즈니스 관계를 유지할 수 있는 믿을만한 파트너라는 것은 인식시켰다면, 다음은 자기 제품과 그 편익을 적극적으로 설명함과 동시에 차별화를 부각하여야 한다. 가격 협상 시 가격 이슈 회피는 어려우므로 협상 내용을 제품 스타일, 품질, 납기 등의 이슈로 옮겨 가야 한다. 제품 속성이 협상 상대방의 필요에 맞는지 재확인하는 것도 필요하며, 이 때 융통성을 유지하여 협상 과정에서 협상 상대방이 제품 수정을 요구하는 경우 협상 상대방의 필요에 적응한다는 차원에서 이를 수용할 수 있는 자세가 필요하다.

하지만 회사의 신뢰성이나 제품의 속성을 설명하고 강조하더라도 가격 협상에서는 결국 가격이 협상의 주요 이슈가 되기 때문에 가격 패키지(price package)를 제안하는 것이 필요하다. 이는 가격 이외의 모든 이슈를 다룬 후 협상 합의서에 들어갈 다양한 이슈를 협의하는 것으로, 이에는 지급 조건, 신용 조건, 지불 계획, 지불 통화, 보험, 보관료, 손상된 제품의 대체 비용, 판매 후 서비스 의무 등 다양한 이슈가 포함된다. 이러한 가격 패키지에 의한 협상에 합의한 후 제기된 협상 상대방의 요구 조건 변경은 새로운 가격 협상에 반영한다.

5.4.2 가격 효과 활용 전략

가격 협상에서는 활용할 수 있는 전략의 하나로 가격 효과라는 것이 있다. 이는 제품 가격의 변화에 따라 구매량이 변화하는 일반적인 가격 효과가 아니라, 개인의 심리적 영향에 따른 **가격 효과(price effect)**를 말한다. 이러한 가격 효과에는 단수 가격 효과, 가격-품질 효과, 참고 가격 효과, 미끼 가격 효과, 비용 규모 효과, 비용 부담 효과, 교체 비용 효과 등이 있다.

첫 번째 **단수 가격 효과(odd price effect)**란 가격 설정 시 특정 가격 체계의 선택이 구매 결정에 미치는 심리적 영향을 설명하는 개념이다. 다시 말해서 단수 가격 효과는 제품 가격의 끝자리를 홀수(단수)로 표시하여 협상 상대방으로 하여금 제품이 저렴하다는 인식을 심어 주어 구매욕을 부추기는 가격 효과를 말한다. 이는 가격을 10,000이나 1,000이 아닌 9,999 또는 999로 표기하는 것을 말하는 것으로 가격이 단수(odd number)로 끝나는 경우 더 매력적으로 보이는 경향을 의미한다. 가격의 끝자리를 단수로 표시하여 정상가격보다 약간 낮게 설정함으로써 제시한 가격에 대한 가격 협상 상대방의 신뢰를 제고하는 효과가 있다. 대표적인 예로 미국 블랙 프라이데이(Black Friday) 기간에 제품 판매가격을 $5,000이 아닌 $4,999로 표기하여 판매하는 것이다. 원래는 이 가격 효과는 점원의 비리 방지용으로 탄생하였으나 현재는 널리 사용되고 있다. 2009년 미국 콜로라도 주립대학 케네스 매닝(Kenneth Manning)과 데이비드 스프로트(David Sprott) 교수가 끝자리에 변화를 주어 왼쪽 자릿수가 변하면 사람은 실제 변화폭보다 그 차이를 더 크게 인식한다는 '**왼쪽 자릿수 효과(left digit effect)**'를 밝혀내면서 이 개념이 적극적으로 도입되기 시작하였다. 왼쪽 자릿수 효과란 오른쪽에 표기된 숫자보다 왼쪽에 표기된 숫자에 더 주의를 기울이는 경향으로, 왼쪽 숫자만 보고 전체적인 가격을 판단하는 현상을 말한다. 즉 동일한 크기의 차이라고 하더라도 숫자의 맨 왼쪽 자리가 얼마나 다른 지 여부가 숫자나 가격 차이의 지각에 영향을 주는 현상을 말한다. 예를 들어 동일한 1,100원의 차이를 갖는 두 숫자일 경우라도 맨 왼쪽 자리 숫자 차이가 작은 경우(3,000원 vs 4,100원)보다 왼쪽 자리 차이가 큰 경우(2900원 vs 4000원)에 그 차이를 더 크게 지각한다는 것이다. 단수 가격 효과는 정확히 가격을 계산하기보다는 심리적 기준에 따라 가격을 인지하는데 마지막 숫자가 $1,000이 아닌 $999로 끝나는 가격을 할인된 가격으로 여겨 더 큰 가치로 인식한다는 인지적 오류에 따른 가격 효과이다. 또한 가격이 단수로 끝날 때 충동적으로 구매 결정을 내리는 경향이 있어 가격이 낮아 보일수록 유리하고 좋은 거래를 하고 있다고 느끼며 즉각적인 구매를 고려한다는 심리도 작용한다. 단수 가격 효과는 가격 협상 과정에서 유용하게 활용할 수 있다. 우선 협상에서 처음 제안하는 가격에 단수 가격을 사용하여 협상 상대방에게 가격을 더 매력적으로 보이게 할 수 있다. $10이나 $100보다 $9.99나 $99.95와 같은 가격이 더 긍정적으로 받아들여질 수 있다. 또한 협상 과정에서 가격을 조금 조정하면서도 단수 가격을 유지함으로써 협상 상대방이 낮은 가격으로 인식하게 하여 가격을 수용하기 쉽게 할 수 있다. 실제 제품 프로모션이나 할인 행사 시 단수 가격을 사용하여 구매자의 관심을 끌고 구매를 유도하는 예는 아주 흔하게 볼 수 있다.

두 번째 **가격-품질 효과(price-quality effect)**는 가격과 품질 간의 관계를 인식하는 방식에 대한 심리적 현상으로 가격이 비쌀수록 품질이 좋다고 느끼는 효과를 말한다. 가격이 높을수록 품질이 우수하다고 여기는 경향은 가격이 제품의 품질에 대한 신뢰의 지표로 작용하는 것을 의미한다. 경우에 따라서는 가격이 사람들에게 얼마나 소구할 수 있는가에 따라 가격을 책정하기도 하는데, 가격이 높으면 사람들이 그 제품의 품질을 좋게 생각하고 가격이 낮으면 그 상품을 오히려 불신하기도 한다. 이처럼 제품의 가격을 보고 제품의 품질을 연상한다고 하여 '**가격-품질 연상 효과(price-quality association effect)**'라고도 한다. 보통의 경우 제품에 대한 정보가 부족한 경우에 기업들이 가격-품질 효과를 이용하여 가격을 높게 책정하는 경우가 있다. 특히 사람들이 해당 기업을 지나치게 신뢰해서 그 기업의 제품 이미지를 지나치게 중시할 때 이런 현상이 발생하기도 한다. 명품 핸드백의 가격이 가장 대표적으로 이런 제품군은 가격이 낮으면 그 제품을 오히려 불신하기도 한다. 또한 가격-품질 효과는 가격을 제품의 품질을 평가하는 기준으로 사용하기 때문에 높은 가격이 소비자에게 더 나은 품질을 암시하므로 가격이 비쌀수록 해당 제품에 대한 신뢰도가 증가한다. 동시에 가격-품질 효과는 특정 가격대에서 품질을 판단할 수 있는 심리적 장벽을 설정하고 이 심리적 장벽은 브랜드 충성도나 품질에 대한 기대에 따라 달라지기도 하며, 가격이 비슷한 경쟁 제품과 비교 시 가격이 높은 제품을 더 높은 품질로 간주할 가능성이 높다. 가격-품질 효과는 협상 과정에서 유용하게 활용될 수 있다. 협상에서 가격을 설정할 때 협상 상대방에게 자사 제품이나 서비스의 고급스러운 이미지를 강조하는 고급화 전략을 구사할 수 있으며, 경쟁사보다 높은 가격을 제시하면서도 해당 제품이나 서비스의 품질을 강조하는 비교 우위 전략으로 협상 상대방에게 자사 제품이나 서비스의 가치를 전달하고 이를 통해 협상 상대방이 높은 가격에 대한 정당성을 느끼게 될 수 있다. 하지만 가격-품질 효과도 단점이 있다. 우선 가격 인식의 다양성으로 사람마다 개인의 학습, 경험, 정보력 등에 따라 가격과 품질에 대한 인식은 다를 수 있으며 고가의 제품이 항상 고품질로 인식되지는 않는다. 또한 가격-품질 효과에 의존하여 과도한 가격 인상을 시도하면 협상 상대방이 반발하여 협상에 부정적인 영향을 미칠 수 있다.

세 번째 **참고 가격 효과(reference price effect)**는 특정 제품이나 서비스의 가격을 평가할 때 이전의 가격 경험이나 시장에서의 일반적인 가격 수준을 기준으로 삼는 심리적 현상으로 협상 상대방이 인지하는 경쟁 제품이나 대체품의 가격보다 높거나 낮은 경우, 구매를 기피하거나 적극적으로 구매하는 경향을 말한다. 가장 대표적인 예가 아웃렛(outlet)의 가격이다. 아웃렛의 제품 가격에는 반드시 정상가격 등 참고하여 비교할 수 있는 가격이 표시되어 있어 이 가격을 참고하여 구매를 결정한다. 참고 가격 효과의 작동 원리는 먼저 기준점 설정이다. 이는 특정 제품의 가치를 평가할 때 과거에 경험한 가격이나 비슷한 제품의 가격을 기준으로 삼고 이 기준점이 가격을 비교할 때의 기준이 되어 특정 가격에 대한 인식을 형성한다. 기준점 설정 이후 다른 가격이 기준점에 비해 상대적으로 높거나 낮게 설정될 때 그 가격을 어떻게 받아들일지 결정하게 된다. 예를 들어 최근에 구매한 유사 제품의 가격이 $50였는데 이번 제품의 가격이 $70이라면 소비자는 비싼 가격으로 인식하는 것이다. 이러한 참고 가격 효과를 활용하여 가격 협상을 할 경우, 높게 책정한 가격과 참고 가격과의 차이를 합리적으로 설명할 수 있는 근거를 명확히 하여야 한다. 반대로 참고 가격 대비 가격을 낮게 책정하는 경우 앞에서 설명한 가격－품질 효과로 인하여 품질에 문제가 있을 것이라는 판단을 하게 만들 수 있다. 국제 가격 협상에서는 원가 중심적 방법, 즉 원가 기준법에 따라 가격을 결정하는 경향이 강하지만 경우에 따라서는 경쟁사 제품의 가격을 참고 가격으로 하여 협상 당사자 자신의 제품 예상 가격을 산정하고 최종 공급 가격 또는 판매가격을 결정하기도 한다. 가격 협상 시 활용할 수 있는 가장 확실한 참고 가격은 협상 상대방이 협상 전에 사용했던 가격, 즉 이전 가격이다. 참고 가격 효과는 가격 협상에서 다양하게 활용할 수 있다. 우선 기준 가격으로 참고 가격을 제시할 수 있다. 즉 협상 초기 단계에서 제품이나 서비스의 과거 가격이나 시장 가격을 제시하여 상대방이 그 가격을 기준으로 삼도록 유도할 수 있고 이를 통해 협상 상대방이 해당 가격보다 낮은 가격에 대한 기대감을 가지게 할 수 있다. 또한 가격 인하를 강조할 수 있다. 참고 가격을 특정 가격으로 제시하고 자신의 가격을 내리는 경우 참고 가격을 강조하여 협상 상대방이 할인된 가격을 더 매력적으로 느끼도록 유도할 수 있다. 예를 들어 '정상 가격이 $100인데 제시하는 가격은 $80입니다.'라고 제안하면 협상 상대방이 자신에게 유리한 좋은 거래라고 느낄 가능성이 높아진다. 경쟁 제품과의 비교 우위로도 활용할 수 있다. 유사한 경쟁 제품의 가격을 참고 가격으로 언급함으로써 협상 상대방에게 자신이 제안한 가격이 더 매력적이라는 인식을 갖도록 할 수 있다. 또한 시장 동향을 활용하는 수단으로 사용할 수도 있다. 다시 말해서 현재 시장에서의 가격 동향을 참고 가격으로 제시하여 협상 상대방의 시장 가격 동향 전반에 대한 인식을 높일 수 있고 이를 통해 특정 제품의 가격 상승 추세를 언급하면 협상 상대방은 현재 가격이 합리적이라고 느낄 수 있다. 하지만 참고 가격 효과에도 한계가 있다. 먼저 참고 가격 효과에 의존하여 과도하게 높은 기준 가격을 설정하면 협상 상대방이 가격에 대한 불만을 가질 수 있다. 또한 참고 가격에 대한 학습이나 경험으로 동일한 참고 가격 제안에 대해 다른 인식을 가질 수 있고 이로 인하여 제품이나 서비스가 실제로 제공하는 가치와 참고 가격 간의 불일치가 발생할 수 있다. 따라서 참고 가격 효과가 예상한 대로 작용하지 않을 수도 있다.

네 번째 **미끼 가격 효과(decoy price effect)**는 미끼 효과(decoy effect)에서 파생한 것으로, **미끼 효과(decoy effect)**는 여러 가지 선택 중 특정 선택을 선호하도록 유도하는 심리적 효과로 두 가지 옵션 중 하나를 선택할 때 세 번째 '미끼' 옵션을 추가함으로써 기존의 특정 옵션을 더 매력적으로 느끼도록 유도하는 방식을 말한다. 미끼 효과를 유도하기 위해서는 먼저 기본 선택 옵션의 설정이 필요하다. 예를 들어 A와 B라는 두 가지 선택 옵션이 있는데, A는 가격은 저렴하지만 기능이 제한된 제품이고, B는 가격은 비싸지만 고급 기능을 갖춘 제품이다. 이러한 기본 선택 옵션에 C라는 미끼 선택 옵션을 추가한다. 이 미끼 옵션은 A와 B 중 하나를 상대적으로 더 매력적으로 보이게 만든다. C는 실제로 선택될 가능성이 거의 없는 선택지이지만 A 또는 B를 더 선호하게 만드는 역할을 한다. 따라서 미끼 가격 효과(decoy price effect)는 협상 상대방의 가격 선택에 영향을 주기 위하여 의도적으로 중간 가격대의 '미끼 가격'을 설정하고 이를 통하여 특정 가격을 더 매력적으로 보이게 하여 협상 상대방이 그 가격을 선택하도록 유도하는 것이다. 이 효과는 협상 당사자가 합리적 선택을 한다고 생각하지만 실제로는 미끼 가격에 의하여 무의식적으로 가격 선택에 영향을 받는다는 것을 보여준다. 미끼 가격 효과를 위한 미끼 가격 설정 방법에는 크게 2개의 방법이 있다. 첫 번째는 중간 가격대의 선택지를 설정하는 것으로 상대적으로 비싼 중간 가격대의 선택지를 추가하는 것이다. 중간 가격대의 선택지는 실제로 선택되기를 원하는 선택지가 아닌 다른 선택지를 더 매력적으로 보이게 만드는 역할을 하기 때문에 다른 선택지와의 비교 시 상대적으로 가성비가 낮아 보이도록 설정하는 것이 중요하다. 예를 들어 배터리 판매 협상 시 2,000mAh 제품 개당 $12, 2,500mAh 제품 개당 $16, 4,000mAh 제품 개당 $18인 경우, 2,500mAh 제품은 4,000mAh 제품과 비교하여 가격 차이는 크지 않으면서도 2,000mAh 제품과 비교하여 배터리 용량도 그다지 크지 않기 때문에 배터리 구매를 희망하는 협상 당사자는 4,000mAh 제품을 선택할 가능성이 높아진다. 즉 2,500mAh 제품이 4,000mAh 제품을 선택하도록 유도하는 미끼 역할을 한 것이다. 두 번째 불량 선택지를 설정하는 방법이다. 이는 바로 잘못 설정된 것처럼 보일 정도로 선택할 이유가 없는 선택지를 만드는 것으로 선택할 이유가 없는 선택지는 오히려 다른 선택지에 초점을 맞추도록 만드는 효과가 있다. 가장 유명한 사례는 댄 애리얼리(Dan Ariely) 교수의 잡지 구독 실험이다. 행동경제학으로 유명한 미국 듀크대학의 댄 애리얼리(Dan Ariely) 교수는 경영대학원 학생 100명을 대상으로 잡지 가격을 '온라인 구독 $59', '인쇄판 구독 $125달러', '온라인 및 인쇄판 구독 $125'로 제시하는 실험을 하였다. 전혀 가치가 없는 2번째 선택지인 '인쇄판 구독 $125달러'는 아무도 선택하지 않았으며 16명을 제외한 전원이 '온라인 및 인쇄판 구독 $125'를 선택하였다. 이 실험에서도 2번째 선택지인 '인쇄판 구독 $125달러'가 '온라인 및 인쇄판 구독 $125'을 선택하도록 유도하는 미끼 역할을 한 것이다. 이러한 미끼 가격 효과는 협상 당사자의 상대적 평가를 유도함으로써 앞의 사례에서 알 수 있듯이 협상 당사자는 미끼 가격을 통해 다른 가격의 선택지를 평가한다. 이러한 상대적 평가를 통하여 협상 당사자 일방의 제품이나 서비스에 대하여 재인식하고 더 높은 가격을 지불하더라도 더 나은 제품이나 서비스를 선택하게 된다. 또한 미끼 가격 효과는 협상 당사자의 결정을 간소화한다. 다시 말해서 선택하는 데 있어 미끼 가격이 존재함으로써 결정이 간단해져 미끼 가격의 선택지를 제외하고 실제로 원하고 필요한 제품을 선택하게 된다. 이러한 미끼 가격 효과는 가격 협상에서 여러 방식으로 활용될 수 있다. 먼저 다양한 가격 제안이 가능하다. 협상 시 여러 가격 선택지를 제시하는 경우 의도적으로 덜 매력적인 중간 가격 선택지를 포함하여 협상 상대방이 선택할 수 있도록 한다. 예를 들어 고가 제품과 기본 가격 제품 사이에 중간 가격 제품을 추가하여 고가 제품을 선호하게 만든다. 또한 가격 선택지 간의 차별화를 강조할 수 있다. 미끼 가격을 통해 제품이나 서비스의 특성을 강조하여 협상 상대방이 실제 원하는 제품을 더욱 매력적으로 느끼게 할 수 있다. 예를 들어 기본 가격에 비해 미끼 가격의 선택지가 품질이 떨어지는 것을 강조하여 협상 상대방이 더 나은 선택지를 선택할 가능성을 높일 수 있다. 하지만 이러한 미끼 가격 효과에도 한계가 있다. 먼저 협상 상대방의 인식 문제이다. 즉 협상 상대방이 이미 미끼 가격 효과를 인식하고 있는 경우 오히려 역효과를 불러올 수 있다. 또한 신뢰의 문제로 미끼 가격이 협상 상대방에게 불신을 유발하는 경우 협상에 부정적인 영향을 미칠 수 있다.

다섯 번째 **비용 규모 효과(scale of cost effect)**는 협상에서 협상 상대방이 제안한 비용의 절대적 크기나 중요도를 감소시키는 심리적 효과로 협상에서 큰 금액이나 비용을 작은 비용처럼 느끼도록 유도하여 협상 상대방이 그 비용을 부담하거나 수용하도록 만드는 방식을 말한다. 비용 규모 효과는 협상 상대방이 큰 금액이나 중요한 비용을 수용할 때 그 금액이 실제로는 크지만 심리적으로 작게 느껴지도록 하는 것이 핵심이다. 따라서 이를 위해 비용을 더 큰 맥락에 넣어 상대적으로 작게 보이게 하거나 혜택과 비교해서 비용이 그리 크지 않다고 느끼게 만드는 것이다. 비용 규모 효과를 활용하는 구체적인 예는 다음과 같다. 먼저 비용을 큰 맥락에 포함시키는 것으로 큰 금액 요구 시 그 금액이 더 큰 전체 프로젝트나 장기적인 이득과 비교해서 작게 보이도록 유도하는 것이다. 예를 들어 제품이나 서비스 가격이 높은 경우 그 가격이 장기적으로 얼마나 많은 이익을 창출할 수 있는지 강조하는 것으로, '이 시스템에 1,000만 원을 투자하는 것이 크다고 느껴질 수 있지만, 이 시스템을 통해 연간 5,000만 원 이상의 비용 절감 효과를 기대할 수 있기 때문에 실제로는 큰 투자가 아닙니다.'라고 하는 것이다. 또한 비용을 작은 단위로 나누는 것으로 큰 비용을 일상적으로 부담할 수 있는 작은 단위로 나누어 제시함으로써 부담감을 줄이는 것이다. 협상 상대방은 큰 금액보다 작은 금액을 더 수용하기 쉽기 때문에 협상에서 유리하게 작용할 수 있다. 예를 들어 '이 서비스는 한 달에 약 20,000원밖에 들지 않습니다. 하루에 커피 한 잔 값도 안 되는 금액입니다.'라고 하는 것이다. 또한 비용을 혜택과 비교하는 것으로 제안된 비용이 발생하는 것에 비해 협상 상대방이 얻게 될 이익이나 혜택을 부각시킴으로써 비용을 정당화하는 것이다. 이 때 협상 상대방이 비용을 투자함으로써 얻게 될 실질적인 가치를 강조하는 것이 중요하다. 예를 들어 '이 계약의 초기 비용은 500만 원이지만, 이로 인해 향후 1년 동안 2,000만 원 이상의 매출 증가 효과를 볼 수 있습니다.'라고 하는 것이다. 그리고 비용을 다른 금액과 비교하는 것으로 상대적으로 더 큰 비용이나 더 많은 자원을 투입해야 하는 다른 선택지와 비교하여 제안된 비용을 작아 보이게 만드는 방법이다. 이를 통해 현재 제안된 조건이 상대적으로 더 합리적이고 유리하게 보이도록 할 수 있다. 예를 들어 '이 프로젝트에 1,000만 원을 투자하는 것은 크다고 느낄 수 있지만, 경쟁업체는 유사한 프로젝트에 1,500만 원을 투자했습니다. 우리 제안이 더 효율적입니다.'라고 하는 것이다.

여섯 번째 **비용 부담 효과(cost burden effect)**는 협상에서 협상 상대방이 느끼는 비용 부담을 줄이거나 재구성하여 제안을 더 쉽게 수용하게 만드는 것으로 이 효과는 협상 상대방이 전체 비용을 한꺼번에 부담하지 않도록 함으로써 비용에 대한 심리적 저항을 줄이는 것이다. 협상에서 비용 부담을 크게 느끼면 협상 상대방이 제안을 거절하거나 불리한 조건을 주장할 가능성이 높다. 비용 부담 효과는 이를 해결하기 위해 비용 부담을 분할하거나 특정 조건을 제시함으로써 심리적 저항을 완화하는 방식으로 활용하는 방법은 다음과 같다. 먼저 비용 분할의 제안이다. 이는 큰 금액을 한 번에 부담하기 어렵다고 느낄 수 있으므로 지불을 분할해서 더 작은 금액으로 나눠 부담을 줄일 수 있다. 이를 통해 협상 상대방은 금액이 작게 느껴져 협상에 긍정적으로 접근할 수 있다. 예를 들어 '제품의 총 비용은 500만 원이지만 이를 12개월로 나눠서 월 40만 원씩 지불할 수 있습니다.'라고 하는 것이다. 또한 비용 부담의 분담을 제안할 수 있다. 협상 상대방이 비용을 독자적으로 부담하지 않도록 비용 일부를 협상 당사자들이 나눠서 부담하는 방식을 제안하는 것이다. 이를 통해 협상 상대방이 느끼는 경제적 부담을 줄일 수 있다. 예를 들어 '설치 비용은 총 200만 원이지만 우리가 절반인 100만 원을 부담하겠습니다.'라고

하는 것이다. 비용 부담을 성과와 연결하는 방법도 있다. 이는 비용을 지불해야 하는 시점을 성과나 특정 결과와 연결하는 방법으로 협상 상대방이 먼저 투자해야 한다는 부담을 줄여주고 투자 대비 효과를 확인한 후 지불할 수 있다는 안정감을 제공한다. 예를 들어 '초기 비용의 절반만 지불하고 나머지는 우리가 약속한 성과가 달성된 후에 지불하여도 됩니다.'라고 하는 것이다. 비용 대신 혜택을 강조하는 것도 방법이다. 비용 부담에 집중하기보다 장기적 혜택과 가치를 강조하여 협상 상대방이 현재 비용을 부담할 이유를 느끼도록 하는 방법으로 협상 상대방이 얻을 이익이 명확해지면 비용 부담이 상대적으로 덜 느껴질 수 있다. 예를 들어 '이 시스템을 도입하면 첫 해에만 1,000만 원 이상의 운영 비용 절감 효과를 볼 수 있습니다. 초기 비용은 500만 원이지만 장기적으로 훨씬 큰 가치를 얻게 될 것입니다.'라고 하는 것이다. 또한 비용 부담을 조건적으로 완화하는 방법도 있다. 이는 일정한 성과나 조건을 충족했을 때 비용의 일부를 면제하거나 할인해주는 방식으로 협상 상대방에게 동기를 부여하며 비용 부담을 줄여주는 방법이다. 예를 들어 '첫 6개월 동안 우리의 서비스를 사용해 보고 만족하신다면 그때부터 비용을 지불하면 됩니다.'라고 하는 것이다. 비용 부담 효과는 협상에서 협상 상대방이 느끼는 경제적 부담을 줄여 협상 성공 가능성을 높이는 것으로 비용을 분할하거나 부담을 재구성하여 협상 상대방이 더 수용하기 쉬운 조건을 만들 수 있으며, 이는 특히 고가의 제품이나 장기적인 투자와 관련된 협상에서 매우 효과적이다. 하지만 비용 부담 효과도 한계가 있다. 우선 협상 상대방의 저항을 예상할 수 있다. 협상 상대방이 과거 경험이나 지식을 통해 비용 부담 효과를 인식하고 이를 피하려고 하는 경우 협상에서의 효과가 줄어들 수 있다. 또한 비용의 상대적 차이도 있다. 비용 부담 효과는 각 협상 당사자가 실제로 느끼는 비용의 차이에 따라 다르게 작용할 수 있는데 협상 상대방이 부담이나 손실을 느끼지 않는 경우 비용 부담 효과가 작용하지 않을 수 있다.

일곱 번째 **교체 비용 효과(switching cost effect)**는 **전환 비용(switching cost)**과 관련된 효과로, 전환 비용은 기존 사용 제품이나 서비스를 다른 제품이나 서비스로 바꿀 때 드는 비용을 말한다. 이는 제품 가격 차이만이 아니라, 제품 교체 시 요구되는 변화로부터 발생하는 모든 비용, 예를 들어 제품 실험 비용, 물류 체계 교환 비용 등을 포함한다. 예를 들어 애플(Apple)이 휴대폰용 배터리를 삼성SDI에서 구매하다가 LG에너지솔루션에서 구매하는 경우를 상정할 수 있다. 이 경우 삼성SDI의 배터리와 LG에너지솔루션의 배터리는 규격, 용량, 전기적 특성, 물질적 특성 등이 다르기 때문에 애플(Apple)은 LG에너지솔루션의 배터리를 대상으로 사용에 적합한 지를 판단하기 위하여 제반 실험을 실시하여야 한다. 이러한 실험에는 비용, 시간, 인력 등이 필요하며 이는 모두 교체 비용 또는 전환 비용에 포함된다. 이 효과는 기존 업체와의 거래를 바꾸게 되면 부담하여야 할 대가가 커진다는 것을 인식시키는 것이다. 교체 비용 효과의 작동 원리는 먼저 심리적 장벽으로 사용자는 기존 제품이나 서비스에 대한 익숙함과 안정감을 느끼며 새로운 선택지로 전환할 때 불안감을 느낄 수 있으며 이로 인해 교체 비용을 높게 상정하게 된다. 또한 교체 비용은 직접적인 금전적 비용뿐만 아니라, 새로운 제품이나 서비스를 사용하는 데 필요한 시간, 노력, 학습 곤란 등을 포함하기 때문에 다른 제품이나 서비스로의 전환을 꺼리는 경향이 생기게 된다. 특히 교체 비용 또는 전환 비용에서 관계 형성에 드는 비용이 대단히 중요하다. 국제 계약은 보통 장기적 비즈니스 파트너 관계를 기반으로 이루어지므로, 제품의 교체는 이러한 장기적 비즈너스 파트너의 교체를 의미하므로 웬만한 상황이 아니면 실제 교체가 잘 일어나지 않는다. 하지만 교체 비용 효과에도 한계가 있다. 먼저 시장 경쟁의 존재이다. 즉 교체 비용이 높다고 하더라도 경쟁이 치열한 시장에서는 더 좋은 조건을 제시하는 경쟁자를 선택할 수 있기 때문에 기존 공급자를 쉽게 떠날 수 있고 이 경우 교체 비용 효과를 활용하기 어려울 수 있다. 또한 정보에 대한 접근의 용의성이 있다. 협상 당사자가 시장에 대한 충분한 정보를 갖추고 있다면 교체 비용이 높더라도 새로운 옵션으로 전환할 가능성이 커져 교체 비용 효과가 효과를 발휘할 수 없게 될 수 있다. [그림 5-1]은 가격 효과를 정리한 것이다.

[그림 5-1] 가격 효과

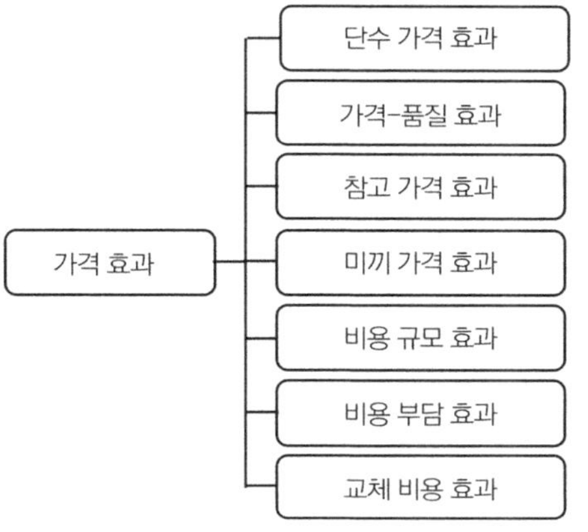

제 6 장

협상 전략

제 1 절 협상 전략 선택 전 준비

6.1.1 협상 전략 선택 전 질문

협상 전략을 선택하기 전에 협상 당사자는 다음과 같은 몇 가지 질문을 함으로써 협상 전략에 대한 자세나 관점을 유지할 수 있다.

먼저 협상 상대방을 신뢰하는가 하는 질문이다. 협상 당사자 상호간 신뢰는 협상의 근간으로 신뢰성이 담보되지 않는 협상은 무의미하다. 따라서 협상 당사자가 협상 상대방을 신뢰한다고 판단하면 협상 진행이 원활히 이루어질 수 있을 것으로 기대할 수 있으며 협상 전략 선택의 폭도 넓어지게 된다. 다음은 협상 상대방과의 장기적 우호 관계를 원하는가 아니면 단기적 업무 관계만을 원하는가 하는 질문이다. 협상에서 협상 상대방과의 장기적 파트너십을 원한다면 협상 전략 또한 장기적 파트너십을 구축하기 위한 방식을 선택하여야 한다. 또한 제한된 시간내 협상을 완료하여야 하는가 하는 질문이다. 시간적 압박이나 시간의 부족이 협상 전략에 큰 영향을 미치기 때문에 협상에 대한 시간의 영향도 확인하여야 한다. 예를 들어 협상 시간이 부족할 경우 최초 제안을 희망 합의선(DSP)에 가깝게 말하는 경향이 강하다. 마지막으로 협상을 윈-윈(win-win) 전략으로 이끌 것인가 아니면 윈-루즈(win- lose) 전략으로 이끌 것인가 하는 질문이다. 이는 협상의 기본 전략을 결정하는 것으로 협상 전략 선택에 있어서 가장 기본적인 질문이다.

6.1.2 기본적 협상 전략

협상 시 어떤 전략을 선택하느냐에 따라 협상 상대방과의 관계에 영향을 미칠 뿐 아니라, 자신의 협상 지배력, 협상 전개 과정에도 지대한 영향을 미친다. 협상 전략은 제2장 협상 전 계획에서도 설명하였지만, 크게 윈-윈(win-win) 전략과 윈－루즈(win－lose) 전략으로 구분하는데 이는 가장 기본적인 2개의 협상 전략이다.

윈-윈(win-win) 전략은 협상 상대방과 우호적 관계를 맺기 위한 전략으로 협상 당사자 양측에게 모두 이익이 되는 전략으로 **협조적 전략**이라고 할 수 있다. **윈-루즈(win-lose) 전략**은 협상 상대방을 위협하거나 협상력의 균형을 깨기 위해 선택하는 전략으로 협상 당사자 일방이 이기면 협상 상대방은 지는 전략으로 **경쟁적 전략** 또는 **적대적 전략**이다. 협상 2.0의 관점에서는 윈－윈(win－win) 전략이 우선할 수 있으나 필요에 따라서는 윈－루즈(win－lose) 전략을 사용할 수도 있다. 결론적으로 협상 전략은 상황에 따라 유연하게 사용할 수 있어야 한다는 것이다.

제 2 절 성공적 협상을 위한 전략적 관점

6.2.1 공감(empathy) 하기

협상 상대방의 의견이나 생각에 반대한다고 하더라도 공감은 얼마든지 할 수 있다. **공감(empathy)**이란 타인의 상황이나 기분을 느낄 수 있는 능력을 말하는데, 협상에서의 공감(empathy)이란 협상 상대방의 의견이나 생각을 받아들이겠다는 의미의 인정이 아니라, 협상 상대방이 왜 그러한 의견이나 생각을 제시하였는지를 이해한다는 의미의 공감이다. 따라서 협상에서 인정과 공감을 혼동하여서는 안된다.

협상 상대방의 의견이나 생각에 공감하는 가장 쉬운 방법이 협상 상대방의 말을 반복하는 것이다. 이를 **백트래킹(backtracking)**이라고 한다. 백트래킹은 패밀리 레스토랑에서 웨이터나 웨이트리스가 고객의 주문을 받을 때 많이 활용하는 것으로 고객이 주문한 내용을 즉시 되받아 표현하는 것인데 많이 경험해 보았을 것이다. 예를 들어 구매 협상에서도 판매자가 '최근 주문량이 너무 많아 납기를 당기는 것이 어렵겠습니다.'라고 한다면, 구매자가 '생산 일정이 너무 타이트하여 저희가 요청한 납기를 더 당기기 어렵다는 말씀이시네요.'라고 표현하는 것이다. 이를 통해 협상 당사자 일방이 협상 상대방의 의견을 열심히 듣고 있고 협상 상대방의 마음을 충분히 이해하고 있음을 표현할 수 있다. 공감은 협상 3.0의 대화법, 즉 가치 중심 협상에서의 대화법이기도 하다. 공감을 통해 협상 상대방의 의견이나 생각을 존중하고 있음을 표현하는 것이지만 공감하는 것이 생각보다 어려운 이유는, 협상 시 협상 당사자 자신의 의견을 관철하는 것이 협상에 유리하다고 생각하며 가능한 많은 의견을 제시하고자 하는 욕구가 강하여 협상 상대방의 의견이나 생각을 받아들이기 어렵기 때문이다.

협상 과정에서 공감은 결국 협상 상대방의 입장과 감정을 이해하고 그에 대해 진정으로 관심을 가지는 것을 의미하며, 이는 단순히 협상 상대방의 말을 듣는 것을 넘어 협상 상대방의 필요와 입장을 파악하고 이를 바탕으로 관계를 구축하는 것이다.

협상에서 공감하기를 활용하는 방법은 다음과 같다. 첫 번째 협상 상대방의 입장 이해하기이다. 공감의 첫 단계는 협상 상대방의 상황을 이해하는 것이다. 협상 시 협상 상대방이 어떤 문제를 가지고 있는지 어떤 목표를 달성하고자 하는지를 파악하는 것이 중요하다. 이를 위해서 적극적으로 질문하고 협상 상대방의 이야기를 경청하는 자세가 필요하다. 이렇게 하면 협상 상대방은 자신의 의견이 존중받고 있다고 느끼게 되어 협상에 대한 신뢰를 쌓을 수 있다. 두 번째 감정에 귀 기울이기이다. 협상 상대방의 감정을 이해하고 공감하는 것은 상호간 신뢰를 구축하는 데 절대적으로 중요하다. 예를 들어 협상 상대방이 스트레스를 느끼거나 불안해하는 경우 협상 상대방의 감정을 인정하고 이를 공감하는 표현을 사용하면 협상 상대방은 더 편안하게 마음을 열고 협상에 임할 수 있다. 세 번째 공동의 목표 설정하기이다. 협상 상대방의 입장과 감정을 이해하고 공감하여 협상 상대방과의 관계가 개선되면 공동의 목표를 설정하는 데 유리한 환경이 조성된다. 네 번째 문제 해결 접근하기이다. 공감을 통해 협상 상대방의 입장 및 감정을 이해하게 되고 공동의 목표를 설정하고 나면 상호 문제를 해결하기 위한 창의적인 방안을 모색할 수 있다. 예를 들어 협상 상대방이 특정 조건에서 협상이 어려운 이유를 알게 된다면 그에 맞는 새로운 대안을 제시하여 윈－윈(win－win) 상황을 만들 수 있다. 마지막으로 신뢰 구축하기이다. 협상에서 '공감하기'는 단순한 감정적 반응이 아니라 전략적인 접근 방법의 하나이기도 하다. 협상 상대방의 입장을 이해하고 감정에 귀 기울이며 공동의 목표를 설정하고 문제 해결에 집중함으로써 협상 과정을 성공적으로 이끌어갈 수 있다. 이는 ‘공감하기’를 통하여 협상의 성공을 이끌어냄과 동시에 우호적인 상호 관계를 형성하고 이를 유지할 수 있다.

6.2.2 부정을 긍정으로 바꾸기

인간은 자극이 긍정적이냐 부정적이냐에 따라 기억하는 정도가 달라진다. 일반적으로 긍정적 감정과 기억은 쉽게 잊지만 부정적 감정과 기억은 쉽게 잊지 못한다. 이를 **쾌락의 불균형(imbalance of pleasure)**이라고 한다. 즉 인간은 '잘했어'라는 긍정적인 말보다 '안 돼'라는 부정적인 말에 훨씬 더 강하게 반응하고 더 오래 기억한다는 것이다. 또한 인간은 이익보다 손실에 더 민감하게 반응한다. 이를 **손실 회피** 또는 **손실 혐오(loss aversion)**라고 하는데 2002년 노벨 경제학상 수상자 미국 대니얼 카너먼(Daniel Kahneman) 교수가 주장한 이론이다. 이 이론에 따르면 사람들은 이익보다 손실에 2.5배 더 민감하게 반응한다는 것이다.

손실 회피를 협상 과정에 적용하여 보면, 같은 내용이나 표현도 이익으로 표현하는 때보다 손실로 표현하는 경우가 협상 상대방이 더 민감하게 반응하게 된다는 것이다. 대표적인 예가 임금 협상 과정에서 사용하는 실질임금과 명목임금이다. 2025년 한 기업의 노사 양측이 임금 협상을 한다고 가정하자. 2024년 물가지수를 100, 임금수준을 100, 2025년 물가지수 110으로 설정하고 노사 양측이 임금 협상을 벌인다면, 회사측이 2025년 명목임금을 110으로 노조측에 제시하는 경우와 물가지수를 반영한 실질임금 100으로 노조측에 제시하는 경우, 노조측이 명목임금 110으로 임금협상을 타결할 가능성이 크다. 2025년 명목임금 110과 물가지수를 반영한 실질임금 100은 같은 임금수준이지만, 노조측은 명목임금 110중 10을 이익으로, 물가지수를 반영한 실질임금 100은 명목임금 110과 비교하여 10의 손실로 인식하기 때문이다. 또한 한 실험에서 인플레이션이 0%인 상황에서 많은 사람들이 일하기를 원하는 회사가 임금을 7% 삭감하는 경우 응답자의 62%가 부당하다고 대답한 반면, 인플레이션이 12%인 상황에서 많은 사람들이 일하기를 원하는 회사가 임금을 5% 인상한 경우 응답자의 78%가 정당하다고 대답했다. 이 또한 명목임금 삭감을 손실로 간주하고 부당하다고 인식한다는 것을 잘 표현한다. 따라서 협상 과정에서 협상 상대방이 부정적으로 받아들이는 표현이나 손실로 인식하는 표현을 자제하고 긍정적이고 이익 지향적인 표현을 사용하는 것은 협상에 도움이 된다.

협상 과정에서 부정적인 표현을 사용하는 대화 방식이 **Not because 표현**, 즉 '~ 때문에 안된다'라는 표현이다. 협상 당사자 일방의 제안에 대하여 협상 상대방이 No로 시작하는 반응을 보이면 일단 부정적인 감정을 갖게 되고 자신의 주장을 더욱 확고하게 뒷받침할 수 있는 근거를 찾고 더 강하게 자신의 주장을 밀어붙이게 된다. 협상 상대방도 더욱 강하게 대응을 하게 되고 이렇게 되면 결국 협상 당사자 양측이 원하는 만족스러운 협상 결과를 얻기 어려워진다. 따라서 Not because 대화 방식은 협상의 진전에 도움을 주지 못한다. 제품 구매 협상을 예를 들면, 구매자가 제품 가격을 터무니없이 낮게 제시한 경우, 판매자가 그 가격 조건으로는 판매할 수 없다고 대응하는 경우이다. 즉 판매자가 가격이 너무 낮기 때문에(because) 판매할 수 없다(not)라고 대응하면 그 구매 협상은 결렬되는 것이다.

이러한 부정적인 대화 방식을 극복하는 것이 긍정적인 대화 방식인 **Yes but 표현**, 즉 '알겠다 하지만'이라는 표현이다. 이는 협상 당사자 일방이 협상 상대방의 제안이 썩 마음에 들지 않거나 다소 무리한 요구사항이라고 하더라도 일단 협상 상대방의 제안을 수용하면서 자신이 원하는 요구사항을 반영한 새로운 제안을 하는 것이다. 대표적인 예가 제품 구매 협상에서 판매자가 구매자가 제시한 가격을 받아들이면서 판매 물량을 늘리는 제안을 하는 것이다. 즉 판매자는 자신이 수용하기에 다소 낮은 가격을 수용하면서 구매자가 원래 구매하려던 물량보다 많이 구매할 것을 제안하는 것이다. 다시 말해서 판매자가 낮은 가격은 받아들인다(yes), 하지만(but) 더 많은 물량을 구입하라고 제안한다면 구매 협상 결렬을 방지하고 다시 협상을 진행할 수 있는 것이다. 결국 협상 과정에서 Not because 표현을 Yes but 표현으로 전환하여 사용하라는 의미는 현재 상황을 비관적으로 판단하지 말고 문제 해결에 초점을 맞추어 협상 당사자 양측에 긍정적이고 이익이 되는 미래지향적 협상을 진행하라는 것이다.

결론적으로 '부정을 긍정으로 바꾸기'는 협상에서 상대방이 가진 우려나 부정적인 관점을 긍정적인 해결책으로 전환하여 협상 상황을 개선하고 더 나은 결과를 도출하는 데 도움을 주는데 이를 협상에서 잘 활용하기 위한 방법은 다음과 같다.

첫 번째 협상 상대방의 부정적인 시각을 이해하는 것이 필요하다. 협상 중에 협상 상대방이 제기하는 부정적인 요소(예: 예산 부족, 시간 제약 등)를 이해하는 것이 우선이다. 부정적인 요소를 무시하거나 간과하는 것이 아니라 이를 논의의 출발점으로 삼아 긍정적인 해결책을 모색하여야 한다는 것이다. 예를 들어 협상 당사자 A는 협상 상대방 B가 계약 지연 문제에 대해 불안해하고 있음을 인지하고, '지난 계약에서의 지연 문제로 인해 걱정이 많으실 거라는 점을 이해합니다.'라고 말하는 것이다.

두 번째 해결책을 제시하는 것이다. 부정적인 요소를 긍정적인 시각으로 바꾸기 위해서는 구체적인 해결책을 제시하는 것이 필요하다. 예를 들어 협상 상대방이 특정 요구를 수용하지 못하는 이유를 부각시키고 그에 대한 대안을 함께 논의하는 방식이다. 즉 협상 당사자 A는 '이 문제를 해결하기 위하여 향후 계약에는 특정 기한을 명시하고 만약 기한을 준수하지 못하는 경우 보상 조항을 추가하는 것은 어떨까요?'라고 제안하는 것이다.

세 번째 긍정적인 언어를 사용하는 것이다. 부정적인 표현 대신 긍정적인 언어를 사용함으로써 협상 상대방이 우려하는 점을 인정하면서도 그것을 해결하기 위한 적극적인 자세를 보여줄 수 있다. 예를 들어 협상 당사자 A가 협상 상대방 B에게 '우리가 함께 이 문제를 해결할 수 있다면 앞으로의 계약이 더 원활하게 진행될 것입니다.' 라든가, '이런 어려움을 해결하기 위해 최선을 다하겠습니다. 우리 모두에게 이익이 되는 방향으로 진행하길 원합니다.'라고 말하는 것이다.

6.2.3 이슈와 관계 분리하기

이슈는 협상에서 해결하고자 하는 구체적인 문제나 요구사항, 쟁점을 의미하는 것으로 예를 들어 가격 협상에서의 가격, 지급 조건, 일정 등이 해당한다. 관계는 협상 당사자 간의 개인적 또는 직업적 관계를 의미하는 것으로 예를 들어 상호 신뢰, 존중, 감정 등이 해당한다. 협상 과정에서 이슈와 관계를 분리하라는 의미는, 협상을 진행하면서 협상 당사자 양측의 이해나 의견이 충돌하는 경우 협상 상대방과 싸우지 말고 협상 이슈와 싸워야 한다는 의미이다. 다시 말해서 협상 당사자 상호간의 신뢰 관계를 해치지 말고 이슈에 집중하여 협상하라는 의미이다.

하버드대학교 로저 피셔(Roger Fisher) 교수와 윌리엄 유리(William Ury) 교수의 협상 방법론에서 제시한 '사람과 문제 분리하기'도 결국 이슈와 관계 분리하기와 같은 의미이다. 이슈와 관계를 분리하기 위해서는 먼저 상대방의 감정을 이해하고 공감하되 논의의 초점을 이슈로 유지하는 것이 필요하다. 또한 명확한 의사소통을 위하여 이슈에 대해 명확하게 정의하고 감정적인 언어를 피하며 사실 기반으로 접근하여야 한다. 이를 바탕으로 이슈 해결을 위한 창의적이고 실용적인 방안을 모색하는 것이다.

이슈와 관계를 분리하는 대화법을 대인관계 커뮤니케이션에서는 나 전달법(I－message)이라고 한다. **나 전달법(I-message)**이란 사람의 감정, 신념, 가치 등에 대한 주장을 일반적으로 말하는 사람에게 중점을 두고 나(I)로 시작하는 주어 문장으로 표현하는 방법인데, 다른 표현으로 **나 진술(I-statement)**이라고도 한다. 예를 들어 상대방을 꾸짖을 때, '나는 당신이 이렇게 해주었으면 좋겠어.'라고 말하는 것이다.

나 전달법(I－message)은 나를 중심으로 하는 표현을 사용하여 상대방의 행동과 관련된 나 자신의 생각이나 감정을 표현하는 대화방식으로 상대방에게 개방적이고 솔직하다는 느낌을 전달함으로써 상대방과 관련된 문제를 해결하는데 효과적일 수 있다. 나－전달법의 사용 원리는 행동 → 영향 → 감정 순으로 진행한다. 첫 번째 행동은 문제가 되는 상대방의 행동과 상황을 구체적으로 표현하는 것이다. 이때 어떤 평가, 비판, 비난의 의미를 담지 말고 객관적인 사실만을 말하는 것이 좋다. 두 번째 영향은 상대방의 행동이 자신에게 미친 영향을 구체적으로 말하는 것이다. 세 번째 감정은 그러한 영향 때문에 나 자신에게 생긴 감정을 솔직하게 말하는 것이다. 예를 들어 '네가 약속 시간에 1시간이나 늦었어(행동), 내가 계획한 것을 정해진 시간 내에 마치지 못하게 되어(영향), (내가) 초조하고 답답하다(감정).'라고 표현하는 것이다. 나 전달법(I－message)은 심리학자 토머스 고든(Rhomas Gorden)이 1960년대에 어린이들과 기차 놀이 치료를 하면서 이 용어를 만들었다.

이와 반대로 **너 전달법(you-message)** 또는 **너 진술(you-statement)**은 너(you)라는

단어로 시작하여 듣는 사람에게 중점을 두는 표현 방법이다. 너 전달법(you-message)은 예를 들어 상대방을 꾸짖을 때, '자네는 왜 그런가?' 또는 '자네는 항상 그 모양이야.'라고 말하는 것이다.

나 전달법은 크게 5단계로 구분한다[1)].

첫 번째 단계는 레이블링(labeling)이다. 이는 자신의 의견이나 주장을 대화 시작부터 바로 이야기하는 것이 아니라 협상 상대방이 마음의 준비를 한 뒤 자신의 주장이나 의견을 들을 수 있도록 대화의 분위기를 우호적으로 만들기 위한 조치를 말한다. 예를 들어 '좀 듣기 거북한 이야기일 수도 있지만 솔직히 말씀드려도 되겠습니까?' 라고 상대방의 동의를 구하는 질문을 하는 것이다. 이러한 질문을 통하여 상대방의 동의를 이끌어내기 때문에 이후 협상이나 대화 분위기는 우호적으로 변할 수 있는 것이다.

두 번째 단계는 사실(fact) 말하기이다. 사실 말하기는 협상 당사자 양측이 논쟁의 여지가 없는 내용으로 말하는 것으로 이를 위하여 객관적 자료나 통계 수치와 같은 정확한 자료를 제시하는 것이 필요하다.

세 번째 단계는 감정(feeling) 표현하기로 협상 상대방의 의견이나 요구에 깜짝 놀라거나 강하게 반문하는 등 자신의 감정을 강하게 드러내는 것을 말한다. 보통 협상 과정에서는 냉정하고 차분하게 협상에 임하여야 한다고 생각하는 경향이 강하지만, 필요에 따라 자신의 감정을 강하게 드러내는 것도 협상에 도움이 된다.

네 번째 단계는 의도(intention) 밝히기이다. 의도 밝히기는 자신이 주장하는 내용을 협상 상대방에게 명확하게 밝히는 것이다. 이는 협상 상대방의 의견이나 요구를 반박하기 위한 것이 아니라 협상의 원만한 합의를 이끌어내기 위한 해법을 제시하는 것이어야 한다.

마지막 단계는 협상 상대방의 피드백(feedback) 받기이다. 피드백 받기는 자신의 제안에 대해 협상 상대방이 어떻게 생각하는 지를 질문하는 것으로, 자신의 의견이나 요구가 일방적인 것이 아니라 협상 상대방과의 대화를 통한 협상을 진행한

---

1) 최철규, 김한솔, 협상은 감정이다, 쌤앤파커스, 2016년, p.89~91의 내용을 인용하여 재정리함.

다는 의미를 전달하는 것이다.

타인 중심의 말투인 너 전달법(you-message)이 문제의 원인과 결과를 상대방에게 전가시켜 갈등을 심화시키는 경향이 있기 때문에 나 전달법(I-message)이 이런 문제점을 해결할 수 있다. 하지만 나 전달법(I-message)도 단점이 있는데, 상대방에게 지나치게 좋은 인상을 주거나 배려가 넘치는 경우 문제의 원인이나 결과가 상대방이 아닌 자신의 책임이라는 인상을 줄 수 있다.

제 3 절 협상 틀을 만드는 협상 전략

6.3.1 첫 제안은 세게(aim-high)

첫 제안은 세게(aim-high)는 협상 과정에서 목표를 높게 잡고 첫 제안을 세고 강하게 하여야 한다는 것이다. 이유는 세고 강한 첫 제안을 통해 협상의 범위를 결정짓는 준거점을 만들 수 있기 때문이다. 즉 이는 앞에서 이미 설명한 '**큰 목표 세우기**'와 같은 개념이며, '첫 제안은 세게'는 **기준점(anchoring) 효과** 또는 **닻내림 효과**가 있기 때문이다. 닻(anchor)을 내리면 닻과 배를 연결한 밧줄의 범위 내에서만 배가 움직일 수 있듯이 처음에 인상적이었던 숫자나 사물이 기준점이 되어 그 후의 판단에 왜곡 혹은 편파적인 영향을 미치는 현상을 말한다. 따라서 협상 당사자의 생각이나 사고도 처음 입력된 정보의 범위에 얽매이게 된다는 것이다.

'첫 제안은 세게'는 특히 거래 중심적 협상, 예를 들어 관광지에서 기념품을 사는 것과 같은 협상에서 협상 당사자에게 단연 유리하게 작용한다. 미국 미시간대 MBA 과정에서 학생 800명을 대상으로 400명씩 2개 그룹으로 나누어 같은 물건을 파는 실험을 진행하였다. 물건에 대한 첫 제안 가격을 A 그룹에서는 $700 이상으로, B그룹에서는 $700 이하로 설정하였다. 실험 결과 A 그룹의 최종 합의 가격은 평균 $625, B 그룹의 최종 합의 가격은 평균 $425였다. 이 실험에서도 알 수 있듯이 첫 제안 가격이 높으면 최종 합의 가격도 높게 나오는 경향이 있다.

이러한 '첫 제안은 세게'는 협상 과정에서 협상 당사자들에게 다음과 같은 효과를 준다. 예를 들어 가격 협상에서 첫 제안 가격을 높게 책정함으로써 협상 대상의 물건이나 가치에 대하여 협상 상대방이 다시 한번 생각하게 하는 효과가 있다. 다시 말해서 첫 제안 가격을 높게 받은 협상 상대방은 '잘 모르겠지만 비싼 이유가 있겠지.'라는 추측을 하게 되는 것이다. 또한 높은 가격은 협상 상대방에게 협상 과정에서 양보할 여지가 커지고 점진적으로 양보함으로써 협상 상대방은 양보를 이끌어냈다는 안도감이나 행복감으로 협상에 대한 만족감을 느낄 수 있다.

하지만 협상 과정에서 무조건 세고 강하게 부른다고 좋은 협상 결과가 도출되는 것은 아니다. 첫 제안을 세게 하기 위한 조건이 필요한 데 첫 제안을 세게 하는 합당한 근거가 있어야 한다는 것이다. 합당한 근거는 객관적으로 받아들일 수 있는 내용이어야 하며, 합당한 근거로 활용할 수 있는 가장 대표적인 예가 구매협상에서 협상 상대방이 이전에 제시했거나 받아들였던 가격이다.

6.3.2 손실 회피 이용하기

손실 회피(loss aversion)란 앞에서 설명한 바와 같이 노벨 경제학상 수상자 대니얼 카너먼(Daniel Kahneman) 교수가 처음 제시한 이론으로, 인간은 이익보다 손실을 2.5배 더 크게 평가한다는 심리적 편향을 말한다. 즉 얻은 것의 가치보다 잃어버린 것의 가치를 크게 평가하는 것을 말한다. 예를 들어 1만 원을 잃어버렸을 때 느끼는 상실감은 1만 원을 얻었을 때 느끼는 행복감보다 크다는 것이다. 손실회피를 협상 과정에서 이용한다는 것은 협상 상대방이 협상을 통해 무엇을 얻을 수 있는지 먼저 보여주고 협상이 결렬되면 그것을 잃게 될 것을 느끼게 하라는 것이다. 손실 회피를 협상에서 활용하는 방안은 손실의 위협을 강조하는 것이다. 이는 협상 상대방이 협상 당사자 일방의 제안을 받아들이지 않는 경우 겪게 될 손실을 명확하게 설명하고 그 손실을 피하기 위하여 협상 당사자 일방의 조건을 수용하는 것이 합리적이라는 점을 설득하는 방식이다. 이는 다시 몇 가지 구체적인 방법으로 설명할 수 있다.

첫 번째 현재 상태 유지의 위험성을 강조하는 방법이다. 이는 협상 상대방이 현재 상태를 고수하거나 협상 당사자 일방의 제안을 거부하는 경우 협상 상대방이 직면할 손실을 강조하는 것이다. 예를 들어 '이 제안을 수락하지 않으면 시장 점유율을 잃을 가능성이 큽니다.' 같은 방식으로 손실 가능성을 보여주는 것이다.

두 번째 미래의 손실을 시각화하는 방법이다. 이는 협상 상대방이 협상 당사자 일방의 제안을 수락하지 않으면 발생할 미래의 손실을 구체적으로 설명하는 것이다. 예를 들어 '지금 이 가격에 계약하지 않으면 나중에 더 높은 비용을 지불해야 할 수도 있습니다.'와 같이 미래의 손실을 구체화하여 협상 상대방이 손실에 대하여 실제로 느낄 수 있도록 하는 것이다.

세 번째 협상 당사자 일방의 제안을 한정된 기회로 강조하는 방법도 있다. 예를 들어 '이 조건은 이번 협상에서만 유효하며 다른 옵션이 없으면 손해를 볼 수 있습니다.'라는 방식으로 제안을 한정적인 기회처럼 보이게 할 수 있다. 이번 제안을 받아들이지 않으면, 즉 이번 기회가 지나가면 협상 상대방은 손실을 볼 수 있다는 생각을 가지게 되고 협상에 더 적극적으로 임할 수 있다.

네 번째 이전 양보를 취소할 가능성을 제시하는 것이다. 이는 협상 중 이미 제시한 양보를 철회할 가능성을 암시하면 협상 상대방은 그 제안을 잃을 수 있다는 불안감을 느끼게 된다. 예를 들어 '이 양보 조건은 오늘까지 유효합니다. 이후로는 제안을 다시 검토해야 할 수도 있습니다.'와 같은 표현을 통해 양보 철회를 통한 손실을 암시하는 것이다.

손실 회피를 이용한 협상 사례로 대표적인 것이 미국 부동산 재벌이자 대통령인 도널드 트럼프(Donald Trump)의 티파니(Tiffany & Co.)와의 협상 사례이다. 도널드 트럼프는 1980년대초 뉴욕시 5번가에 68층 고급 주상 복합 아파트인 트럼프 타워(Trump Tower)를 건설할 계획을 가지고 있었다. 하지만 문제는 근처에 있던 티파니 건물의 공중권으로 트럼프는 이 공중권 확보가 필요한 상황이었지만 당시 티파니 건물주는 트럼프 타워 건설에 반대하고 있었다. 이에 도널드 트럼프는 티파니 건물주와의 협상장에 우아한 68층 짜리 트럼프 타워 모형과 뉴욕시 지역개발국이 짓게 될 흉한 건물 등 2개의 건물 모형을 전시하고 협상에 임하였다. 당연히 티파니 건물주는 도널드 트럼프의 제안을 받아들였다. 트럼프는 티파니에게 필요없는 공중권을 확보하여 잘 꾸며진 빌딩을 건설하면 티파니 건물도 돋보이게 된다는 것을 건물 모형으로 설득한 것이었다. 다시 말해서 흉물스러운 건물로 인하여 티파니 건물 경관을 망치는 것을 피하게 한 것이다. 이 협상에서 도널드 트럼프는 자신이 원하는 것을 얻기 위하여 협상 상대방을 협박하거나 구걸하지 않고, 자신이 제안한 것을 협상 상대방이 받아들이지 않을 경우 협상 상대방이 잃게 될 것이 무엇인지 보여 주었을 뿐이다.

6.3.3 문제를 기회로 전환하기

대부분의 협상 과정에서 협상 당사자들은 자신의 요구나 제안의 장점만을 내세우고자 한다. 하지만 실제 협상 과정에서는 제안을 받은 협상 상대방은 그 제안의 장점을 그대로 받아들이지 않고 반드시 그 제안의 문제점을 발견하고 지적하고자 한다. 이 때 제안을 한 협상 당사자는 대부분 지적받은 문제점에 대하여 변명을 통하여 어려운 상황을 벗어나려고 한다. 하지만 협상 상대방에게는 문제점에 대한 변명이 중요한 것이 아니라 그 문제 해결이 중요한 것이다. 진정한 협상가는 지적받은 문제점을 솔직히 인정한다. 때에 따라서는 협상 상대방이 묻기도 전에 먼저 문제점을 드러내어 설명하기도 한다. 이는 문제점이 중요하지 않은 것이라고 협상 상대방을 설득하거나 회유하는 것이 아니라, 협상 상대방과 어떻게 문제점을 해결할 것인지 함께 논의하고자 하는 것이다. 문제점을 솔직히 인정하고 협상 상대방과 해결을 모색하는 과정에서 협상 상대방의 신뢰를 얻을 수 있기 때문에 문제점을 인정하는 것이 중요하다.

실제 협상 과정에서 협상 상대방에 대한 신뢰성은 긍정적인 측면만을 강조하는 데서 비롯되는 것은 아니며, 긍정적 측면과 부정적 측면의 비율이 4:1일 경우가 가장 신뢰성이 높다는 연구 결과도 있다. 일반적으로 **부정성 편향(negativity bias)**에 따라 부정적인 기억이나 감정이 긍적적인 기억이나 감정보다 더 크게 인간의 심리에 영향을 미치지만, '부정성의 힘'을 연구한 존 티어니(John Tierney)와 로이 바우마이스터(Roy F. Baumeister)는 저서 <부정성 편향(The Power of Bad)>에서 부정적인 것 하나를 극복하기 위하여 긍정적인 것이 4개 필요하다는 **긍정성 대 부정성 비율, 4:1**을 제시하였다. 즉 협상 과정에서 긍정적인 측면을 상당히 설명하면서도 부정적인 측면을 조금 언급할 때 협상 상대방이 자신을 더욱 신뢰하게 할 수 있다는 것이다. 따라서 문제점을 인정하고 이를 기회로 전환한다는 것은 결국 자신의 단점을 신뢰로 전환한다는 의미이기도 하다.

자신의 문제점이나 단점을 기회나 장점으로 이용한 대표적인 협상 사례가 카타르의 2022년 월드컵 유치 협상이다. 카타르는 면적 115만 헥타르로 세계 162위, 인구 294만명으로 세계 138위의 소국이다. 이런 카타르가 월드컵을 개최하기 위하여 FIFA를 상대로 협상을 벌였을 때 FIFA 집행위원단은 카타르가 면적이 좁아 경기장을 다 지울 수 있을지 그리고 너무 복잡하지 않을지 등 의문을 제기하였다. 카타르 월드컵 유치단의 대응은 12개 경기장(최종적으로 8개 경기장으로 축소)이 반경 25~30km에 집중되어 복잡할 수 있다는 단점을 인정하면서, 경기장이 집중되어 있어 선수단의 이동 거리가 단축되고 관람객들도 먼 거리 이동이 없이 하루 2경기를 관람하는 것이 가능함 등의 장점으로 전환하여 협상하였다.

제 4 절 협상 테이블을 장악하는 협상 전략

6.4.1 예스-셋(yes-set) 전략

예스-셋(yes-set) 전략은 작은 예스(yes)로 시작하여 큰 예스(yes)를 얻어 내는 전략으로, 협상 이슈가 많을 때 협상 타결이 쉬운 이슈부터 협상을 시작하는 것이다. 다시 말해서 협상 과정에서 협상 상대방이 일련의 작은 질문에 계속해서 '예'라고 답하게 하여 최종적으로 중요한 요구사항에도 긍정적인 답변을 끌어내는 심리적 기법이다. 이 전략은 협상 상대방이 점진적으로 동의하는 과정을 통하여 거부감을 줄이고 자연스럽게 더 큰 양보를 하도록 만드는 데 효과적이다. 처음부터 합의가 어려운 이슈를 협상하게 되면 협상이 원활하게 이루어지기 어렵고 극단적인 경우 협상이 결렬될 수도 있다. 따라서 쉬운 이슈에 대한 합의를 통해 협상 당사자 양측이 협상이 잘 풀릴 것 같다는 인상을 가질 수 있도록 하는 전략이다.

이 전략은 앞에서 설명한 로버트 치알디니(R. B. Cialdini)가 제시한 협상의 영향력 중 하나인 **일관성(commitment and consistency)**과도 관련이 있다. 즉 협상 당사자가 일단 어떤 선택이나 입장을 취하게 되면 기존 선택이나 입장을 유지하려는 속성을 가지게 된다는 것으로, 협상 당사자의 일관성으로 예스-셋 전략이 효과를 발휘할 수 있는 것이다. 다시 말해서 협상 당사자들이 계속해서 '예'라고 답한 뒤 갑자기 `아니오`라고 대답하는 것을 꺼리고 이는 자신이 일관되지 않은 사람으로 보이는 것을 피하려는 심리적 메커니즘에 기반한다. 또한 협상 상대방에게 작은 질문부터 시작하여 동의를 얻으면 협상 상대방은 협상 과정에서 자신이 이미 큰 틀에서 합의하고 있다고 느끼게 되고 이러한 작은 동의는 더 큰 결정으로 나아가게 만드는 디딤돌로 인식하게 된다.

예스-셋(yes-set) 전략의 대표적인 예가 한미 자유무역협정(FTA, free trade agreement)을 위한 협상이다. 한미 FTA 협상에서 양국은 쌀과 자동차라는 양국 국민에게 가장 민감한 이슈를 처음부터 협상 테이블에 올리지 않고 기타 이슈들을 먼저 협상하여 합의한 이후, 쌀과 자동차 수입 이슈에 대하여 협상을 진행하였다. 한미 FTA 협상에서 처음부터 쌀과 자동차 수입 이슈를 협상 테이블에 올려 놓았다면 협상 타결을 기대할 수 없었을 것이다. 또 다른 예가 2002년 한일 월드컵 개최 관련 한일 양국 협상이다. 당시 한일 양국 협상에서 가장 민감하고 중요한 이슈는 월드컵 공식 명칭과 결승전 개최 장소였다. 하지만 한일 양국 협상 당사자 양측은 협상 초반에 월드컵 공식 명칭과 결승전 개최 장소에 대하여 일체 언급도 하지 않고 경기 입장료, 광고 등과 같은 덜 민감하고 중요한 이슈를 협의하였다. 다른 이슈에 합의를 이루고 난 후 월드컵 공식 명칭은 한일 월드컵(Korea Japan World Cup)으로, 결승전 개최 장소는 일본 도쿄로 결정하였다. 한일 양국 협상 당사자는 처음부터 세게 부딪히면 한일 양국 월드컵 공동 유치 자체가 깨질 수 있다는 위기의식을 가지고 있었던 것이다.

6.4.2 스트레스(stress) 전략

스트레스(stress) 전략은 협상 이슈와 상관없이 협상 상대방의 심기를 건드리는 행동을 계속하여 협상 상대방이 빨리 협상을 마무리 짓고 싶어 하게 만드는 전략이다. 즉 협상에서 협상 상대방에게 심리적인 압박을 가하거나 스트레스를 유발하여 그들이 신속하게 결정을 내리거나 원하는 방향으로 양보하도록 만드는 방법이다. 이 전략의 목적은 협상 상대방이 협상 과정에서 스트레스를 받아 평정심을 잃고 이성적 판단을 못하게 하려는 것과 협상 상대방이 가능하면 협상장을 빨리 빠져나가고 싶게 만들어 협상 과정에서 더 많은 양보를 얻어 내려는 것이다.

이 전략은 시간적 압박, 환경적 요소, 공격적 질문, 비상식적 행동 등을 활용하여 협상 상대방이 심리적으로 불편함을 느끼고 빨리 결론을 내리고 싶게끔 유도하는 방식이다. 스트레스 전략을 협상에서 활용하는 구체적인 방법은 다음과 같다.

첫 번째 시간적 압박을 활용하는 것이다. 시간 압박은 스트레스를 유발하는 가장 일반적인 방법 중 하나로 협상에서 데드라인(dead line)을 설정하거나 제한된 시간 내에 결정을 내려야 한다는 압박을 가하여 협상 상대방은 스트레스를 받고 빠른 결정을 하게 된다.

두 번째 환경적 요소를 활용하는 방법이다. 이는 협상장의 물리적 환경이나 분위기를 조정하여 협상 상대방에게 불편함을 주는 것이다. 예를 들어 협상장 좌석이 지나치게 불편하거나 좁은 경우, 협상장 온도가 지나치게 높거나 추운 경우 등 협상 상대방에게 신체적 정신적으로 불편한 상황을 연출하면 협상 상대방이 심리적으로 불리한 상태로 협상에 임하도록 몰고 갈 수 있다.

세 번째 공격적 질문을 통한 스트레스 전략도 있다. 이는 협상 상대방을 공격적인 질문이나 비판으로 몰아붙여 그들의 심리적 안정감을 흔드는 방법이다. 협상 상대방은 계속된 비판적 질문과 공격적인 태도에 압박감을 느끼고 스트레스를 받으며 방어적인 태도로 전환하게 된다. 이로 인하여 협상 상대방은 협상을 빨리 끝내고자 양보하게 되고 결국 협상 당사자 일방이 원하는 조건에 더 쉽게 합의할 수 있다.

네 번째 비상식적 행동을 통한 스트레스 전략도 있다. 이는 협상 과정 내내 볼펜을 똑딱거리는 행위, 협상 상대방 참석자들이 볼 수 있게 다리를 계속 떠는 행위, 협상장 내에서 담배를 피는 행위, 협상 상대방 앞에서 코를 풀거나 기침을 계속하는 행위 등 협상 상대방이 협상 당사자 일방의 비상식적이고 비매너적인 행동으로 스트레스를 받게 하는 것이다. 이러한 스트레스 전략은 협상에서 협상 상대방을 압박하여 유리한 조건을 이끌어내는 강력한 도구이지만 너무 과도하게 사용하거나 반복해서 사용하면 협상 당사자 상호관계에 부정적인 영향을 미칠 수 있으므로 상황에 맞게 신중하게 활용하여야 한다.

스트레스 전략의 대표적인 예가 1970년대 미국과 중국 양국 핑퐁 외교 협상이다. 1972년 당시 미국 닉슨 대통령은 중국을 방문하여 중국 지도자들과 미중 양국은 모든 국가의 이익에 합치되게 국제관계를 유지하고 아태 지역에서 패권을 추구하지 않을 것이라 규정하는 상하이 공동성명을 발표하게 되고, 이후 미중 관계가 급진적으로 발전하여 1979년 1월 1일 양국은 수교하게 되었다. 이러한 미중 양국간 외교를 탁구공을 매개로 한 외교라 하여 핑퐁 외교라고 지칭한다. 핑퐁 외교는 스포츠를 매개로 적대국간 관계를 개선한 대표적인 협상 성공 사례로 언급되고 있는 역사적으로 매우 의미 있는 사건이다. 이러한 핑퐁 외교의 실무적 차원의 협상 과정에서 중국 협상단이 이 스트레스 전략을 적극 활용하였다. 즉 미국 협상단의 협상 참석자들은 협상이 끝날 때마다 오만상을 찌푸리고 협상장을 빠져나갔는데, 이유는 중국 협상단의 참석자들이 협상 과정 내내 담배를 피워댔을 뿐만아니라, 투명한 유리컵에 가래침을 계속 뱉았던 것이다. 당시 미국 협상단이 협상 과정에서 받았을 스트레스를 짐작할 수 있다.

이러한 스트레스 전략은 일상적인 다양한 협상 과정에서 실제 활용되고 있고 일상에서 접할 수 있는 협상 전략이다. 협상 상대방이 이 전략을 사용하는 것을 알아차렸다면 크게 화를 내거나 당황하지 말고 정중하게 스트레스를 주고 있는 행동을 중지하라고 요청하는 것이 최상의 대응이다. 이 전략은 협상 당사자 양측이 협상 결렬을 바라지 않는 경우 즉 성공적인 협상을 바라는 경우에 활용된다. 따라서 자신도 협상이 결렬되는 것을 바라지 않기 때문에 협상 과정에서 스트레스를 받는다고 협상장을 박차고 나가는 것보다는 협상 상대방에게 정중하고 조심스럽게 행동하거나 스트레스를 주는 행동을 중지해달라고 요청하는 것이 좋은 대응이다.

6.4.3 거울(mirroring) 전략

미러링(mirroring)이란 상대방의 언어나 비언어적 행동의 일부나 전부를 거울에 비친 것처럼 그대로 따라하는 행위를 말하는데, **거울(mirroring) 효과**는 상대방이 자신과 비슷하거나 익숙한 모습을 하고 있을 때 상대방에게 동질감을 느끼고 호감을 갖게 되는 효과를 말한다.

거울(mirroring) 전략은 이러한 효과를 협상에 이용하는 전략이다. 거울(mirroring)

전략은 협상에서 협상 상대방의 말이나 행동, 제스처를 그대로 따라 하는 방식으로 협상 상대방과의 공감대를 형성하고 신뢰를 구축하는 심리적 기법이다. 협상 상대방이 자신과 비슷한 행동이나 말투를 보이면 무의식적으로 더 편안함을 느끼고 자신을 이해하고 있다고 생각하게 된다. 이를 통해 협상에서 유리한 위치를 차지하거나 협상 상대방이 자신의 제안을 수용할 가능성을 더욱 높일 수 있다. 거울 효과는 **모방 효과** 또는 **카멜레온 효과(chameleon effect)**라고도 한다.

거울 효과는 실험으로도 증명되었다. 5명의 대학생에게 5장의 이성 사진을 보여주고 자신의 이상형을 고르는 실험을 하였는데, 참가 대학생 모두가 자신과 닮은 사람을 이상형으로 골랐다. 참가 대학생이 고른 사진은 실제 사진이 아니라 참가 대학생들의 본인 사진을 이성으로 합성한 가상의 사진이었으나, 참가한 대학생 전원이 자신과 닮은 사진을 골랐던 것이다. 또한 거울 효과는 로버트 치알디니(R. B. Cialdini)가 제시한 협상의 영향력 중 하나인 **호감(liking)**의 원칙과도 의미가 상통하는 것으로, 자신과의 유사성이 상대방에 대한 자신의 느낌을 긍정적으로 작용하게 한다.

레스토랑 종업원의 실험에서도 거울 효과가 증명되었다. 앞에서 설명한 백트레킹(backtracking), 즉 레스토랑 종업원이 손님의 주문을 받을 때 손님이 말한 내용을 그대로 따라 하면서 주문을 받는 경우 종업원의 팁이 많아지고 매출도 늘어났다. 백트레킹(backtracking)도 거울 효과를 발생시키는 것이다.

거울 전략이 협상에서 성공적으로 작동하는 이유는 다음과 같다. 첫 번째 협상 당사자의 심리적 유대감을 형성한다. 협상 상대방의 말과 행동을 따라 함으로써 협상 상대방은 자신이 이해받고 있다는 느낌을 받는다. 이는 신뢰감을 형성하고 협상의 분위기를 긍정적으로 이끌어 갈 수 있는 중요한 요소이다. 두 번째 협상 상대방의 경계심을 완화한다. 협상에서 협상 상대방이 경계하거나 방어적인 태도를 보일 때 거울 전략은 그들의 경계심을 완화하고 더 열린 자세로 협상에 임하게 만든다. 협상 상대방이 자신과 비슷한 태도와 말투를 취하면 무의식적으로 협상 상대방을 더 편안하고 친근하게 느끼게 된다. 세 번째 공감과 신뢰를 구축한다.

협상 상대방의 말을 그대로 되풀이하거나 비슷한 자세를 취함으로써 협상 상대방이 공감받고 있다고 느끼게 하여 신뢰를 쌓을 수 있다. 마지막으로 협상 분위기를 조정한다. 거울 전략을 사용하면 협상 당사자들의 공감과 신뢰를 바탕으로 협상장 분위기를 조정할 수 있고 이를 통하여 협상 과정의 긴장을 완화할 수 있다.

개그맨이자 유명한 강사로 활동하고 있는 김제동의 경우도 거울 효과를 잘 활용하고 있는 예이다. 김제동은 대학교 초청 강연을 하는 경우, 법대 강연에서는 미리 몇 가지 법률 용어를 외워서 강연하고 의대 강연의 경우도 간단한 의학 용어를 사전에 외워서 강연을 한다. 당연히 법대생들과 의대생들은 김제동의 강연을 들으면서 자신들에게 관심과 호감을 가지고 있다고 느끼는 것이다.

독일 투자은행 드레스드너 방크(Dresdner Bank)와 스웨덴 가구업체 이케아(IKEA)의 제휴 협상도 거울 전략을 활용한 대표적인 협상 사례이다. 권위적이고 보수적인 기업 문화로 유명한 드레스드너 방크와 자유롭고 개방적인 기업 문화를 가진 이케아의 제휴 협상에 대하여 기업 문화의 차이로 인하여 협상 성공에 대하여 부정적 시각이 우세하였다. 하지만 이런 주위의 우려와는 달리 협상은 성공적으로 이루어졌다. 협상 당일 협상장에 드레스드너 방크의 협상 참석자들은 모두 힙합 바지에 티셔츠를 입고 나왔고, 이케아의 협상 참석자들은 모두 하얀 와이셔츠에 검은 정장 차림으로 나왔던 것이다.

6.4.4 천사와 악마(good guy bad guy) 전략

천사와 악마(good guy bad guy) 전략은 협상장에 거칠고 부정적이며 반대만 하는 협상 참석자와 매너가 좋고 이해심이 있으며 긍정적이고 협상 상대방의 이야기를 경청하는 협상 참석자가 동시에 참석하여 협상하는 것을 말한다. 다시 말해서 협상에서 두 명의 협상 참석자가 서로 상반된 태도로 상대방을 대하는 방식이다. 한 명은 '악마(bad guy)' 역할을 하여 강하게 압박하고 까다로운 조건을 내세우며 협상 상대방을 불안하게 만든다. 반면에 다른 한 명은 '천사(good guy)' 역할을 맡아 부드럽고 친근한 태도로 양보를 제시하거나 중재 역할을 하여 협상 상대방이 자신과 협력하려는 마음을 갖도록 유도한다. 이는 대조효과를 활용하는 협상 전략이다.

대조효과(contrast effect)란 공간적 또는 시간적으로 접근해 있는 크기가 다른 두 가지 자극에 노출되어 지각이나 인지, 그리고 이와 관련된 행동이 평소보다 강화 또는 감소하는 현상을 말한다. 예를 들면 한 통에는 얼음물이 다른 통에는 따뜻한 물이 채워져 있고, 오른손을 얼음물에 넣고 곧바로 양손 모두를 따뜻한 물에 넣으면 왼손은 따뜻하게 느끼는 반면 직전까지 얼음물에 있던 오른손은 뜨겁게 느끼게 된다. 심리학 용어이지만 심리학을 비롯하여 교육, 마케팅, 영업 등에서도 널리 이용된다.

이 전략이 협상에서 성공적으로 작동하는 이유는 다음과 같다. 먼저 심리적 압박과 구제의 역할 분담이 작동한다. 악마 역할의 협상 참석자는 협상 상대방에게 강한 심리적 압박을 가하여 협상 분위기를 긴장시키고, 천사 역할의 협상 참석자는 그 긴장을 완화하고 협조적인 태도를 보임으로써 협상 상대방이 더 편안함을 느끼고 협상에 유연하게 임하도록 유도한다. 또한 천사 역할의 협상 참석자의 제안이 더 좋은 제안이라는 착각을 불러온다. 천사 역할의 협상 참석자는 악마 역할의 협상 참석자의 태도에 비해 상대적으로 더 유리한 제안을 하는 것처럼 보인다. 하지만 실제로는 그 제안이 원래 협상 참석자가 계획했던 수준에 불과하지만 협상 상대방은 더 나은 제안을 받은 것처럼 느끼고 양보하게 된다. 마지막으로 협상 상대방의 심리적 안정을 유도한다. 천사 역할의 협상 참석자가 협상 상대방의 불안을 해소하거나 심리적 위안을 제공함으로써 상호간 신뢰를 형성하고 협상이 더 긍정적인 방향으로 진행되도록 만든다. 결국 이 전략은 아주 극단적인 못된 협상 상대방 옆에 자신을 조금이라도 이해해 주는 협상 참석자가 있다면 착한 협상 참석자의 제안을 아주 좋은 것으로 인식하게 되고 자연스럽게 그 참석자에게 우호적인 협상을 하게 되는 것이다.

이 전략을 활용하는 대표적인 사례가 수사 과정에서 범죄 혐의자을 심문하는 형사들의 협상이다. 영화에서도 흔히 나오듯이 한 형사가 범죄 혐의자를 윽박지르고 폭력을 행사하려고 할 때 옆에 있던 다른 형사가 이를 저지하고 범죄 혐의자를 살살 달래며 담배를 건네기도 한다. 이 전략은 수사 과정에서 흔히 활용하는 전략이지만 비즈니스 협상에서도 자주 활용된다.

이 전략에 대응하기 위해서는 천사(good guy)의 선하게 보이는 제안을 더욱 치밀하게 분석하는 것으로 천사(good guy)의 행동 이면에 숨겨진 의미를 읽어내는 능력이 필요하다. 구체적으로는 협상 속도를 갑자기 늦추어 협상 상대방이 자신의 행동을 예측할 수 없게 하거나 협상 속도를 갑자기 높여서 협상 상대방에게 시간적 압박을 가하는 것도 대응 방법이다. 또한 협상 상대방을 바꾸는 것도 하나의 대응 방법이다. 즉 협상 상대방의 참석자들에게 악마 역할의 협상 참석자를 바꾸어 달라고 공개적으로 요구하는 것이다.

6.4.5 야금야금 갉아 먹기(nibbling) 전략

니블링(nibbling)이란 조금씩 갉아 먹음, 약간씩 관심을 보임이라는 뜻으로, **야금야금 갉아 먹기(nibbling) 전략**이란 장시간을 투자하여 협상 완료 직전에 협상이 깨지기를 원하는 협상 당사자는 아무도 없다는 심리를 이용하여 협상 상대방의 허점을 파고드는 전략이다.

가장 흔한 예가 백화점 양복 매장에서 이루어지는 양복 구매자와 판매사원의 협상이다. 양복을 새로 구매하려고 온 손님이 한 시간 동안 몇 벌의 양복을 입어보고 마음에 드는 80만원 짜리 양복을 선택한다. 이 손님이 계산대 앞에서 계산대 바로 옆에 있는 3만원 짜리 넥타이를 보고 하나 공짜로 끼워 달라고 제안한다면 판매사원은 80만원 짜리 양복을 구입하려는 손님의 제안을 쉽게 거절할 수 없다. 이 때 판매사원이 선택할 수 있는 전략이 니블링 전략이다. 즉 판매사원이 고가의 양복에 어울리는 넥타이를 선택한 손님의 안목을 칭찬하면서 와이셔츠 한 벌을 사면 넥타이를 공짜로 주겠다고 제안하는 것이다. 이럴 경우 고가의 양복을 구입하려는 손님은 어떻게 대응하겠는가. 답은 와이셔츠도 사고 공짜 넥타이도 받는 것이다. 야금야금 갉아 먹기 전략과 관련하여 문안에 한발 들여놓기(foot-in-the-door) 전략이 있다. **문안에 한발 들여놓기(foot-in-the-door) 전략**이란 문안에 한발을 들여놓음으로써 상대방이 자신을 내치지 못하게 만들 듯이 먼저 작은 요청부터 실현하고 점진적으로 다른 요청을 더해 나간다는 전략이다.

문안에 한발 들여놓기 전략이 효과를 발휘하는 이유는 다음과 같다. 첫 번째 작은 요구로 인하여 협상 상대방의 부담감이 적다. 야금야금 갉아먹기 전략에서처럼 작은 추가 요구를 제시하는 방식으로 협상 상대방은 큰 틀의 합의가 이미 이루어졌기 때문에 이러한 작은 요구를 수용하는 데 큰 부담을 느끼지 않아 쉽게 수락하게 된다. 두 번째 이러한 작은 요구를 수용하는 과정에서 협상 상대방은 일종의 의무감을 느낀다. 다시 말해서 협상 상대방이 한 가지 요구를 수용한 경우 이 최초의 수용에서부터 자연스럽게 따라오는 추가 요구도 수용하여야 한다는 의무감을 가지게 된다. 세 번째 협상 상대방은 이미 결정된 거래 또는 합의된 내용에 대한 안정감을 느낀다. 이미 큰 틀에서 합의가 이루어진 상태에서 작은 거래가 이루어졌기 때문에 추가 요구나 거래가 상대적으로 협상에 영향을 주지 않는다는 안정감을 느끼게 된다. 마지막으로 협상 상대방의 협상에 대한 심리적 관성이 작용한다. 다시 말해서 협상 막바지에 다다르면 협상 상대방은 빨리 협상을 끝내고 싶어 하는 심리적 상태에 놓이게 되고 이 시점에서 작은 요구를 제시하면 협상 상대방은 이를 거절하기보다는 협상을 마무리하는 데 더 집중하게 되어 쉽게 수용하게 된다.

문안에 한 발 들여놓기 전략에는 몇 가지 조건이 필요하다. 먼저 첫 번째 요구가 두 번째 요구보다 작아야 한다. 그리고 첫 번째 요구와 두 번째 요구를 동일한 사람이 하여야 한다. 마지막으로 첫 번째 요구와 두 번째 요구 사이의 시간 간격이 작아야 한다.

또한 이 전략은 **낮은 공(low ball) 전략**과도 관련성이 있는데, 이 역시 첫 번째 결정이 이후 행동이나 결정에 영향을 주는 것이다. 예를 들어 친구에게 이사를 도와달라고 할 때, 먼저 '토요일 이사 좀 도와 줄래?'라고 하고, 친구로부터 '응, 도와 줄게.'라는 대답을 듣고 난 후, '지금 사는 곳에서 200km 떨어진 곳으로 이사 가.' 라고 말하는 경우이다. 이 경우 이사 도움 요청을 받은 친구는 실제 이사를 도와 줄 생각 없이 대답하였다고 하더라도 먼저 내린 결정(이사 돕기)을 철회할 가능성은 낮다. 로우 볼 전략을 할인 행사장에 적용해 보면, 70% 할인 행사 매장에 더 나은 제품을 30% 할인으로 비치하면 소비자는 이미 할인 행사 제품을 사기로 하였으므로 30% 할인 제품을 사게 된다.

이 전략에 대응하기 위해서는 사소한 것이라고 해도 쉽게 양보하는 경향을 지양하여야 한다. 또한 협상이 완료될 때까지 단호한 자세를 유지하여야 하며 그 동안의 협상 내용을 되짚어 보고 양보할 수 없는 정당한 이유를 협상 상대방에게 확실히 설명하여야 한다.

6.4.6 문전박대(door-in-the-face) 전략

문전박대 전략(door-in-the-face) 전략은 극단적이고 거절당할 무리한 요구를 하고 그 요구를 거절당하면 협상 상대방이 받아들일 만한 적당하거나 작은 것을 요구하는 협상 전략이다. 이 전략은 협상 상대방으로부터 '예'라는 대답을 얻어내기 위하여 처음에는 협상 상대방이 '아니오'라고 대답할 수 있도록 허용하는 것이다. 문전박대라는 용어를 사용한 이유는 협상 상대방이 터무니 없는 요구를 할 경우 면전에서 문을 꽝 닫아버리는 모습을 연상시키기 때문이다.

대표적인 예가 로버트 치알디니 교수의 비행 청소년 동물원 견학 부탁 실험이다. 비행 청소년과 동행하여 동물원에 견학하기를 부탁한 실험에서 대부분의 사람들이 극단적 부탁에 놀라 부탁을 들어주겠다는 대답은 응답자의 17%에 불과하였다. 이번에는 3년간 일주일에 2시간씩 비행 청소년의 상담사가 되어달라고 부탁한 실험에서 응답자 전원이 이 부탁을 거절하였다. 하지만 연이어 응답자들에게 비행 청소년의 상담사가 되는 것이 어려우면 비행 청소년과 동행하여 동물원 견학을 부탁하였는데 응답자의 50%가 이 부탁에 응하였다. 똑같은 제안(비행 청소년과 동행하여 동물원 견학 부탁)이라도 거절당할 것이 분명한 극단적인 요구에 이어서 할 경우 3배나 많은 사람들이 수락하였다. 이 실험에서 '3년간 일주일에 2시간씩 비행 청소년의 상담'이라는 부탁을 거절당한 측이 '비행 청소년과의 동물원 견학 부탁'으로 요구를 어느 정도 누그러뜨림으로써 타협하였기 때문에, 협상 상대방도 이에 대하여 어느 정도 충족시켜야 주어야 한다는 의무감을 작동시킨 것이다. 또한 앞에서 설명한 **대조효과(contrast effect)**도 작용하였다. 즉 '3년간 일주일에 2시간의 투자'라는 부탁에 비하여 '동물원 견학'이라는 부탁은 그리 어렵지 않은 부탁이었던 것이다. 이 협상 전략은 **머리부터 들여놓기 전략** 또는 **거절 후 양보(rejection-then-retreat) 전략**이라고도 한다.

이 협상 전략을 반도체 1개당 시장 가격 $10인 반도체 구매 협상에 적용한다면, 부품 구매자가 첫 제안 가격을 $5로 제시한 후 부품 판매자가 이를 단번에 거절한다면 $9로 다시 제안하여 가격 협상을 이어가는 것이다. 부품 판매자의 입장에서 보면 $5과 $9의 대조 효과로 $9에 대하여 상당히 긍정적인 시각을 가질 가능성이 있으므로 이 부품 구매 협상을 타결될 가능성이 크다고 할 것이다.

문전박대 전략이 협상에서 효과를 발휘하는 이유는 다음과 같다. 첫 번째 협상 상대방의 양보 심리를 유발한다. 협상 상대방은 첫 번째 큰 요구를 거절한 후 두 번째 더 작은 요구마저 거절하는 것에 대하여 심리적 부담감을 느끼고 두 번째 작은 요구를 받아들이고자 하는 양보 심리가 발동하여 두 번째 요구를 수락할 가능성이 높아지는 것이다. 두 번째 비교를 통한 요구의 크기 축소 효과가 나타난다. 즉 협상 상대방은 첫 번째 큰 요구와 두 번째 작은 요구를 비교하여 두 번째 작은 요구가 더 합리적이고 수용 가능하다고 느끼게 된다. 세 번째 상호성(give and take)의 원칙도 작용한다. 다시 말해서 협상 상대방이 큰 요구를 거절하고 두 번째 요구를 거절하는 것은 협상의 기본인 '서로 주고 받는' 상호성(give and take)의 원칙에 위배되므로 '처음은 거절했으니(give) 이번에는 받아야 한다(take)'는 심리적 기제가 작동하는 것이다.

6.4.7 걸어 나가기(walk-away) 전략

걸어 나가기(walk-away) 전략이란 협상 상대방이 즉시 양보하지 않으면 협상을 계속할 수 없다는 신호를 보내는 전략으로, 협상 당사자 일방이 즉각적인 조치를 취하지 않으면 협상 결렬이 가능하다는 강력한 메시지를 전달하는 것이다. 애플(Apple)과 삼성SDI의 배터리 구매 협상을 예로 들어 보자. 애플(Apple)은 스마트폰 및 아이패드 생산에 필요한 수많은 부품을 구매하는 세계 부품시장에서 절대 갑인 부품 구매자이다. 애플(Appple)이 삼성SDI으로부터 구입하는 배터리 구매량은 연간 수 억개인데, 만약 애플(Apple)이 삼성SDI에게 개당 $10에 2억개 구매를 제안하면서 이를 받아들이지 않으면 구매 협상을 종료하고 LG에너지솔루션에서 배터리를 구매하겠다고 선언하는 경우를 가정할 수 있다. 대량 부품 구매자의 이러한 전략은 실제 국제 구매 협상에서 흔히 활용된다.

걸어 나가기 전략의 성공 요인은 다음과 같다. 첫 번째 협상 상대방에게 위기감을 심어준다. 협상에서 떠나려는 태도는 협상 상대방에게 협상이 깨질 수 있다는 위기감을 심어주며 이는 협상 당사자 일방이 제시하는 다른 요구나 조건을 수용하도록 압박한다. 두 번째 협상의 주도권을 확보할 수 있다. 협상 당사자 일방이 걸어 나가기 전략으로 협상 상대방에게 협상 결렬의 강력한 신호를 보내면 협상 상대방이 심리적으로 위축되고 이는 일시적으로 협상의 주도권을 장악할 수 있다. 따라서 협상 상대방은 협상 결렬을 방지하고 협상을 지속하기 위하여 더 많은 양보를 할 가능성이 커진다. 세 번째 협상 당사자 일방의 가치를 강조할 수 있다. 걸어 나가기 전략은 협상 당사자 일방의 입장을 강하게 고수하겠다는 신호로 협상 상대방에게 자신의 가치를 다시 한번 강조하는 효과도 있다. 다시 말해서 강력한 협상 결렬 가능성을 제시하는 협상 당사자 일방의 입장이나 필요 등을 협상 상대방이 다시 한번 생각하게 되고 이는 자연스럽게 협상 당사자 일방의 가치를 다시 한번 강조하는 효과가 있다.

하지만 이 전략의 가장 큰 문제점은 협상이 말 그대로 끝나 버릴수 있다는 것이다. 따라서 이 전략은 협상 상대방이 협상 과정에서 사적인 공격을 하거나 감정적인 대응을 할 때 사용할 수 있고, 협상 상대방의 제안이 자신이 정해 놓은 최후 방어선(WAP)을 넘어서는 경우 어떤 행동을 취하든지 협상 상대방에게 협상이 결렬될 수 있다는 메시지를 보내야 하는 경우에 유효하다. 하지만 장기적인 우호 관계나 파트너십을 중시하는 협상에서는 사용하기 어렵다.

제 5 절 상대방의 인식을 만족시키는 협상 전략

6.5.1 객관적 기준(standard)으로 협상하기

논리적으로 협상함으로써 협상의 가치를 높이고 협상 상대방의 인식을 만족시키는 하나의 원칙이 객관적 기준(standard)으로 협상하기이다. 협상에서 협상 상대방을 설득하기 위한 방법으로 객관적 통계 자료나 수치를 활용하는 경우가 많은데, 이것이 객관적 기준(standard)으로 협상하기의 일환이다. 특히 가격 협상에서 제시한 가격이 어떤 논리로 산출되었는가에 대한 설명이 필요하며 이를 설명하는 자료가 객관적 기준이 되는 것이다. 가격 협상에서 주의할 사항은 구매자와 판매자가 제시한 가격의 중간값으로 가격을 정하는 경우가 많은데 이것은 흥정이지 협상이 아니다. 구매 협상에서 가장 비싼 가격과 가장 싼 가격을 제외하고 중간 가격을 선택하는 경향이 강한데, 이를 **중간값 편향** 또는 **평균 지향**이라고 한다. 구매 협상 과정에서 흥정을 하는 것이 반드시 나쁜 것은 아니지만, 협상 당사자 양측이 가격에 대하여 흥정을 하게 되면 조금이라도 더 갖기 위해 싸우는 제로섬(zero-sum) 게임에 빠질 위험성이 높다.

가격 협상에서 가격에 대한 객관적 기준은 크게 3가지로 분류한다. 앞에서 이미 설명하였지만 첫 번째는 **공시가격(pulished price)**이다. 이는 모두에게 공개된 가격으로 대표적인 예가 정부가 조사 산정하여 공시하는 부동산 공시지가이다. 두 번째는 **시장가격(market price)**으로 최근 시장에서 실제 거래가 이루어지고 있는 상황에서 형성된 가격이다. 특히 국제 부품 구매 협상에서 많이 활용되는 가격 기준이다. 세 번째는 **선례가격(historical price)**으로 과거에 유사한 거래 경험이 있다면 그 수준에 맞추어 가격을 결정하는 것을 말하는데, 전례가격이라고도 한다. 앞서 부동산 공시지가를 공시가격으로 설명하였지만, 부동산의 가격을 평가할 때 당해 부동산이 속한 지역의 거래 사례를 수집하여 당해 부동산이나 인근의 유사 부동산의 평가 선례가 있는지도 찾아보고 선례가 있는 평가 가격을 가격 기준으로 채택하는 경우도 있다.

객관적 기준을 정하여 협상을 진행하는 것이 중요하지만, 특히 가격 협상에서는 조파(ZOPA)를 설정하여 협상을 진행할 필요가 있다. 앞에서 이미 조파(ZOPA)에 대하여 간단히 설명하였지만, **조파(ZOPA, zone of possible agreement)**란 협상을 타결할 수 있는 가격의 범위를 지칭하는 것으로, 협상 당사자 양측이 상대방의 목표 가격, 최저 가격 및 최고 가격을 빠르게 파악하여 조파(ZOPA)를 알아내고 이를 통해 조파(ZOPA)의 범위 내에서 자신에 가장 유리한 협상 결과를 만들어 낸다. [그림 6－1]은 가격 협상에서의 조파(ZOPA)를 예를 들어 정리한 것이다. [그림 6－1]에서 협상 당사자 A는 제품 판매자로 제품 판매 최고가격 8.5, 최저가격 5, 목표가격 7인 경우이며, 협상 당사자 B는 제품 구매자로 제품 구매 최고가격 7.5. 최저가격 4, 목표가격 6인 경우이다. 이 경우 조파는 제품 판매자의 최저가격과 제품 구매자의 최고가격의 사이가 된다. 조파와 유사한 개념으로 교섭영역이다. 제2장에서 이미 설명하였지만 **교섭영역(bargaining zone)**이란 협상 당사자 사이의 **유보 포인트(reservation point)**, 즉 양보 한계점의 차이로 협상 당사자들의 유보 포인트들 사이의 범위를 말한다.

[그림 6-1] 가격 협상에서의 조파(ZOPA)

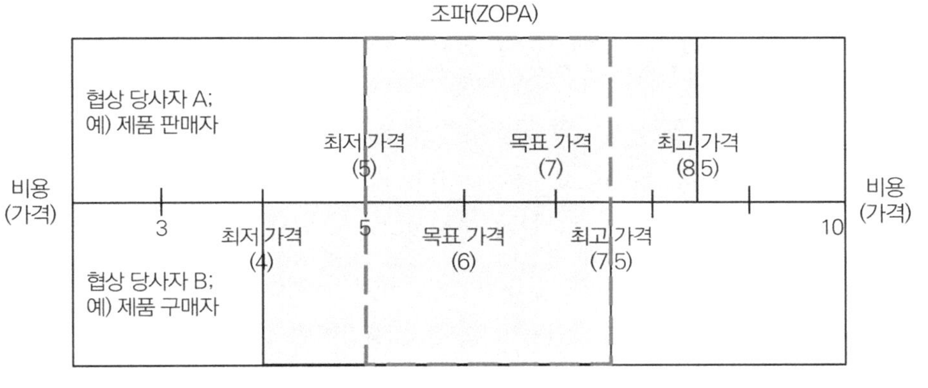

논리적으로 협상하는 또 하나의 방법은 협상 상대방의 기준을 협상 과정에서 활용하는 것이다. 이는 협상 당사자는 과거 협상 과정에서 자신이 했던 말이나 행동을 현재의 협상 과정에서도 유지하려는 경향이 강한데, 이를 **일관성**(commitment and consistency)이라고 한다. 즉 협상 당사자가 일단 어떤 선택이나 입장을 취하게 되면 기존 선택이나 입장을 고수하려는 속성을 말한다. 이유는 협상 당사자 자신이 협상 과정에서 일관성을 유지하는 것은 협상 상대방이나 제3자가 자신을 뛰어난 인격과 수준 높은 지성을 가진 협상 당사자로 여기기 때문이다. 따라서 협상 상대방에게 협상 상대방이 과거에 했던 말이나 행동이 지금과 다르다는 점을 알려주는 것만으로도 협상에 효과가 있는 것이다. 일관성을 유지하려는 협상 상대방의 기준을 협상 과정에 활용하기 위해서는 협상 상대방이 중요하게 여기는 규칙이나 기준을 파악하고 이를 집중적으로 부각하는 것이 필요하다. 하지만 협상 상대방의 기준을 협상에 활용할 때 주의할 것은 자신이 협상 상대방의 기준을 고집하면 협상 상대방이 중요하지 않은 사항으로 트집을 잡아 시비를 건다고 느낄 수 있다는 점이다. 따라서 협상 상대방이 만든 기준을 협상 과정에서 활용하기 위해서는 사전에 철저한 정보 수집이 필요하다.

협상 상대방이 만든 기준으로 협상하거나 대응하는 대표적인 예가 독도 영유권을 지속적으로 주장하는 일본에 대한 대응이다. 독도 영유권 문제는 우리나라가 독도를 실효적으로 지배하고 있기 때문에 사실상 일본과의 협상 이슈가 될 수 없다. 하지만 일본이 지속적으로 독도 영유권을 주장하기 때문에 우리나라가 대응하는 방법의 하나는 일본이 작성한 고지도를 활용하는 것이다. 일본 고지도에 독도는 우리나라 영토임이 명확히 표시되어 있다. 1785년 일본인 하야시 시헤이가 작성한 삼국접양지도에 독도가 우리나라 영토임이 표시되어 있고, 1809년 일본 천문관 다카하시 가게야스가 작성한 일본변계약도에도 독도를 우리나라 영토로, 동해를 조선해라 명백히 표기하고 있다. 또한 일제 강점기인 1935년 일본 육군 참모본부 육지 측량부에서 제작한 '지도 구역 일람표'에도 울릉도와 독도가 조선 본토 소속으로 표기되어 있다.

일본이 작성한 지도에 독도가 명백히 우리나라의 영토라고 표기되어 있는데도 불구하고, 일본 정부가 계속 독도를 일본 영토로 주장하는 것은 협상 당사자인 일본이 일관성을 부인하는 것이기 때문에 협상 자체가 성립할 수 없는 것이다.

6.5.2 사실(fact)로 협상하기

논리적으로 협상함으로써 협상의 가치를 높이고 협상 상대방의 인식을 만족시키는 원칙으로 사실(fact)로 협상하기가 있다. 사실(fact)로 협상하기는 제대로 된 협상을 하려면 협상 당사자의 판단이 개입하지 않은 객관적 사실이 필요하며 협상 상대방이 받아들일 수밖에 없는 근거를 제시하는 것을 말한다. 객관적 사실과 근거를 협상 당사자 양측이 확인하고 이에 대하여 인정하고 반박하면서 본격적인 협상이 진행되는 것이다. 협상은 협상 당사자 양측의 주장이나 의견이 옳고 그름을 따지는 자리가 아니라 협상 상대방의 인식을 만족시킬만한 사실을 제시하고 그 사실이 옳고 그름을 판단하는 자리가 되어야 한다는 것이다. 그러한 사실을 최대한 많이 제시하는 협상 당사자가 자연스럽게 협상의 주도권을 쥘 수 있는 것이다.

사실로 협상하기의 대표적인 사례가 2006년에서 시작하여 2009년 타결된 한국과 EU와의 FTA 협상이다. 한국－EU FTA 협상은 한국과 브뤼셀을 오가며 총 8차례 협상을 진행하였다. 당시 EU는 한국의 시장규모가 작다는 이유로 한국과의 FTA에 관심이 별로 없었다. 한국 협상 대표단은 EU 협상 대표단을 설득시키기 위하여 한국의 작은 시장규모에 대해 국경이 무의미하다는 논리, 즉 한국과 FTA를 체결하는 것은 중국 및 일본을 포함한 동북아 전체와 FTA 체결하는 것과 동일한 효과가 있다는 논리를 내세우면서 활발한 3국 교류자료를 근거로 제시하였다. 또한 EU는 시장 규모가 한국보다 큰 중국이나 일본과 FTA를 먼저 체결하겠다는 주장을 계속하였는데, 이에 대해 한국 협상 대표단의 대응은 신속한 FTA 진행의 논리였다. 즉 한국이 현재 체결했거나 추진 중인 FTA의 통계 수치를 제시하고 한국이 다른 나라들에 비해 FTA 협상을 신속하게 진행하고 있다는 사실로 EU 협상 대표단을 설득하였다. 실제 EU는 일본과는 2019년 2월에 FTA를 체결·발효하였고 중국과는 아직 FTA를 체결하지 못한 상태이다.

6.5.3 사회적 증거 활용하기

협상의 영향력에서 이미 설명하였지만, **사회적 증거(social proof)**란 다른 사람이 하는 것 또는 비슷한 상황에서 했을 법한 것에 기초하여 자신의 행동을 정당화하는 것을 말하는 것이다. 사람들은 적절한 행동 지침이 모호하거나 불확실한 경우 자신과 비슷한 다수 사람들의 행동을 지침으로 삼고 애매모호한 상황에서 확신이 없을 때 일반적으로 다른 사람들의 행동을 관찰하고 그런 행동을 옳은 것으로 받아들일 확률이 높다는 것이다. 이러한 사회적 증거는 마케팅 활동에서 많이 활용되고 있다. 대표적인 예가 술집이나 나이트클럽이 입구에 사람들을 길게 줄을 서 있게 하는 것이다. 실제 술집이나 나이트클럽 안이 텅텅 비어 있다고 하더라도 술집이나 나이트클럽 밖의 긴 줄을 보고 사람들은 그 술집이나 나이트클럽이 인기가 있는 장소라고 생각하게 된다. 사회적 증거는 광고에서도 많이 활용되고 있다. 미국 심야 TV 방송의 광고에서 '교환원들이 대기하고 있습니다. 지금 전화 주세요.'라는 기존 광고 문구를 '교환원들이 통화 중이면 다시 전화하세요.'라는 문구로 바꾸어 광고를 하였는데 결과는 통화량이 급증하였다. 표면상 두 광고 문구가 전달하고자 하는 정보는 동일하며 제품에 대해서는 전혀 언급이 없었다. 하지만 각각의 광고 문구는 시청자들에게 다른 메시지를 전달하였던 것이다. 즉 기존 광고 문구는 전화를 거는 시청자들이 별로 없어서 교환원들이 전화가 울리기만을 기다리고 있다는 느낌을 주는 반면 변경된 광고 문구는 끊임없이 전화벨이 울리고 교환원들이 응대하고 있어서 시청자들이 여러 번 전화를 하여야 할 것이라는 메시지를 전달하고 있다. 즉 변경된 광고 문구에는 '많은 시청자들이 전화하였을 것'이라는 사회적 증거가 작동한 것이다.

또한 앞에서 이미 설명한 **녹음된 웃음소리(canned laughter)**도 사회적 증거의 원칙과 밀접한 관계가 있다. 녹음된 웃음소리는 TV 코미디 쇼나 시트콤 등 방송 도중에 삽입하는 웃음소리로 특정 장면에서 시청자에게 웃어야 할 장면을 유도하고 유머를 더 잘 전달하기 위하여 사용한다. 즉 녹음된 웃음소리는 다른 사람이 웃으면 자신도 덩달아 웃게 하는 것으로 사회적 증거의 원칙이 작동하는 대표적 사례이다.

협상에서도 다양한 분야에서 사회적 증거를 활용하고 있다. 예를 들어 주택 매매 협상에서 주택 판매를 원하는 소유주가 집을 개방하여 둘러볼 수 있는 시간을 하루 중 오후 1시간으로 정하고 잠재적 구매자들을 모두 같은 시간에 모이도록 하는 것이다. 또한 제품 판매 협상에서 영업사원이 자기 회사의 고객들을 일일이 열거하면서 제품 구매 희망자에게 제품 구매를 권유하는 것이다.

제 6 절 창조적 대안을 위한 협상 전략[2)]

6.6.1 내기 걸기(betting)

협상 과정에서 협상 상대방과 미래 상황에 대하여 다르게 예상하여 협상이 교착 상태에 빠지는 경우가 있다. 이 경우 협상 당사자 양측의 미래에 대한 예상이 다르다는 사실을 인정하고 자신의 예상에 내기를 걸어 협상 당사자 양측 모두가 만족스러운 결과를 얻는 방법이 있는데, 이를 **내기 걸기(betting)**라고 한다. 토지 매매 계약을 가정하여 설명해 보자. 용인에 시가 4억원의 토지를 가진 매도인과 이 토지를 구입하려는 매수인이 토지 매매 계약을 체결하려고 한다. 매도인의 소유 토지 근처에 5년 이내 GTX역이 들어설 계획이라는 소문이 널리 퍼져 있다. 만약 소문대로 GTX역이 들어서게 되면 현재 4억원의 토지가 적어도 6억원 정도는 될 것이라는 예상으로 매도인은 적어도 6억원은 받아야 한다고 생각한다. 하지만 매수인은 GTX역 설치는 소문일 뿐 아직 확정된 사항이 아니기 때문에 6억원은 너무 비싸다고 주장한다. 이 때 보통의 경우 앞에서 설명한 바 있는 가격 흥정이 이루어질 가능성이 있다. 즉 매도인이 주장하는 가격 6억원과 매수인이 주장하는 가격 4억원 사이의 중간 가격인 5억원에서 가격 합의가 이루어질 수 있다. 하지만 내기 걸기로 협상을 한다면 현재 가격인 4억원에 토지를 거래하되, 5년 이내 GTX역이 개통되면 매수인이 추가로 2억원을 매도인에게 지불하는 조건으로 협상을 할 수 있다. 이를 경우 매도인은 자신의 토지를 6억원에 판매한 것으로 생각하고 매수인은 토지를 4억원에 구입한 것으로 생각하여 토지 구매 협상 당사자 양측이 만족할 만한 결과를 얻은 것이 된다. 내기 걸기는 주로 국제 인수 및 합병(M&A) 협상에서 많이 사용하는 방법이다.

내기 걸기는 **우발사건 약정(contingency contracts)**과도 관련이 있는데, 이는 미

2) 최철규, 김한솔, 협상은 감정이다, 쌤앤파커스, 2016년, p.208~230의 내용을 인용하여 수정 정리함.

래의 특수한 불확실성의 원인이 해결될 때까지 특정 거래 요소를 미정으로 두는 합의를 지칭하는 것이다. 우발사건 약정을 근거로 하여 추후 손실을 보전하는 것을 의미하는 **풋백 옵션(put-back option)**이란 것이 있다[3]. 이는 인수계약이 끝난 후 인수자 또는 매수인이 모르고 있던 부실 자산이 추가로 발견되었을 때 인도자 또는 매도인이 그 금액을 추가로 보전해주는 계약 조건을 말한다. 가장 대표적인 사례가 1999년 제일은행 매각 관련 협상이다. 1997년 IMF 위기로 당시 한국 정부는 부실 금융기관 정리의 일환으로 부실 은행 중 하나였던 제일은행을 뉴브리지 캐피탈(Newbridge Capital)에 매각하는 협상을 진행하였다. 이 협상에서 뉴브리지 캐피탈은 한국 정부에 풋백 옵션을 요구하여 관철하였다. 제일은행의 원래 매각 대금은 $5억(약 6,000억원)이었으나 향후 부실 자산 발생 시 한국 정부(예금보험공사)가 책임진다는 풋백 옵션에 따라 매각 계약 체결 후 3년간 원래 매각 대금의 10배에 가까운 5조원 이상을 한국 정부는 뉴브리지 캐피탈에 지급하였다. 지금도 제일은행 매각 협상은 풋백 옵션을 명확히 설명하는 대표적인 협상으로 거론되고 있지만, 협상의 ABC도 몰랐던 한국 정부의 무능력한 협상 사례로도 회자하고 있다.

6.6.2 룰 바꾸기(rule-changing)

협상에서 협상 당사자 양측이 암묵적으로 동의하는 것이 정해진 협상의 룰을 지키는 것이다. 따라서 정해진 협상의 룰에 근거하여 협상을 진행하기 때문에 협상이 난관에 부딪혔을 때 협상 당사자 양측이 새로운 해결책을 찾기 어려운 경우가 발생한다. 달걀은 동글동글한 모양새 때문에 세우기가 쉽지 않지만 크리스토퍼 콜럼버스는 달걀을 세우는 데 성공하였다. 정확히는 달걀의 밑동을 살짝 깨서 세운 것인데, 이를 **콜럼버스의 달걀**이라고 한다. 일단 하고 나면 매우 당연한 것인데 하기 전에는 보통 사람들은 미처 생각하지 못하는 기발한 발상, 즉 발상의 전환을

3) 제4장에서도 풋백 옵션(put−back option)을 설명하였는데, 이는 기업의 인수 및 합병에서 기업 인수자가 기업 인수 자금을 대주는 투자자의 보유 지분을 상호 합의한 날짜와 가격에 되사줄 것을 약속하는 거래를 말하는 것으로 투자자의 재무적 손실을 완화하는 거래조건의 하나이다.

가리키는 관용구로 흔히 사용된다. 협상에서도 정해진 룰을 깨서는 안된다는 암묵적 틀에서 벗어나는 것이 필요하다. 정해진 틀에서만 생각하면 협상 상대방 일방은 손해를 보고 양보해야 하는 상황이 발생할 수 있다. 이럴 경우 처음 제시된 협상 조건에서 한발 물러나 협상 당사자 양측이 합의하여 협상의 룰을 바꿀 때 창의적인 협상이 가능해지는데 이를 **룰 바꾸기(rule-changing)**라고 한다.

룰 바꾸기를 적용한 대표적인 협상 사례가 1973년 해저 광물 채굴권 협상이다. 1973년 시작된 해저 광물 채굴권 협상은 10년째 국제연합(UN)의 큰 골칫거리였는데, 태평양 등 공해상의 심해에 묻혀 있는 희귀 광물 개발권에 대한 협상이 제자리걸음을 하고 있었기 때문이다. 각 나라마다 이해관계가 얽혀 있어 광물을 채굴할 해역을 나누는 방식에 대하여 입장을 달리하고 있었다. 일단 대상 해역의 절반은 미국, 영국 등 선진국 컨소시엄이 나머지 절반은 후진국 컨소시엄이 갖는 것을 원칙으로 하고 있었지만, 문제는 광물 채굴 해역을 어떻게 나눌 것인가에 있었다. 광물 채굴 해역에 우선권을 가지고 있던 후진국 컨소시엄은 정보 부족으로 정확한 해역 구분을 할 수 없는 상황이었고, 충분한 정보를 가진 선진국 컨소시엄이 가치 있는 광물 해역을 독식할 우려성도 제기되고 있는 상황이었다. 이 때 제시된 해결책이 선진국 컨소시엄이 광물 해역을 반으로 나누고 후진국 컨소시엄이 둘 중 하나를 선택하는 것이었다. 이렇게 되자 선진국 컨소시엄이 광물 해역을 최대한 공정하게 나눌 수밖에 없었다. 이렇게 새롭게 제시된 방법, 즉 룰 바꾸기로 10년간 끌던 협상이 성공적으로 마무리되었다. 이러한 형태는 일상적인 상황에서도 그대로 적용할 수 있다. 예를 들어 두 사람에게 '케이크 똑같이 나누기'를 하는 경우, 한 사람이 나누게 하고 다른 한 사람이 선택하게 하는 것이다.

6.6.3 파이 키우기(adding)

협상 과정에서 많은 협상 당사자들이 실수하는 것 중 하나는 한번에 하나의 이슈를 처리하고자 한다는 것이다. 부품 구매 협상을 예를 들면, 부품 가격에 대한 협상이 끝나면 부품 구매 물량을 결정하고, 구매 물량에 대한 협상이 끝나면 가격 지불 조건을 협상하는 식이다. 이러한 협상 형태는 주어진 파이만을 나누는 협상으로 협상 당사자 양측이 만족하는 결과를 얻지 못하는 경우가 많다. 실제 하나의 이슈만 가지고 하는 협상은 거의 없으며, 만족스러운 협상 결과를 이끌어 내기 위해서는 또 다른 이슈, 협상 당사자 양측이 서로 관심을 가지고 있는 이슈를 더하여 협상의 파이를 키워야 하며 이를 **파이 키우기(adding)**라고 한다. 협상 당사자 양측이 조금씩 양보하는 것이 아니라 절충점을 찾기 전에 먼저 파이를 키울 방법을 찾는 것이다. 부품 구매 협상에서도 가격을 가장 중요한 협상 이슈로 생각하지만, 부품 구매 물량, 유통 경로 및 비용, 가격 지불 조건, 부품 품질 보증, 아프터서비스(AS) 등 가격이외에 수많은 협상 이슈가 존재한다.

생활용품 할인점인 다이소의 협상을 예를 들어 보자. 잘 알려져 있듯이 다이소의 제품 가격은 1,000원, 2,000원, 3,000원, 비싸도 5,000원 정도이다. 다이소에서 제품을 구입해 본 적이 있는 사람이라면 누구든지 한 번쯤은 어떻게 이런 가격으로 제품을 공급할 수 있는가 라고 의문을 가져본 적이 있을 것이다. 먼저 다이소는 상품가격을 정할 때 제조원가를 따지지 않고 대신 판매가격부터 정한다. 판매가격부터 정하는 것을 **목표가격(target pricing)**라고 하는데, 판매가격을 1,000원으로 정한 제품의 경우 1,000원짜리 제품을 판매하기 위하여 800원에 제품을 구매하여야 200원의 마진을 유지할 수 있는 것이다. 판매가격 우선이라는 협상을 위하여 다이소는 몇 가지 협상 방법을 추가한다. 먼저 다이소는 제품 공급자가 판매 물량을 확보할 수 있게 한다. 즉 제품 공급자의 공장 가동율을 100%를 보장하는 것이다. 또한 핵심적인 기능에만 집중하고 불필요한 포장이나 디자인을 제거함으로써 제품 공급자의 제조원가를 낮추어 준다. 제품 가격 지불도 현금 결재를 원칙으로 한다. 일반적인 구매 협상에서는 가격 지불 조건이 현금이 아닌 당좌수표나 어음으로 결재하는 것이 보통이다. 다이소의 현금 결재로 제품 공급자는 당좌수표의 추심이나 어음 할인에 소요되던 시간 및 비용을 절약할 수 있다. 다이소는 가격이라는 가장 중요한 협상 이슈에 구매 물량 보증, 제조원가 절감, 현금 결제 조건이라는 협상 이슈를 더하여 협상의 파이를 키우는 것이다.

6.6.4 잘게 쪼개기(chopping)

많은 경우 협상 당사자들은 협상 과정에서 하나의 이슈에 하나의 의미만 있다고 생각한다. 하지만 협상 당사자 양측이 함께 하나의 이슈가 가지고 있는 의미를 쪼개어 창의적인 협상 대안을 만들어 낼 수 있다. 이를 **잘게 쪼개기(chopping)**라고 한다.

잘게 쪼개기를 적용한 대표적인 협상 사례가 뉴질랜드산 키위 수입과 관련한 협상이다. 2014년 한국과 뉴질랜드의 FTA 협상이 타결되면서 가장 많은 관심을 받았던 과일 품목이 단연 키위였다. 키위는 뉴질랜드의 대표적인 수출품으로 매년 우리나라 수입량이 3만t 정도에 이를 정도로 주요 수입 과일이었다. 한국 뉴질랜드 FTA 협상 타결로 키위 수입량이 더 늘어날 경우 국내 키위 생산 농가들의 직접적인 피해가 우려되는 상황으로 세계 키위 공급량의 75%를 차지하는 뉴질랜드 제스프리(Zespri)사의 한국 진출 계획에 국내 키위 생산 농민들이 극렬하게 반대하였다. 제스프리사는 앞서 설명한 파이 키우기(adding) 전략으로 한국 키위 생산 농가에 키위 생산 기술 전수, 질 좋은 키위 종자의 저가 공급 등을 제안하며 협상을 시도하였으나 실패하였다. 이 때 제시된 해결책이 기간별 수입 물량 제한이었다. 즉 뉴질랜드와 한국은 계절이 정반대이기 때문에 우리나라가 키위를 주로 생산하는 11월에서 4월까지는 제스프리사의 키위 수입 물량을 제한하고, 제스프리사가 많이 생산하는 5월에서 10월까지는 키위 수입 물량을 자유화하는 것이었다. 1년이라는 기간을 11월에서 4월까지의 6개월, 5월에서 10월까지의 6개월이라는 2개의 기간으로 쪼개었던 것이다. 이 제안으로 우리나라 키위 생산 농가는 11월에서 4월까지는 안정적인 시장을 확보할 수 있었고, 제스프리사도 5월부터 10월까지 한국에서 안정적 수요를 확보할 수 있었다. 또한 우리나라 국민들은 1년 내내 키위를 먹을 수 있는 협상의 부차적인 이익도 얻을 수 있었다.

6.6.5 중요도가 다른 것 바꾸기(exchanging)

협상 과정에서 협상 당사자가 가지는 가장 큰 오해 중 하나는 자신에게 중요한 문제가 협상 상대방에게도 중요하다고 생각하는 것이다. 실제 협상에서는 자신에게 중요하지만 협상 상대방에게는 중요하지 않은 이슈가 존재하는 경우가 있으며, 반대로 자신에게 중요하지 않지만 협상 상대방에게 중요한 이슈도 있기 마련이다. 이는 협상 당사자의 교환가치를 활용한다는 의미이기도 하다. **교환가치(exchange value)**란 서로 다른 가치를 가지는 것들 사이의 교환 비율이나 교환의 양을 말하는 것으로, 협상에서는 자신과 협상 상대방이 특정 내용에 대하여 생각하는 중요도가 다르기 때문에 생기는 가치를 일컫는다. 이러한 교환가치를 활용하여 창조적 대안을 만드는 것을 **중요도가 다른 것 바꾸기(exchanging)**라고 한다. 중요도가 다른 것 바꾸기는 얼마나 많은 안건을 더하고 즉 파이 키우기(adding)를 하고, 이슈를 잘게 쪼개기(chopping)를 하느냐에 따라 결정된다.

중요도가 다른 것 바꾸기를 적용한 대표적인 협상 사례가 1998년 볼보건설기계와 삼성중공업의 인수 및 합병(M&A) 협상이다. 볼보건설기계는 IMF 사태로 애물단지로 전락한 삼성중공업의 중장비 부문을 인수하였는데 당시 삼성중공업 중장비 부문은 부채 670억원이었으나 볼보건설기계가 인수한 후 2년만에 흑자 전환에 성공하였다. 표면상 중장비 부문의 매각 비용이 협상의 초점이었으나 볼보건설기계는 매각 비용보다 한국의 값싼 노동력 활용, 삼성의 브랜드 파워 활용에 더 많은 관심을 가지고 있었고, 삼성중공업은 삼성 브랜드 사용 로얄티, 자동차 사업 진출을 위한 볼보의 자동차 기술이 절실한 상황이었다. 볼보건설기계와 삼성중공업은 서로에게 중요도가 다른 것을 바꿈으로써 양측 모두 만족하는 협상 결과를 얻을 수 있었던 것이다.

제 7 장

협상 스타일

제 1 절 협상 스타일과 협상 기술

7.1.1 협상 스타일과 협상 기술의 의미

협상 스타일(negotiation style)이란 협상할 때 적용하는 일반 접근방법이나 행동양식을 말하는 것으로, 협상 스타일의 선택은 장기간에 거친 반복적 비즈니스를 위한 협상인가 아니면 일회성 거래로 끝나는 협상인가에 따라 달라질 뿐 아니라, 협상 당사자의 문화적 배경, 전문지식이나 책임감, 협상 상황 등에 따라 달라진다. 이러한 협상 스타일에 대한 분류는 다양하다. 우선 관계 지향형 협상인지 또는 업무 지향적 협상인지에 따라, 다시 말해서 협상 상대방의 이해에 대한 관심이 높은지 아니면 자신의 이익에 대한 관심이 높은지에 따라, 회피형(dodgers), 몽상가형(dreamers), 입씨름형(hagglers), 경쟁가형(competitors), 문제해결가형(problem solvers) 등 5개의 스타일로 분류할 수 있다[1]. 또한 관계의 중요도 및 문제의 중요도에 따라, 다시 말해서 협상 상대방과의 관계를 중시하는지 아니면 협상의 문제를 중시하는지에 따라, 수용적 스타일(accommodating style), 회피적 스타일(avoiding style), 타협적 스타일(compromising style), 협력적 스타일(collaborating style)의 4개 스타일로 분류할 수 있다. 2개의 분류는 관계－업무 기준의 분류인가, 관계－문제 기준의 분류인가의 차이일 뿐, 기본 맥락은 같은 분류이다. 협상 당사자는 상대방의 협상 스타일뿐만이 아니라, 자신이 선호하는 협상 스타일에 대해서도 알고 있어야 한다. 자신 및 상대방의 협상 스타일을 확인하는 것이 중요한 이유는 협상에 어떻게 접근할 것 인지를 결정하는 데 있다. 즉 협상 스타일에 대한 지식은 협상 당사자로 하여금 상황에 맞는 최상의 협상 스타일을 선택하게 해 주며 협상에 대비하여 보다 잘 준비하게 해 준다. 모든 협상은 각기 다르고 독특하기 때문에 협상 전에 상대방의 협상 스타일을 반드시 확인하는 것이 필요하다.

---

1) 클로드 셀리치, 수바시 제인, 글로벌 비즈니스 협상, 도서출판 이치, 2006년, p.67~68 참조

협상 기술(negotiation skills)이란 협상 상대방를 공격하기보다 질문과 경청을 활용하여 긍정적 결과를 이끌어 내는 능력을 말한다. 협상 기술은 협상 당사자들이 서로 다른 이해관계, 목표 또는 의견을 조정하고 합의를 도출하기 위하여 사용하는 기술이다. 따라서 기본적으로 협상 기술은 의사소통의 기술이라고 할 수 있다.

7.1.2 협상 스타일의 종류 2)

앞에서 협상 스타일(negotiation style)을 관계 지향형 협상인지 또는 업무 지향적 협상인지에 따라, 회피형(dodgers), 몽상가형(dreamers), 입씨름형(hagglers), 경쟁가형(competitors), 문제해결가형(problem solvers) 등 5개의 스타일로 분류하였다.

회피형(dodgers)은 결정을 내려야 하고 위험을 감수해야 하는 상황에서 협상하는 것을 좋아하지 않는 스타일로, 결정을 미루거나 그 결과와 전혀 관련이 없는 이유를 찾기 위해 노력하는 스타일이다. 협상을 즐기지 않거나 함께 하는 것을 거절하거나 협의를 철회하는 스타일이기 때문에 상대하기 어려운 스타일이다.

몽상가형(dreamers)은 마음속으로 하나의 중요한 목표를 가지고 협상에 임하는 스타일로, 자신의 기대수준을 낮추고 필요이상의 양보를 하게 되더라도 관계를 유지하려는 스타일이다. 실제로 상대방과 다른 관점을 갖고 있을 때도 관계와 친선 유지를 위해 상대방에 동의하는 경향이 강하다. 동양의 전통적 문화에서 체면이나 관계를 중시하는 협상에 어울리는 협상 스타일이다. 향후 비즈니스가 잘 될 것이라는 희망으로 수용적 태도를 취하는 스타일로 신규 시장에 진출하는 기업의 경영진에게 맞는 스타일이라고 할 수 있다.

입씨름형(hagglers)은 협상을 주고 받는 게임으로 보는 협상 스타일로, 상대방으로부터 편익을 얻을 수 있다면 자신의 기대수준을 낮추기도 한다. 이런 스타일의 협상에서는 설득, 부분적 정보 교환, 조작 등이 오고 가며 단기 전망, 빠른 움직임, 상호간 주고받는 양보, 유연한 대응, 순간적 타협 등이 특징이다. 일회성 거래

2) 클로드 셀리치, 수바시 제인, 글로벌 비즈니스 협상, 도서출판 이치, 2006년, p.68~73의 내용을 인용하여 재정리함.

협상에 어울리며 장기적 관계를 중시하는 국제협상에는 부적합한 스타일이다.

경쟁가형(competitors)은 대립을 즐기며 공격적 행동에 익숙하고 도전적 전술을 사용하는 스타일로, 상대방의 약점을 공격하고 토론에 대한 상당한 설득력을 보유하여 토론을 끝까지 통제하려 하는 스타일이다. 상대방에게 양보하는 것이 거의 없이 상대방으로부터 양보를 획득하는 윈-루스(win-lose) 협상 스타일이다. 관계보다 업무를 우선시하는 문화에서 많이 볼 수 있는 협상 스타일로, 가시적 성과 및 단기적 성과를 장기적 성과보다 우선하므로 이런 협상은 오래 지속되지 못하는 경향이 있다.

문제해결가형(problem solvers)은 협상 당사자 서로가 만족할 수 있는 합의를 이끌어내는 데 독창성을 보여주는 협상 스타일로, 공동의 이해관계를 충족시킬 수 있는 방안을 모색하기 위하여 상대방의 기본적 니즈를 확인하는 데 시간을 많이 할애하는 스타일이다. 공동의 이해관계를 찾으면서 상호간 실질적 사안뿐 아니라 상호 관계도 고려하며 정보를 개방적으로 공유하고 공동 니즈를 강조하며 동의한 내용을 자주 요약한다. 장기적 비전을 위해 때때로 단기적 이익도 포기하는 윈-윈(win-win) 협상 방식이라고 할 수 있다. 장기적 국제 비즈니스 협상에 적합한 스타일이다. 5개의 협상 스타일 중에서 문제해결가형(problem solvers)이 협상 당사자 양측의 필요를 만족시키는 윈-윈(win-win) 협상이 강조되는 현대 비즈니스 상황에서는 가장 적절한 협상 스타일이라 할 수 있다. 관계-업무 기준의 협상 스타일을 정리한 것이 [그림 7-1]이다.

또한 관계 중시 또는 문제 중시에 따라 수용적 스타일, 회피적 스타일, 타협적 스타일, 협력적 스타일의 4개 스타일로 분류할 수 있다. 이는 협상 상대방과의 관계를 끝까지 우호적으로 유지해야 하는가를 따져 보는 것(관계의 중요성)과 협상할 문제가 자신에게 얼마나 중요하고 시급한 문제인가를 따져 보는 것(문제의 중요성)을 고려하여 분류한 스타일이다.

[그림 7-1] 협상 스타일; 관계-업무 기준 3)

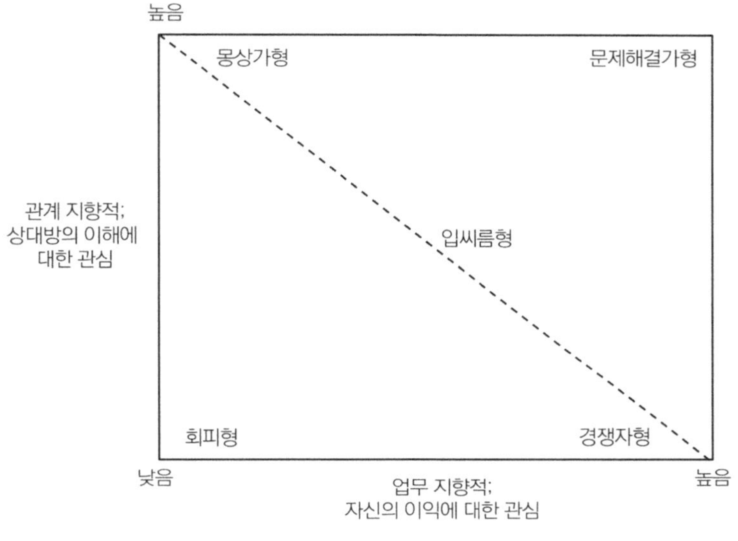

수용적 스타일(accommodating style)은 협상 상대방과의 관계를 중시하는 반면, 협상해야 할 문제는 중시하지 않는 스타일을 말한다. **회피적 스타일(avoiding style)**은 협상 상대방과의 관계나 협상해야 할 문제 둘 다 중시하지 않는 스타일로, 앞서 설명한 회피형(dodgers)이 이에 해당한다. **타협적 스타일(compromising style)**은 협상 상대방과의 관계보다 협상해야 할 문제를 더 중시하는 스타일이다. **협력적 스타일(collaborating style)**은 협상 상대방과의 관계뿐 아니라 협상해야 할 문제도 중시하는 스타일로, 앞에서 설명한 문제해결가형(problem solvers)이 이에 해당한다. 관계-문제 기준의 협상 스타일을 정리한 것이 [그림 7-2]이다.

3) 클로드 셀리치, 수바시 제인, 글로벌 비즈니스 협상, 도서출판 이치, 2006년, p.74, 표 3-2를 인용하여 재정리함.

[그림 7-2] 협상 스타일; 관계-문제 기준 4)

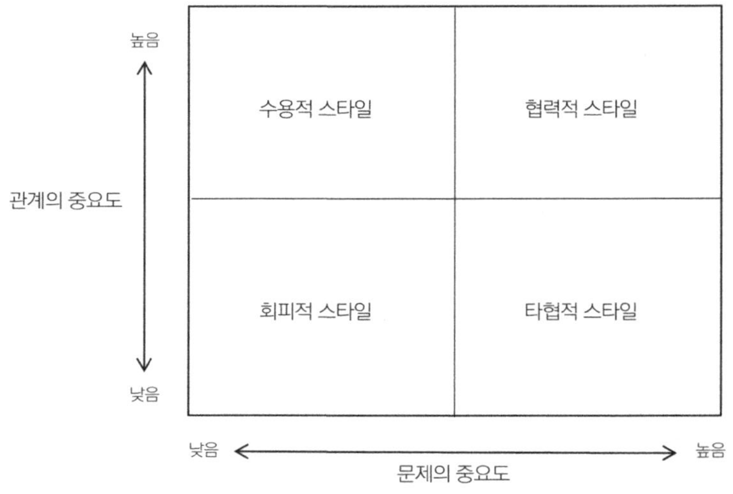

7.1.3 협상 기술의 종류

협상 기술(negotiation skills)은 앞에서 설명한 바와 같이 기본적으로 의사소통의 기술인데, 이에는 크게 밀어 붙이기 기술(push skills)과 끌어 당기기 기술(pull skills)의 2개 유형으로 분류할 수 있다[5]. 밀어 붙이기 기술(push skills)은 자신의 주장을 내세우고 설득하는 기술이며, 끌어 당기는 기술(pull skills)은 질문하고 경청하는 기술을 말한다.

밀어 붙이기 기술(push skills)의 핵심은 주장과 설득이다. 이를 위하여 자신의 입장이나 요구를 분명히 하고 명료하게 진술하여야 하며, 상대방의 성향을 파악하여 상대방의 성향에 맞는 근거를 제시할 수 있어야 한다. 또한 자신의 주장과 설득을 위한 강력한 이유나 근거를 제시할 수 있어야 하지만 지나치게 예의 바른 태도를 취할 필요는 없다. 하지만 화를 내거나 감정적으로 행동해서는 안된다. 상대

4) 탐 가슬린, 협상불변의 법칙, 미디어윌, 2008년, p.144, 그림 7.1을 인용하여 재정리함.
5) 탐 가슬린, 협상불변의 법칙, 미디어윌, 2008년, p.156~167의 내용을 인용하여 재정리함.

방으로부터 상응하는 보상이 있을 때만 양보하여야 하며 자신이 원하는 것을 받았다면 협상 상대방에게 대가를 기꺼이 지불하여야 한다. 상대방의 거래조건에 대한 요청과 양보를 서로 묶기 위해서 '만약 그렇다면(if~)' 이라는 용어를 사용하는 것도 좋다.

끌어 당기는 기술(pull skills)의 핵심은 질문과 경청이다. 이를 위하여 상대방이 자유롭게 대답할 수 있는 질문, 즉 **열린 질문(opened question)**을 하여야 한다. 예 또는 아니오를 요구하는 **닫힌 질문(closed question)**을 하게 되면 상대방의 선택의 폭을 축소하여 자신의 선택의 폭도 축소하게 된다. 또한 상대방의 말을 요약하여 다시 설명하고 침묵도 때로는 효과적으로 이용할 수 있어야 한다. 협상 시 침묵을 어색하게 여기는 협상 당사자들이 많으나 침묵은 협상 상대방의 양보를 자극하고 협상 상대방이 자신의 입장을 먼저 털어놓게 만들 수 있다. 아울러 협상 상대방의 상황에 즉각적으로 공감을 표시하고 한가지 질문을 들으면 추가 질문을 던져야 한다. 또한 필요에 따라 속마음을 숨김없이 털어놓은 후 협상 상대방도 그렇게 하도록 유도할 수 있어야 한다. 먼저 자신의 관심사와 걱정거리를 털어놓으면 협상 상대방도 털어놓을 가능성이 높아진다. [표 7-1]은 협상 기술의 구체적 행동을 정리한 것이다.

[표 7-1] 밀어 붙이기 기술과 끌어 당기기 기술의 구체적 행동[6)]

밀어 붙이기 기술	끌어 당기기 기술
강경한 자세 유지 계속 자기 주장 자신의 입장 표명 이성과 객관적 자료 제시로 논리적 설득 다른 거래 조건 제시 협상 상대방의 이해 구하기	협상 상대방의 의견 경청 질문 던지기 협상 상대방의 의견에 공감 표시 협상 상대방에 대한 이해를 위해 노력 이야기 내용 요약 공통점 찾기와 합의 도출

6) 탐 가슬린, 협상불변의 법칙, 미디어윌, 2008년, p.151, 표 7.1을 인용하여 재정리함.

7.1.4 비언어적 협상 기술

협상 과정에서 언어적 표현으로만 협상하지는 않는다. 협상 상황에 따라서는 비언어적 커뮤니케이션 기술을 활용하여 협상하는 것이 효과적인 경우가 있다. **비언어적 협상 기술(non-verbal negotiation skills)**이란 언어적 표현 이외 행동이나 주변 상황 등을 이용하여 협상을 진행하는 기술을 말하는 것으로, 이는 신체 언어, 공간의 활용, 시간의 활용, 목소리와 속도, 침묵의 활용, 미소와 표정 등을 포함한다.

첫 번째 신체 언어(body language)에는 포옹, 악수, 키스는 물론이고 눈 맞추기, 어깨 으쓱이기, 팔 벌리기, 허리 굽혀 인사하기 등 수많은 방식이 존재한다. 이러한 신체 언어는 협상에서 상대방의 의도나 감정을 파악하는 데 도움을 주며, 자신이 원하는 메시지를 효과적으로 전달할 수 있게 한다. 대표적인 신체 언어가 눈 맞추기로, 협상 중 눈을 자주 마주치는 것은 협상 상대방에게 진지함을 전달하며 적절한 눈 맞추기는 협상 상대방에 대한 관심과 신뢰를 나타내어 협상 분위기를 더욱 긍정적으로 이끌 수 있다. 따라서 협상장에서 협상 상대방의 눈을 맞추면서 협상을 진행하는 것이 일반적인 것으로 받아들여지고 있다. 하지만 이는 미국식 비즈니스 문화에 근거한 협상으로 유교적 사상에 투철한 중국인이나 일본인과의 협상 시에는 도전적이고 거만한 협상 자세로 받아들여지는 경우가 있다. 신체 언어는 각국 문화에 따라 다양한 방식이 존재하고 그에 대한 해석 또한 각국 문화에 따라 다르다. 외모도 신체 언어의 하나인데 협상 과정에서 효과를 발휘한다는 것이 상식적인 사실로 받아들여지는데, 이러한 외모는 적절한 몸단장, 말쑥한 옷차림, 훌륭한 매너, 업무상의 유능함 등을 포함하는 개념이다. 특히 옷차림은 협상 당사자가 자신을 어떻게 표현하는가를 보여주는 상징이다. 옷차림과 관련한 한 실험에서 잘 차려입은 사람이 지갑을 떨어뜨리면 지나가던 사람 중 83%가 지갑을 주인에게 돌려주었지만, 옷차림이 형편없는 사람이 지갑을 떨어뜨리면 48%만이 지갑을 돌려주었다. 옷차림에서 유의할 또 다른 사항은 협상 상대방의 옷차림도 살펴보고 이에 맞추는 것이 필요하다는 것이다. 앞에서 설명한 독일 드레스드너 방크(Dresdner Bank)와 스웨덴 가구업체 이케아(IKEA)의 제휴 협상도 옷차림의 중요성을 설명해주는 대표적 사례이다. 자신감 있는 자세도 중요한 신체 언어로 협상 테이블에서 자신감 있는 자세를 유지하는 것은 중요한 신호를 보낸다. 직립 자세, 어깨를 펴고 앉거나 서 있는 자세는 자신감과 결단력을 나타내며 협상에서 우위를 점할 수 있게 해준다. 손을 편안하게 사용하는 개방적인 제스처는 상대방에게 협조적이고 신뢰할 수 있는 태도를 전달하지만 팔짱을 끼거나 몸을 닫는 자세는 방어적이거나 협조적이지 않은 인상을 줄 수 있다.

두 번째 공간의 활용 또한 비언어적 협상 기술에서 중요한 요소로 물리적 거리와 자리 배치는 협상 상대방에게 심리적 메시지를 전달하고 협상 분위기를 조성하는 데 큰 역할을 한다. 공간의 활용은 협상 상대방과의 관계, 권력의 균형, 협력 의지를 나타내는 방법으로 사용될 수 있다. 공간의 구체적인 활용 방법으로는 우선 물리적 거리를 유지하는 것이다. 협상에서 물리적 거리는 협상 상대방과의 친밀감이나 경계감을 나타낼 수 있다. 너무 가까운 거리는 협상 상대방에게 불편함을 줄 수 있고 너무 먼 거리는 냉담함을 나타낼 수 있다. 일반적으로 비즈니스 협상에서는 적절한 거리를 유지하며 친근하고 신뢰할 수 있는 분위기를 만드는 것이 중요하다. 에드워드 홀(Edward T. Hall)은 친밀도에 따른 사람과의 물리적 거리를 4개로 구분하였는데 이를 근접학(proximics)이라고 한다. 근접학에서 친밀한 거리는 0~45.72cm, 사적인 거리는 45.72~120cm, 사회적 거리는 120~360cm, 공적인 거리는 360~750cm로 구분하였다. 이 구분에 따르면 상대방과의 거리가 가깝고 접촉이 이루어지는 정도의 거리가 상대방과의 친밀도를 높일 수 있는 방법이 될 수 있다. 근접학에서의 거리 중 협상 당사자 간 거리는 친밀한 거리나 사적인 거리보다는 사회적 거리나 공적인 거리에 가깝다고 할 수 있다. 하지만 이러한 구분도 협상 당사자들의 사적인 관계나 각국의 문화적 특성, 협상장 크기나 분위기 등에 따라 달라질 수 있다. 공간과 관련하여 협상 장소의 선택 문제가 있다. 다시 말해서 협상 장소를 자신에게 유리한 장소로 할 것인지 아니면 협상 상대방이 정하는 장소로 할 것인지의 문제이다. 협상 장소의 선택도 결국 협상 시 자신에게 유리한 환경 조성과 함께 협상의 편안함을 확보하기 위한 것이다. 협상에서 자리 배치도 중요한 비언어적 요소이다. 예를 들어 협상 상대방과 마주 앉는 것은 대결 구도를 만들 수 있으며 협조적이지 않은 인상을 줄 수 있다. 이보다는 테이블의 모서리나 측면에 앉아 협조적이고 평등한 관계를 나타내는 것이 좋다. 협상이 진행되는 물리적 환경도 비언어적 메시지를 전달한다. 회의실의 크기, 조명, 의자 배치, 테이블의 크기 등은 모두 협상의 분위기에 영향을 미칠 수 있다. 밝고 따뜻한 색상의 조명과 편안한 공간은 긍정적이고 개방적인 협상 분위기를 조성하는 데 도움이 된다. 예를 들어 중요한 협상에서 협상 당사자 일방이 회의실의 중앙 위치의 자리에 앉는 것은 권위를 나타낼 수 있다. 반면 협력적이고 친밀한 분위기를 원한다면 협상 상대방과 조금 더 가까운 위치에 앉아 편안한 대화를 유도할 수 있다.

세 번째 시간의 활용이다. 시간 역시 비언어적 협상 기술의 중요한 요소로 시간을 어떻게 사용하는 지에 따라 협상 상대방에게 심리적 압박을 가하거나 협상 분위기를 조성할 수 있다. 시간을 전략적으로 관리하는 것은 협상에서 주도권을 잡고 원하는 결과를 이끌어내는 데 중요한 역할을 한다. 시간의 구체적인 활용 방법으로는 먼저 적절한 타이밍 선택이 있다. 협상에서 시간을 어떻게 활용하느냐는 상대방에게 중요한 메시지를 전달할 수 있다. 예를 들어 협상을 시작할 때 협상 상대방에게 시간이 부족하다는 느낌을 주는 것은 협상 상대방에게 불리한 조건을 받아들이도록 압박할 수 있다. 반면에 협상 상대방에게 충분한 시간을 주면 협상 상대방이 더 깊이 생각하고, 더 좋은 조건을 제시할 가능성이 커진다. 시간의 속도 조절도 시간 활용의 좋은 방법이다. 협상 중 중요한 부분에서 시간을 늘리거나 줄임으로써 협상 상대방에게 심리적 압박을 가할 수 있다. 예를 들어 협상 상대방이 불리한 제안을 할 때는 시간을 천천히 사용하고 협상 당사자 자신이 원하는 조건을 제시할 때는 빠르게 진행함으로써 주도권을 유지할 수 있다. 전략적 지연도 좋은 시간 활용 방법이다. 협상에서 일부러 시간을 끄는 전략은 협상 상대방의 인내심을 시험하거나 더 좋은 제안을 이끌어내기 위한 도구로 사용할 수 있다. 시간이 지날수록 협상 상대방이 더 빨리 결정을 내려야 한다는 압박감을 느끼게 할 수 있다. 앞에서 설명한 미국과 베트남의 종전 협상에서 1주일 이내 협상 종료를 원했던 미국을 상대로 베트남은 3개월간 협상을 끌었고 결국 베트남의 승리로 협상이 끝났다.

네 번째 목소리와 속도(tone of voice and pace)이다. 목소리와 속도는 언어적 메시지의 효과를 강화하는 비언어적 수단이다. 목소리와 속도는 협상에서 자신감을 나타내고, 협상 상대방에게 신뢰감을 줄 수 있다. 보통의 경우 권위 있는 목소리는 협상에서 신뢰를 얻는 데 효과적이며 지나치게 부드럽거나 높은 목소리는 자신감 부족으로 해석될 수 있으므로 침착하고 결단력 있는 목소리를 유지하는 것이 중요하다. 또한 말의 속도를 조절함으로써 협상의 흐름을 조작할 수 있다. 중요한 포인트에서는 천천히 말해 협상 상대방이 충분히 이해하도록 하고 결정적인 순간에는 속도를 높여 긴박감을 전달할 수 있다. 따라서 협상 중 협상 상대방이 어려운 질문을 했을 때 천천히 침착한 톤으로 대답하면 협상 상대방에게 신뢰감을 줄 수 있으며, 반대로 중요한 제안을 할 때 목소리를 높이고 속도를 조절하면 협상 상대방에게 강한 인상을 남길 수 있다.

다섯 번째 침묵의 활용(power of silence)이다. 침묵은 협상에서 종종 간과되지만 매우 강력한 비언어적 도구이다. 침묵은 협상 상대방에게 생각할 시간을 주거나 심리적 압박을 가하는 수단으로 활용될 수 있다. 구체적으로 협상 중 침묵을 유지함으로써 협상 상대방이 추가적으로 정보를 제공하거나 더 나은 제안을 하도록 유도할 수 있다. 또한 협상 상대방이 제안했을 때 즉각적으로 반응하지 않고 잠시 침묵하면 협상 상대방이 자신이 한 제안을 다시 생각하게 만들 수 있다. 또한 침묵은 감정을 통제하고 협상에서 감정적 반응을 피하는 데 도움이 되며 침묵을 통해 차분하게 협상의 흐름을 유지할 수 있다. 따라서 협상 상대방이 도발적인 발언을 했을 때 즉각적인 반응을 보이지 않고 침묵을 유지하면 협상 상대방이 스스로 긴장하고 다시 자신의 발언을 생각해보게 할 수 있다.

여섯 번째 미소와 표정(facial expressions)으로 미소는 긍정적 감정을 전달하고 신뢰와 친근감을 형성하는 데 중요한 역할을 하며 표정은 감정을 전달하는 가장 직접적인 수단이다. 협상에서 진정성 있는 미소는 협상 상대방에게 긍정적인 감정을 전달하고 협상 분위기를 부드럽게 만들어 협상 중 협상 상대방이 불안해하거나 주저할 때 긴장을 완화하고 대화를 이어가게 만드는 데 효과적이다. 또한 협상 중 감정을 적절하게 표현하고 표정을 관리하는 것이 중요하다. 특히 제안이 거절되었을 때 실망이나 분노를 드러내지 않고 침착한 표정을 유지하는 것이 협상의 지속 가능성을 높이는 데 도움을 준다. 표정과 관련하여 포커페이스란 용어를 많이 사용한다. 포커페이스(poker face)란 주변 상황의 변화에 관계없이 느낀 감정이나 생각을 얼굴에 드러내지 않는 상태 또는 그 표정을 말한다. 도박인 포커판에서 아무리 좋거나 나쁜 카드가 들어와도 포커를 하는 사람의 얼굴에 좋고 나쁨을 확인할 수 있는 모습이 드러나지 않는다는 데서 유래된 말이다. 도박에서 돈을 따려면 패에 대한 자신의 감정을 타인에게 읽히지 않도록 포커페이스를 유지해야 하기 때문에 일반적으로 포커페이스를 가진 사람이 포커를 잘 하는 것으로 인식되고 있다. 이러한 포커페이스가 최근에는 잘 통하지 않는 것으로 알려져 있다. 이유는 포커판에서는 상대방이 으레 포커페이스를 할 것이라고 판단하고 이에 더욱 철저하게 대응하기 때문이다. 이러한 포커페이스가 비즈니스 협상장에서도 많이 활용된다. 치열한 협상 과정에서 협상 상대방에게 협상의 주도권을 빼앗기지 않기 위하여 그리고 자신에게 유리한 협상 결과를 도출하기 위하여 협상 상대방이 자신의 표정에서 협상의 실마리나 단서를 얻지 못하도록 하기 위하여 무표정, 즉 포커페이스로 협상에 임하는 것이다.

제 2 절 나의 협상 스타일

7.2.1 협상 스타일 정하기 전 고려사항

앞에서 기술한 협상 스타일에서 설명하였지만, 협상 스타일을 구분하는 기준은 협상 상대방의 이해에 대한 관심이 높은지 자신의 이익에 대한 관심이 높은지에 따른 기준과, 협상 상대방과의 관계를 중시하느냐, 협상의 문제를 중시하느냐에 따른 기준 등 2개의 기준이 있다. 나의 협상 스타일을 정하기 전에도 역시 협상할 문제가 자신에게 얼마나 중요하고 시급한 것인가 하는 '문제의 중요도'와, 협상 상대방과의 관계를 끝까지 우호적으로 유지해야 하는가 하는 '관계의 중요도', 2가지 관점에 따른 자신의 반응을 고려할 필요가 있다. 문제와 관계의 중요도에 따른 반응 또는 협상의 자세를 정리하면 [그림 7-3]과 같다. 협상의 문제보다 협상 상대방과의 관계 유지가 중요하다고 판단하면 협상에서 수용이라는 반응 또는 수용의 자세를 보이게 되고, 협상 상대방과의 관계나 협상의 문제가 모두 중요하지 않다고 판단하면 회피라는 반응 또는 회피의 자세을 보이게 된다. 또한 협상 상대방과의 관계 유지가 중요하지 않지만 협상의 문제가 어느 정도 중요한 경우는 타협이라는 반응 또는 타협의 자세를 보이고, 협상 상대방과의 관계 유지는 중요하지 않고 오로지 협상의 문제만이 중요한 경우 '싫으면 말고(take it or leave it)'의 반응을 보이게 된다. 마지막으로 협상 상대방과의 관계 유지와 협상의 문제 모두 중요하다고 판단하면 협력이라는 반응 또는 협력의 자세를 보이게 된다. 이러한 협상에서의 반응이나 협상 자세에 대한 이해를 기반으로 자신의 협상 스타일을 이해하고 선택하는 것이다.

[그림 7-3] 관계의 중요도와 문제의 중요도에 따른 반응[7)]

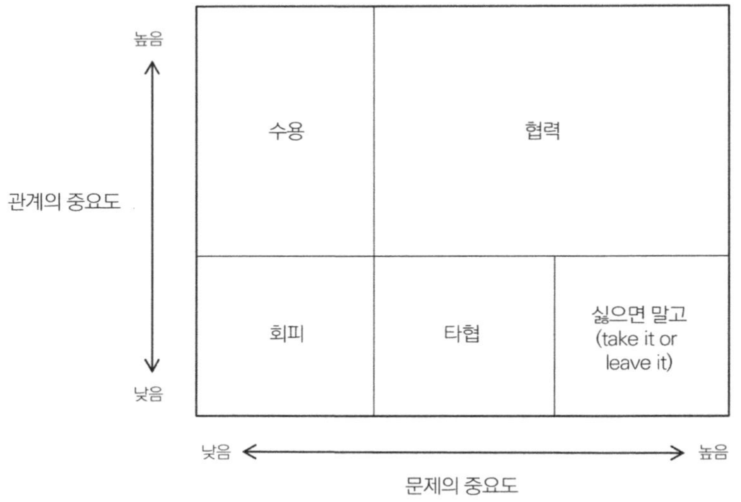

7.2.2 싸움-도망 반응

일반적으로 사람들이 갈등 상황에 부딪히게 되면 두가지 중 하나의 반응을 보인다. 바로 **싸우거나 도망가는 반응(fight or flight)**이다. 싸움–도망 반응은 1900년대 초 미국의 신경학자이자 생리학자 월터 브래드포드 캐넌(Walter Bradford Cannon)에 의해 처음 설명된 용어로, 생존에 대한 급박한 위협에 대한 반응으로 내분비 변화를 포함한 신체적 변화가 일어나고 이에 사람이나 동물이 그 위협에 반응하거나 후퇴할 수 있도록 준비한다는 것이다. 협상에서도 이러한 싸움–도망 반응을 적용하여 설명할 수 있다. 먼저 싸우는 반응의 특징은, 큰 소리로 말하거나, 무리한 요구를 하거나, 공격적이고 적대적인 자세를 취한다. 반면 도망가는 반응의 특징은, 조용하게 말하거나 과묵하며, 무조건적으로 수용하는 자세를 보이며, 수동적이고 회피적인 자세를 취한다. 협상 중 갈등 상황에 부딪혔을 때 싸우거나 도망가는 식의 극

7) 탐 가슬린, 협상불변의 법칙, 미디어윌, 2008년, p.144, 그림 7.1을 인용하여 재정리함.

단적 반응은 협상에 도움이 되지 않음은 자명하다. 이러한 극단적인 반응을 보이는 경우는 대부분 자신만의 입장이나 요구, 이해관계나 필요에만 초점을 맞추는 것으로, 협상에서의 자신의 문제에만 집중하고 협상 상대방과의 관계를 경시하는 데서 비롯된다. 싸움-도망의 반응을 정리하면 [그림 7-4]와 같다.

[그림 7-4] 싸움-도망 반응

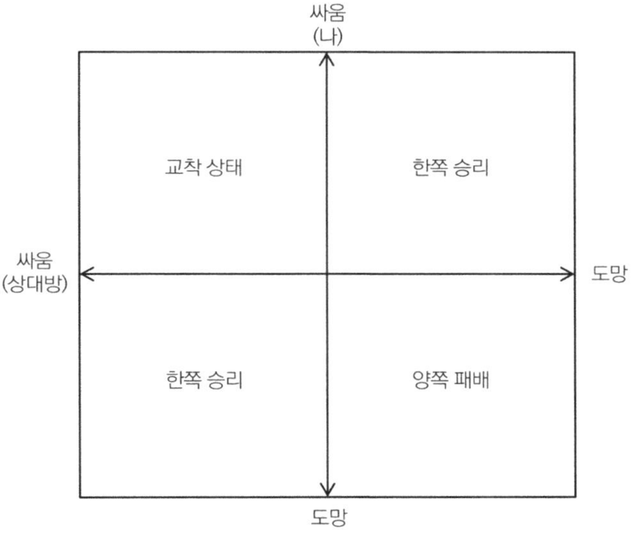

7.2.3 싸움-도망 반응과 윈-윈(win-win) 구간

[그림 7-4]에서 볼 수 있듯이, 자신뿐 아니라 협상 상대방이 모두 싸우는 반응이나 자세를 취하면 양쪽 중 어느 쪽도 이득을 취하지 못하고 교착 상태에 빠지게 된다. 또한 자신뿐 아니라 협상 상대방이 모두 도망가는 반응을 보이면 회피하거나 갈등을 덮어 버리고 도망가는 형국으로 양쪽 모두 패배하게 된다. 각 반응에서 알 수 있듯이 극단적 반응은 협상 당사자 어느 쪽에도 좋지 않은 영향을 미친다. 따라서 싸움 반응의 특징인 공격적이고 적대적인 자세에 치우치는 대신 단호

하고 설득력있는 자세를 취한다면, 협상 상대방에게 보다 호소력이 있을 것이다. 도망 반응의 경우도 마찬가지로 도망 반응의 특징인 수동적이고 회피적인 자세 대신에 관대하고 융통성있는 자세를 취한다면, 역시 협상 상대방에게 보다 호소력이 있을 것이다. 이러한 싸움-도망 반응에 대한 자세를 다시 정리하면, 싸움 반응의 경우, '**공격적 적대적 자세**'와 '**단호하고 설득력있는 자세**'로 구분하고, 도망 반응의 경우, '**관대하고 융통성있는 자세**'와 '**수동적 회피적 자세**'로 구분할 수 있다. [그림 7-5]는 이를 정리한 것이다.

[그림 7-5] 수정된 싸움-도망 반응 8)

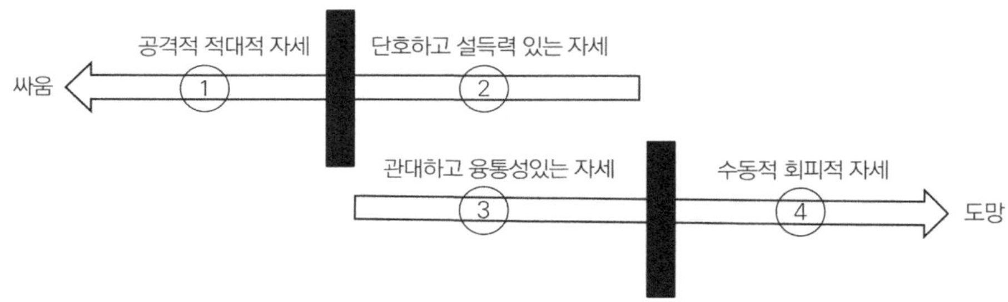

[그림 7-5]를 [그림 7-4]와 합치게 되면, 협상 당사자 양쪽의 관계를 유지하면서도 문제를 직접적이고 강력하게 표명할 수 있는 구간이 만들어진다. 이를 정리하면 [그림 7-6]과 같다. [그림 7-6]에서 회색 부분이 윈-윈(win-win) 구간이 된다.

8) 탐 가슬린, 협상불변의 법칙, 미디어윌, 2008년, p.148의 내용을 인용하여 재정리함.

[그림 7-6] 수정된 싸움-도망 반응과 윈-윈(win-win) 구간[9)]

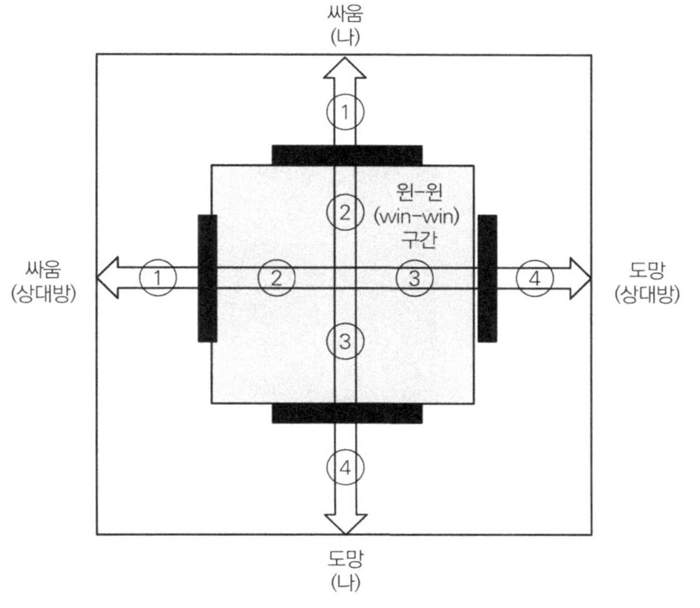

7.2.4 나의 협상 스타일

앞에서 설명한 수정된 싸움-도망 반응을 바탕으로 나의 협상 스타일을 판단하면 다음과 같이 구분하여 설명할 수 있다. 첫 번째 공격적 적대적 스타일은 협상 상황이나 협상 상대방을 조정하려는 경향이 강한 스타일로, 주로 융통성이 없고 고집이 세며 다른 사람을 지배하려고 하는 스타일이다. 두 번째 단호하고 설득력있는 스타일은 자신의 입장을 변호하기 위해 사실과 논리를 이용하는 행동 방식으로, 단호하며 설득적이고 논리적인 동시에 협력 의식도 강한 스타일이다. 세 번째 관대하고 융통성있는 스타일은 열린 자세로 상대방의 말에 귀를 기울이며 요구나 필요에 관련된 질문을 하고 협상 상대방에 반응한다. 오픈 마인드로 타협을 잘

9) 탐 가슬린, 협상불변의 법칙, 미디어윌, 2008년, p.149의 내용을 인용하여 재정리함.

하고 쉽게 다가갈 수 있으며 협상 상대방을 이해한다는 평가를 받는 스타일이다. 네 번째 수동적 회피적 스타일은 대결을 피하고 그냥 물러서는 스타일로 위험 감수를 꺼리며 신중하고 쉽게 타협하지 않는다는 평가를 받는 스타일이다. 하지만 이러한 나의 협상 스타일도 언제나 확정적이고 고정된 것이 아니며 협상 기술로 변경이 가능하다.

제 8 장

협상 마무리

제 1 절 협상 마무리 방법

8.1.1 협상 마무리의 필요성

가격 협상을 포함한 본협상을 잘 하는 것 못지않게 협상 마무리(closing)을 잘 하는 것도 중요하다. 따라서 본 협상에서 협상 기술 및 협상 전략이 필요하듯이 협상 마무리할 때도 마무리 전략 및 마무리 기술이 필요하며 마무리 타이밍(timing)도 중요하다. 협상이 만족스러운 결과로 끝나든 불만족스러운 결과로 끝나든 결렬되든 모든 협상은 적기에 마무리되어야 한다. 협상을 잘 마무리하는 것은 협상 당사자들의 미래 관계를 좌우하는 중요 요인으로 작용한다. 특히 국제 비즈니스 협상에서는 장기적 전략적 파트너십이 강조되는 것이 일반적이므로 협상 마무리에 신경을 써야 한다. 협상을 잘 마무리하기 위해서는 협상 전에 협상 일정표를 교환하고 협상 시간을 정할 때부터 준비를 정확히 하여야 한다. 다시 말해 협상을 어느 수준에서 어떤 식으로 마무리할 것인지에 대한 기준을 사전에 설정하여 두어야 한다는 것이다. 협상 마무리 기준에 다다르면 협상 종료를 선언하고 마무리 단계에 돌입하여야 한다. 협상 마무리는 협상의 최종 결과를 확정하고 이행하기 위한 중요한 단계로 그 필요성은 여러 측면에서 설명될 수 있다.

첫 번째 협상 마무리는 합의의 명확화를 위하여 필요하다. 합의의 명확화를 통하여 상호 합의된 조건과 조항을 명확하게 문서화하고 모든 협상 당사자가 동일하게 이해하도록 하여 혼란이나 오해를 방지하는 것이 필요하다. 또한 협상 결과를 명확히 함으로써 각 협상 당사자의 기대치를 관리하고 불필요한 갈등을 예방할 수 있다.

두 번째 협상 마무리는 협상 당사자 간 관계 강화를 위하여 필요하다. 협상 과정을 마무리하면서 합의 내용을 투명하게 공유하고 이행하기 위해 노력함으로써 협상 당사자 간의 신뢰를 강화할 수 있고, 이는 협상 상대방과의 관계를 지속적으로 발전시켜 향후 협력 가능성을 열어두는 기회가 된다.

세 번째 협상 마무리는 협상 이행 계획 수립을 위해서 필요하다. 협상 마무리 단계에서 협상의 결과를 바탕으로 협상 이행 계획을 수립하며 이는 이행 조건이나 계약 조건을 실제로 수행하기 위한 구체적인 지침을 제공한다. 또한 누가 어떤 역할을 수행할 것인지 명확하게 지정하여 책임 분담을 통해 이행 과정을 원활하게 만든다.

네 번째 협상 마무리는 법적 보호를 위하여 필요하다. 문서화된 합의 내용은 각 협상 당사자의 법적 책임을 명확히 하고 계약이행에 대한 법적 근거를 제공하며 법적 효력을 확보하고 미래에 발생할 수 있는 갈등이나 분쟁을 예방한다.

다섯 번째 협상 마무리는 협상 성과 평가를 위하여 필요하다. 협상 마무리를 통하여 협상 결과와 협상 이행 과정을 평가하여 향후 협상에서 개선할 점을 식별할 수 있고, 각 협상 당사자는 협상 과정에서의 경험을 바탕으로 서로 피드백을 주고받아 다음 협상에 도움이 되는 인사이트를 얻을 수 있다.

여섯 번째 협상 마무리는 협상 성공을 확인하기 위하여 필요하다. 협상 마무리는 최종적으로 합의가 유효하다는 것을 확인하고 모든 협상 당사자가 결과에 동의함을 표현하는 것인데 이는 협상 성공을 증명하고 확인하는 것이다.

마지막으로 협상 마무리는 협상의 긍정적 경험을 제공하기 위하여 필요하다. 협상이 성공적으로 마무리됨으로써 협상 당사자들은 긍정적인 경험을 얻게 되고 이는 향후 협상에 대한 긍정적인 태도를 형성하는 데 기여한다.

결론적으로 협상 마무리는 단순히 계약을 체결하는 것 이상으로 모든 협상 당사자가 합의된 조건을 이해하고 이행할 준비를 갖추도록 하는 중요한 과정이다. 명확한 문서화, 책임 분담, 관계 강화 등 다양한 필요성이 있으며 이를 통해 협상의 성공을 확인하고 장기적인 협력 관계를 구축할 수 있다.

8.1.2 협상 마무리 방법

협상 마무리를 위한 방법은 다양하다. 적절한 협상 마무리 방법을 선택하는 것은 협상 당사자의 상호 관계, 문화적 배경, 협상 스타일, 협상 상태 등 여러 요인에 의해 결정된다. 어떤 협상도 똑같은 협상이 존재하지 않기 때문에 협상을 마무리하는데 어떤 특정한 방법이 다른 방법보다 우수하다고 단정할 수는 없다. 협상 당사자는 자신의 판단력에 따라 협상에 영향을 미치는 여러 요인을 검토하여 다양한 협상 마무리 방법 중에서 가장 적절한 방법을 선택하여 협상을 마무리하여야 한다. 일반적인 협상 마무리 방법으로는 요약, 최후통첩, 양자택일, 차이 좁히기, 양보, 가정 등이 있다.

요약은 협의한 모든 이슈를 간단하게 정리하고 양보한 것을 강조하며 협상 상대방의 제안에 합의함으로써 얻게 될 이익을 부각하기 위한 마무리 방법이다. 협상 종료 후 합의한 내용의 이행을 보장하기 위하여 요약한 협상 내용에 대해서는 협상 상대방의 승인 또는 인정이 필요하다. 이 방법이 가장 일반적인 협상의 마무리 방법이라 할 수 있다. 예를 들어 구매 협상에서 구매자와 판매자가 공급 가격, 공급 시기 및 공급 물량에 대하여 상호 합의하였다면 합의한 가격, 시기 및 물량을 간단하게 정리하고 요약하여 구매자와 판매자 상호간 확인하는 것이다.

최후통첩은 협상 상대방이 자신의 마지막 제안에 대해 결정을 내리도록 강요하는 것을 말하는 것으로, 협상 상대방이 이 제안을 받아들이지 않으면 협상장을 떠나야 한다. 이 마무리 방법은 협상 상대방에게 극단적 선택을 강요하는 것이므로 장기적인 신뢰 관계나 친선 관계를 유지하고자 하는 협상에서는 협상 결렬의 위험성이 높다. 예를 들면 구매 협상 시 판매자가 구매자에게 판매자가 제시한 가격을 수용하게 하기 위하여 특정 기한을 정하여 제시하고 이 기한이 지나면 협상이 끝난 것으로 간주하는 것이다. 하지만 실제 국제 비즈니스 협상 경험상 최후통첩 후 협상 상대방이 자신의 마지막 제안을 받아들이지 않고 협상이 마무리되더라도 추후 협상이 재개되는 경우가 많다. 이는 국제 비즈니스 협상의 경우 협상 당사자 상호간 장기적 전략적 파너십과 같은 우호적 관계를 바탕으로 한 협상이 주를 이루기 때문에 일시적으로 극단적인 선택을 강요하는 최후통첩을 하더라도 추후 협상이 이루어지게 되는 것이다. 이에 대해서는 제9장 재협상에서 다시 설명한다.

양자택일은 협상 당사자 일방이 협상 상대방이 선택할 수 있도록 구성된 최종 제안을 하는 것으로, 두 개의 제안 중 하나의 제안을 선택하도록 하는 것이다. 양자택일의 핵심은 유도이다. 즉 협상 당사자 자신이 원하는 대로 협상 상대방이 선택하게 만들어야 한다는 의미로 보통의 경우 원하는 제안이나 조건을 제시한다. 예를 들어 구매 협상 시 협상 상대방이 운송 비용을 부담하든지 아니면 지불 조건을 변경하든지 2개의 제안 중 하나를 선택하게 하는 것이다.

차이 좁히기는 협상 양측이 최소한의 견해 차이만 존재하는 경우에 유용한 마무리 방법이다. 이 방법은 협상의 큰 틀에서 협상 당사자 양측이 합의에 도달하는 경우에 유용한 방법이다. 전체적 협상의 목표 차원에서 보면 부차적이며 우호적인 비즈니스 관계를 악화시킬 위험성이 적은 이슈에 대해서는 무리하게 협상을 지속하는 것보다 협상 양측의 차이를 좁히는 것이 바람직하다. 차이 좁히기는 협상 당사자 양측이 균형에 맞지 않는 합의에 도달할 위험성이 존재하지만, 보다 실질적인 제안을 놓고 협상을 시작했다는 의미로도 해석된다. 예를 들어 구매 협상에서 판매자와 구매자가 제품 가격 및 공급기한에 대하여 합의를 이룬 후 보다 구체적인 특정 공급 기일의 시간이나 장소에 대하여 협상 당사자 간 이견을 좁혀 합의를 이끌어 내는 것이다.

양보는 협상 상대방의 합의를 유도하기 위해 마지막 단계에서 약간의 양보의 여지를 남겨 마지막 합의가 이루어지기 직전에 호의적 관계의 표시로 양보할 때 효과적이다. 양보 시 명심하여야 할 것은 양보는 절대 그냥 하면 안되며 반드시 양보의 이유나 보상이 있어야 한다. 이미 앞에서 양보 전략에 대하여 설명하였다. 양보 역시 전체적 협상의 목표 차원에서 협상 당사자간 상호 합의를 이루고난 후, 부차적이며 상호 이해관계 충돌의 위험성이 적은 이슈에 대해서는 무리하게 협상을 지속하지 않고 협상 당사자 일방이 호의적 표시로 협상 상대방의 주장이나 이해를 수용하는 것이다. 예를 들어 구매 협상에서 가격에 대하여 구매자가 판매자가 제시한 제품 가격을 수용한다면 판매자는 구매자가 주장하는 보증 기간 연장에 대하여 양보하여 협상을 마무리하는 것이다.

가정(if~)은 보통 자신이 협상 상대방에게 하나 이상의 선택안을 가지고 있을 때 유용한 마무리 방법으로, 협상 상대방의 빠른 합의를 유도하기 위한 방법으로 활용된다. 이 방법은 협상 상대방이 협상 이행을 위한 세밀한 사항, 예를 들어 구매 협상 시 가장 중요한 이슈인 가격을 제외하고 제품 공급 시기 및 물량, 대금 지불 계획, 제품 운송 방안 등을 이행할 준비가 되어 있다고 가정하는 것이다. 다시 말해서 구매 협상 시 일반적으로 가장 합의에 이르기 어려운 이슈가 가격인데 구매자와 판매자가 가격에 대하여 상호 만족스러운 합의를 도출하지 못한 상황에서, 판매자가 제시한 가격을 구매자가 만약 수용한다면(if) 판매자가 제품 물량을 추가하여 공급한다고 제안하는 것이다.

이러한 협상 마무리 방법은 협상이 이루어지는 상황에 부합하여야 하며 협상의 목표와도 일치하여야 한다. 여러 가지 협상 마무리 방법이 있지만 유능한 협상가는 하나의 협상 마무리 방법만을 선택하여 활용하는 것이 아니라 복수의 마무리 방법을 선택하여 활용한다. 또한 경우에 따라서는 복수의 협상 마무리 방법의 일부분을 수정하여 결합하거나 하나의 협상 마무리 방법에서 다른 협상 마무리 방법으로 전환하기도 한다.

제2절 협상 마무리 시점

8.2.1 협상 마무리 시점의 의의

대부분의 협상은 각각의 협상 상황이 다르기 때문에 협상 마무리 시점도 다르다. 협상 마무리 시점은 협상 과정에서 최종 합의에 도달하고 계약이나 합의를 공식적으로 확정하는 시점을 의미하는 것으로, 협상 마무리 시점을 결정하는 것은 협상의 성공과 향후 관계에 큰 영향을 미칠 수 있으므로 신중하게 접근하여야 한다.

협상 마무리 시점은 여러 요인에 의해 결정된다. 우선 협상 목표 달성 여부이다. 각 협상 당사자가 설정한 협상 목표가 달성되었는지 여부가 마무리 시점을 결정짓는 중요한 요소이다. 모든 협상 당사자가 원하는 협상 목표를 달성하거나 긍정적인 결과를 얻었다면 협상은 마무리 시점에 이른 것이다. 또한 협상 쟁점의 타결 여부이다. 협상의 핵심 쟁점이나 논점에 대하여 협상 당사자 쌍방이 더 이상 논의할 필요가 없고 모든 쟁점이나 논점에 대하여 합의하였다면 마무리 시점을 고려하여야 한다. 시간의 제약도 협상 마무리 시점을 결정한다. 협상이 진행되는 동안 협상 마감 기한이 설정되어 있는 경우 그 시점을 기준으로 협상을 마무리하여야 한다. 물론 이 경우 모든 협상 당사자는 시한을 고려하여 합의를 도출하여야 한다. 경제적 변화, 법적 규제, 시장 상황 등 외부 요인이 협상의 진행에 영향을 미칠 수 있고 이러한 요인으로 인해 협상 마무리 시점이 조정될 수 있다. 또한 협상 당사자의 문화적 배경, 협상의 복잡성, 협상 당사자 양측의 기존 관계, 협상 당사자 양측의 신뢰 정도 등에 따라 협상 마무리 시점이 결정될 수도 있다. 국제 비즈니스 협상의 경우, 장기적 신뢰 관계가 기본적으로 구축되어 있으므로 재구매 또는 반복 구매와 같은 구매 협상에서는 협상이 빠르게 진행되고 합의도 신속하게 이루어지므로 마무리도 신속하게 진행할 수 있다. 하지만 국제 합작회사 설립과 같은 보다 복잡한 협상의 경우는 협상에 장시간이 소요되므로 협상 마무리도 몇

달 또는 몇 년이 소요될 수 있다. 또한 협상 상대방이 실질적인 의사결정 권한을 가지고 있는 지 여부가 협상 마무리 시점에 영향을 준다. 협상 당사자 일방이 회사 고위층의 승인을 받아야 하거나 회사 다른 부서원의 의견을 들어야 하는 경우 협상 마무리 시간도 지연될 수 밖에 없다. 이런 경우 시간 지연뿐 아니라 새로운 더 많은 사항을 요구할 가능성이 높아져서 자연히 마무리 시점도 연기된다.

따라서 협상 마무리 시점을 적절하게 결정하는 것이 중요한데, 이는 효율적인 시간 관리와 협상 결과의 실행 가능성 측면에서도 중요하다. 먼저 적절한 시점에 협상이 마무리됨으로써 시간과 자원을 효율적으로 사용할 수 있다는 효율적인 시간 관리 관점에서 중요하다. 또한 너무 이른 협상 마무리는 부족한 정보와 준비로 인한 시행착오로 협상 실행에 부정적 영향을 미칠 수 있고, 너무 늦은 협상 마무리는 협상 당사자에게 긴장감과 갈등을 유발하여 협상 실행에 좋지 않은 영향을 줄 수 있기 때문에 협상 결과의 실행 가능성 관점에서도 중요하다.

8.2.2 협상 마무리 시점의 판단

협상 마무리를 알 수 있는 실마리나 단서가 협상을 마무리할 시점을 판단하는 데 도움을 준다. 가장 명백한 협상 마무리 시점의 실마리는 협상의 최종기한이다. 명시적인 협상의 최종기한이 다가올 때 협상 당사자 양측은 협상을 마무리하기 위한 행동을 취하게 된다. 따라서 협상 초기 또는 협상 이슈 정하기에 앞서 최종기한에 대한 협상 당사자 양측간의 합의가 필요하다. 하지만 명시적인 협상 마무리의 최종기한이 정해져 있더라도 융통성이 있어야 한다. 특히 서로 다른 문화적 배경을 가진 협상 당사자들의 복잡한 협상의 경우 최종기한에 대한 융통성이 필요하다. 또 다른 협상 마무리의 단서는 협상 상대방이 제시한 양보의 중요성이 떨어지고 양보의 빈도가 낮으며 마지못해 양보하는 경우로, 이 경우는 협상이 더 이상 가능하지 않다는 것을 의미한다. 양보는 일반적으로 양보하는 시간이 길수록, 다시 말해 협상의 시간이 길어질수록 양보의 크기는 작아지는 패턴을 보인다.

또한 협상 당사자 일방이 최대한의 결과에 도달했다고 판단하고 최종 제안을 제시할 때도 협상 마무리을 판단할 수 있는 실마리이다. 협상 당사자 일방의 최종 제안에 대하여 추가적인 제안을 기대할 수 없기 때문에 협상을 마무리하여야 한다. 또한 협상 당사자 일방이 몇 가지 핵심적인 질문을 하는 경우도 협상 마무리 시점의 단서가 된다. 예를 들어 협상에 절대 필수적인 이슈를 협의하였는지, 협상 양측이 합의를 실행할 수 있는지 등의 질문을 하는 경우가 있는데, 이러한 핵심적인 질문을 하는 것은 결국 원만한 마무리를 위한 질문을 하는 것이기 때문이다. 마무리 시점에서 고려해야 하는 핵심적인 질문으로는 협상 합의가 협상 당사자의 목표를 만족시키는가, 자신이 협상 합의 내용을 이행할 수 있는가, 협상 합의 내용 이행에 필요한 자원 투입이 가능한가, 협상 상대방이 협상 합의 내용 이행 능력이 있는가 등이다.

제 3 절 협상 마무리 시 고려 사항

8.3.1 협상의 4가지 결과

협상 결과는 자신과 협상 상대방이 모두 만족한 원만한 합의, 자신은 만족하였으나 협상 상대방은 불만족한 일방적 관철, 협상 상대방은 만족하였으나 자신은 불만족한 일방적 항복, 자신과 협상 상대방 모두 불만족한 상태로 종료되는 상호 불만의 4가지 형태로 구분할 수 있다. [그림 8-1]은 이를 정리한 것이다. 원만한 합의는 협상 당사자 자신과 협상 상대방이 서로 양보 등을 통하여 만족할 만한 합의점에 도달하는 경우로 가장 일반적이고 바람직한 협상 결과이다. 원만한 합의를 이루지 못하였다는 의미는 경우에 따라서는 장기적이고 지속적인 비즈니스 관계를 유지하기 어렵다는 것을 의미한다. 일방적 관철은 협상 당사자 자신은 협상 목표를 달성하였으나 협상 상대방은 협상 목표를 달성하지 못한 경우로 일반적으로는 바람직하지 못한 협상 결과의 하나이다. 예를 들어 애플(Apple)과 삼성디스플레이가 휴대폰 OLED 화면용 디스플레이 구매 협상에서 애플(Apple)이 삼성디스플레이에게 화면용 디스플레이 개당 가격을 $50를 제시하고 이 가격 수용을 강제하는 경우이다. 이 경우 삼성디스플레이는 휴대폰 부품 구매의 절대 `갑`인 애플(Apple)의 제시 가격을 수용하는 경우가 많으며 단기적이긴 하지만 이익을 내지 못하거나 적자를 감수하면서도 수용하는 경우가 있다. 이러한 일방적 관철은 협상 당사자에게는 이익을 협상 상대방에게는 손해를 발생시키는 대조 상황을 연출하므로 일반적으로는 바람직하지 않다고 여겨진다. 일방적 항복은 협상 당사자 자신의 입장을 희생하면서 협상 상대방이 요구하는 이슈나 조건을 수용하여 협상이 항복으로 종결되는 경우이다. 앞에서 설명한 일방적 관철의 반대 개념으로 애플(Apple)과 삼성디스플레이가 휴대폰 OLED 화면용 디스플레이 구매 협상에서 애플(Apple)이 제시한 화면용 디스플레이 개당 가격 $50를 삼성디스플레이가 수용한다면 이는 애플(Apple)의 입장에서는 일방

[그림 8-1] 협상 결과

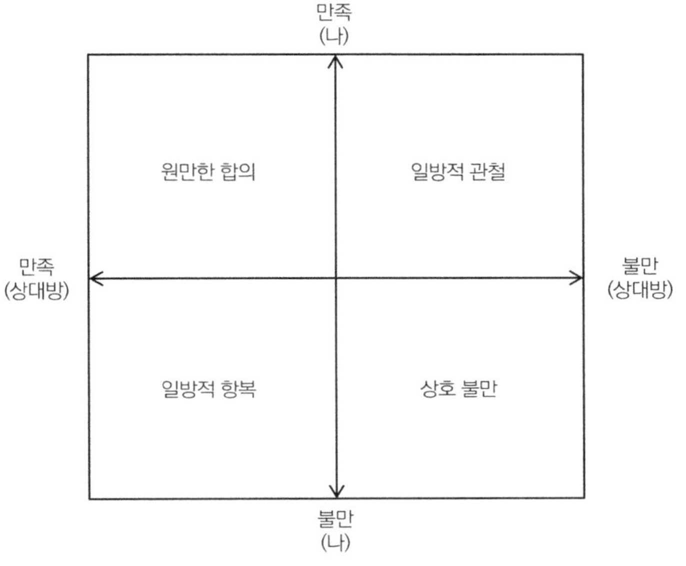

적 관철, 삼성디스플레이 관점에서는 일방적 항복이 되는 것이다. 상호 불만은 협상 당사자 자신과 협상 상대방이 협상 합의에 실패하여 결국 협상이 결렬되거나 상호 불만족한 합의에 이르는 경우를 말한다. 협상 결과로서 상호 불만은 그렇게 흔하지 않은 경우인데, 협상 당사자 양측이 협상에 불만이 있는 경우 협상을 포기하거나 협상을 연기할 것이기 때문에 협상 결과로 귀착되지 않기 때문이다. 즉 일반적인 시각에서는 상호 불만족스러운 협상 결과로 협상을 마무리하지는 않는다는 것이다. 협상의 관점에서 보면 4가지 결과 중 어느 쪽이 좋고 어느 쪽이 나쁘다고 일률적으로 규정하기는 어렵다. 협상이란 협상 당사자 양측이 합의점을 찾아가는 상생의 과정이지, 흑백논리로 평가할 수 있는 것이 아니기 때문이다. 일반적으로 윈-윈(win-win) 협상의 관점에서 보면 자신과 협상 상대방이 모두 만족한 원만한 합의가 바람직하다고 볼 수 있다. 하지만 충분한 준비 과정을 거쳐 협상을 진행했다면 주어진 결과가 4가지 중 어느 쪽이라도 자신에게 최대의 이익을 보장해 줄 수 있다. 예를 들어 협상에 지고도 이겼다는 말이 있는데, 이것은 협상 상대방에게 협상의 승리를 넘기고 자신은 협상의 가치를 취한 협상을 의미한다.

8.3.2 협상 마무리 시 고려 사항

협상 마무리 시 고려 사항은 다양한 방법으로 분류하여 정리할 수 있으나, 여기서는 협상 마무리 시 반드시 해야 할 사항, 하지 말아야 할 사항에 대하여 설명한다.

먼저 협상 마무리 시 반드시 해야 할 사항으로는, 합의 내용 달성을 위한 목표를 반영할 의제를 협의하고 실행의 최종기한을 정하여야 한다. 앞에서 설명한 마무리 시점에서 고려해야 하는 핵심적인 질문과 관련 있는 것으로, 합의 내용 이행을 담보하지 않으면 협상의 의미 자체가 없어지는 것이기 때문이다. 또한 협상 당사자 양측이 양보한 사항을 포함하여 협상 전반에 걸친 내용을 반드시 명기하여야 한다. 즉 협상 합의서 작성이 필요하다는 것이다. 협상 합의서 작성에 대해서는 다음에 설명한다. 최종 합의 사항을 확인하고 서명하기 전에 조금이라도 이해가 필요한 부분을 명확히 하여야 하고 질문하여야 한다. 합의 내용에 대한 이해가 불분명하거나 부족하면 협상 내용 이행에도 문제가 발생하여 합의 내용 이행이 제대로 되지 않을 수 있기 때문이다.

협상 마무리 시 하지 말아야 할 사항도 있다. 먼저 협상 마무리를 서두르지 말아야 한다. 협상 마무리 단계에 이르면 협상 당사자들은 협상 결과에 만족하고 협상 마무리를 서두르는 경향이 있다. 특히 앞서 설명한 윈-윈(win-win) 협상의 관점에서 자신과 협상 상대방이 모두 만족한 원만한 합의가 이루어졌다고 판단하면 협상 마무리를 서두르는 경향이 강하다. 하지만 어떠한 협상 결과가 나오더라도 여유를 가지고 마무리 시 고려사항을 철저히 점검하면서 협상을 마무리하여야 한다. 또한 협상 마무리 단계에서 너무 감정에 치우치지 말아야 한다. 협상 결과가 어떠한 형태로 나오든 협상 당사자는 감정을 표현하는 경우가 많은데, 이는 협상 마무리 후 협상 양측에 좋지 않은 영향을 미칠 수 있기 때문이다. 다시 말해서 자신과 협상 상대방이 모두 만족한 원만한 합의, 자신은 만족하였으나 협상 상대방은 불만족한 일방적 관철의 경우는 너무 만족스럽거나 흥분한 감정을 나타내지 말아야 하며, 협상 상대방은 만족하였으나 자신은 불만족한 일방적 항복, 자신과 협상 상대방 모두 불만족한 상태로 종료되는 상호 불만의 경우에는 너무 불만스럽거나 침울한 감정을 표현하지 말아야 한다는 것이다. 또한 협상 상대방이 동의한 내용에 대해서는 재차 협의하지 말아야 한다. 즉 상호합의에 이른 협상 내용에 대하여 협상 상대방에게 합의 사실이나 근거 등을 재차 질문하거나 협의하여서는 안된다는 것이다. 이러한 것은 협상 상대방에 대한 불신의 표현으로 협상 마무리에 영향을 줄 수 있을 뿐 아니라, 협상 내용 이행에도 좋지 않은 영향을 줄 수 있다. 마지막으로 협상 마무리의 최종기한에 대한 융통성은 필요하지만, 협상 내용 이행의 최종기한은 양보하지 말아야 한다. 협상 내용 이행의 최종기한을 양보하는 것은 협상 합의 내용을 제대로 이행하지 않는 것으로, 앞서 설명한 바와 같이 합의 내용이 제대로 이행되지 않으면 협상 자체의 의미가 손상될 수 있기 때문이다.

협상 마무리 시 반드시 해야 할 사항, 하지 말아야 할 사항에 대하여 설명하였지만, 협상 마무리 시 반드시 명심해야 할 사항도 있다. 우선 협상 마무리는 협상을 준비하는 과정에서 미리 계획하여야 한다는 것이다. 즉 협상 마무리는 협상 전에 계획하여야 한다는 것이다. 또한 협상 마무리에는 융통성이 필요하다는 것이다. 협상 당사자 양측이 협상 내용을 이행하기 위하여 필요한 부차적인 이슈가 있다면 융통성을 발휘하여 해결할 필요가 있다. 모든 협상 이슈에 합의할 때까지 합의된 것은 아무 것도 없다는 사실을 명심하여야 한다. 즉 아무리 부차적인 협상 이슈라 하더라도 모든 협상 이슈에 대한 명확한 협상 당사자의 상호합의가 이루어져야 협상이 마무리되는 것이다.

제 4 절 협상 합의서 작성

8.4.1 협상 합의서 작성의 의의

모든 협상의 마무리 단계에서 남는 성과물이 협상 합의서나 계약서이다. 다시 말해서 모든 협상과 계약은 협상 합의서나 계약서로 평가받게 된다는 것이다. 협상 합의서 작성은 협상의 결과를 공식화하는 중요한 단계로 모든 협상 당사자의 권리와 의무를 명확히 하여 향후 이행 과정에서의 혼란을 방지하는 역할을 한다. 따라서 협상 합의서는 법적 효력을 가지므로 그 내용은 신중하게 작성되어야 한다. 협상 합의서의 합의 사항 중 빠진 것이 있는지 반드시 협상 상대방과 함께 확인하여야 하며, 협상 당사자 양측이 내용 확인 후 양측의 협상 최고책임자가 서명하여야 한다. 또한 합의서 작성을 위한 합의 또는 협의 내용의 기록은 협상 당사자 일방의 개인이 책임지고 기록하는 것보다, 모든 협상 참석자들이 각자 따로 기록하는 것이 좋다. 이는 양측 협상 참석자가 이해한 협상 내용에 차이나 문제가 있는지 크로스 체킹(cross-checking)이 가능하기 때문이다. 특히 일본인의 경우 협상 시 참석자 모두가 협상 내용을 기록하는 것을 당연시한다. 따라서 평소 협상이나 회의 내용을 꼼꼼하게 기록하는 습관을 기르는 것이 필요하다. 이러한 협상 당사자 간 합의 또는 협의 내용의 기록은 합의서나 계약서 작성 후 있을 수 있는 문제 발생의 소지를 줄이기 위하여 필요할 뿐 아니라, 합의서나 계약서 작성 시 참고 내용으로도 활용될 수 있다. 따라서 협상 진행 과정에서 있었던 합의 또는 협의 내용의 기록은 잘 정리하여 보관하여 두어야 한다. 협상 내용의 기록 및 보관과 관련하여 일본 기업에서의 에피소드가 있다. 2003년 일본 기업에 입사 후 한국 관련 프로젝트를 담당하여 당시 일본 기업 입사 선배에게 프로젝트 관련 자료를 요청한 적이 있는데, 당시 그 선배가 보내 준 자료에는 1998년 메일이 순서대로 정리된 파일이 있었다. 1998년 메일을 받았던 그 순간에는 솔직히 자료를 공유해

준 선배에 대한 고마움보다 일본 기업의 치밀함에 대한 두려움을 먼저 느꼈고 협상이나 회의 내용을 꼼꼼히 기록하는 습관에 대한 인식을 새롭게 하게 되었다.

국제 비즈니스 협상 결과로 합의서나 계약서에 서명하기 전에 특히 주의하여야 할 사항은, 법률 관련 용어에 익숙하지 않고 합의서나 계약서가 영어로 작성되는 경우가 대부분이기 때문에 합의서나 계약서 작성에 자신이 없다면 합의나 계약 체결 전에 법률 고문이나 전문 변호사에게 반드시 자문을 받고 서명하여야 한다. 국내 글로벌 기업의 대다수는 합의서나 계약서 서명 전에 반드시 내부 시스템에 합의서나 계약서 초본을 등록하여 법률 담당 부서의 검토를 거친 후 최종 서명을 하게 하는 시스템을 갖추고 있다.

8.4.2 협상 합의서의 구성 요소

협상 합의서는 보통 다음과 같은 주요 구성 요소로 이루어진다.

첫 번째 제목으로 협상 합의서의 제목은 내용의 핵심을 간결하게 나타낸다. 두 번째 협상 일시 및 장소로 이는 협상이 이루어진 구체적인 일자, 시간 및 장소를 명시하는 것이다. 세 번째 협상 당사자 정보로 이는 협상에 참여한 협상 당사자의 이름, 주소, 법적 지위 등을 명시한다. 네 번째 서론, 즉 전문으로 이는 합의서의 배경과 목적을 설명하는 것인데 협상의 배경이나 목적을 간단히 서술하여 협상 합의서를 읽는 자가 협상 합의 내용을 이해할 수 있도록 하는 것이다. 다섯 번째 용어의 정의로 이는 협상 합의서에서 사용한 특정 용어를 정하고 설명하는 것으로, 이를 통해 협상 합의서의 용어 해석에 대한 혼란을 예방할 수 있다. 여섯 번째 합의된 내용으로 이는 각 협상 당사자가 합의한 조건과 조항을 구체적으로 기술하는 것이다. 이 부분은 협상 합의서에서 가장 중요한 내용으로 각 항목은 명확하고 구체적으로 작성하여야 한다. 일곱 번째 이행 계획으로 이는 협상 내용의 이행 일정, 이행 방법, 각 협상 당사자의 역할 및 책임 등을 상세히 설명하는 것이다. 여덟 번째 위반 및 제재 조항으로 이는 협상 합의 내용이나 계약을 위반하는 경우 적용될 제재나 해결 방안을 명시하는 것이다. 이를 통해 각 협상 당사자가 상호 합의된 내용을 이행하도록 유도하는 역할을 한다. 아홉 번째 분쟁 해결 조항으로 이는 분쟁이 발생하는 경우의 해결 방안을 정의하는 것으로 조정, 중재, 소송 등의 방법을 포함할 수 있다. 마지막으로 서명인데 협상 당사자 양측의 최고책임자가 서명하는 것이 일반적이지만 모든 협상 당사자가 서명하는 것도 바람직하다. 서명은 협상의 법적 효력을 더욱 확실하게 발휘하게 만드는 역할을 한다.

8.4.3 협상 합의서 작성 시 유의 사항

협상 합의서 작성 시 다음과 같은 사항에 유의하여야 한다. 우선 협상 합의서를 명확하고 간결하게 작성하여야 한다. 가능한 전문 용어를 피하고 쉽게 이해할 수 있는 언어로 작성하고 협상 합의서의 각 조항은 명확하고 간결하게 표현되어야 한다. 또한 법적 요건을 준수하여야 한다. 협상 합의서의 내용이 특정 지역이나 특정 조건의 법적 요구사항을 충족시키는지 확인하여야 하고 법률 전문가의 검토를 받아 협상 합의서를 작성하여야 한다. 협상 상대방의 입장을 고려하고 공정성을 유지하여야 한다. 협상 합의서에 협상 상대방의 요구와 입장을 충분히 반영하여 협상 합의서가 협상 당사자 양측의 이해관계를 균형 있게 다루도록 하고 협상 당사자 일방에만 유리한 내용이 포함되어서는 안된다. 아울러 필요에 따라 계약기간 연장, 조건 변경 등의 추가 조항을 고려할 수 있어야 한다.

8.4.4 협상 합의서 작성 절차

합의서 작성은 다음과 같은 절차를 따르는 것이 일반적이다.

첫 번째 협상 내용 정리이다. 이는 협상 과정에서 협상 당사자 양측이 합의한 내용을 정리하고 각 항목의 중요성을 평가하는 것이다. 두 번째 초안 작성이다. 이는 협상 합의서의 초안을 작성하는 것으로 이 단계에서는 주요 조항과 이행 계획을 포함하여 구성 요소를 명확히 한다. 세 번째 검토 및 수정이다. 이는 초안을 검토하고 필요한 수정을 진행하며 이 과정에서 모든 협상 당사자의 피드백을 반영한다.

네 번째 법적 검토이다. 이는 법률 전문가의 검토를 통하여 협상 합의서가 법적으로 문제가 없는지 확인하는 것이다. 다섯 번째 최종본 작성이다. 이는 수정된 내용을 반영하여 최종 협상 합의서를 작성하는 것이다. 마지막으로 서명 및 보관이다. 이는 협상 최고책임자나 모든 협상 당사자가 합의서에 서명한 후 각 협상 당사자가 한 부씩 보관하는 것으로 서명은 법적 효력을 발생시키는 중요한 절차이다.

8.4.5 협상 합의서 작성의 예

앞에서 설명한 협상 합의서의 구성 요소에 따라 협상 합의서를 작성하는 것이 바람직하지만, 반드시 이에 따라 작성할 필요는 없다. 부품 구매 협상과 같은 일반적인 비즈니스 협상의 경우 간단하게 협상 합의서를 작성하는 경우가 많은데 [그림 8-2]는 협상 합의서를 예로 표현한 것이다. 협상 합의서 작성 시에는 먼저

[그림 8-2] 협상 합의서 작성의 예

OO 건 합의서

1. 일시 및 장소
   1) 2024년 11월 13일(수) 13:00 ~ 15:00
   2) B사 제1 회의실

2. 참석자
   1) A사 ; K부장, P 과장, H대리
   2) B사 ; P부장, K 과장, P직원

3. 협의 및 합의 내용
   1) 시장 상황
      - ....
   2) 향후 사업 협의
      - ....
   3) 가격 합의
      - ....

A사 K부장 (서명)
B사 P부장 (서명)

협상 일시 및 장소를 명기한다. 다음으로 참석자를 명기하는데, 이 때 주의할 것은 협상 참석자 전원을 기입한다는 것이다. 물론 협상 참석자의 규모에 따라 모든 참석자를 기입하는 것이 어려울 수도 있지만, 협상의 책임 소재을 분명히 하고 협상 내용을 철저히 이행하기 위하여 모든 참석자를 기입하는 것이 필요하다. 마지막으로 협상에 참석한 협상 당사자 양측 최고책임자의 서명을 받아야 한다. 일반적인 경우 협상 최고책임자 한 사람의 서명을 받지만, 필요에 따라 협상에 참석한 관련 부서 책임자나 담당자 전원의 서명을 받기도 한다. 이 경우는 협상과 관련된 부서의 명확한 협조가 필요한 경우 보다 명확한 협조를 명시화한다는 의미에서 서명을 받는 것이다.

제 9 장

재협상

제 1 절 재협상의 이유

9.1.1 재협상의 필요성

협상 당사사들이 협상 결과에 만족하고 협상 합의서를 작성하고 나면 협상은 끝나고 협상 당사자 양측의 성공적인 협상 내용 이행을 기대한다. 하지만 협상 당사자들의 선의에 따른 협상이 구체적이고 성공적이라고 하더라도 협상의 합의 내용 이행 중에 예기치 못한 문제점이 발생할 수 있다. 특히 국제 비즈니스 협상에서 재협상의 필요성이 커지고 있는 추세이다. 예기치 못한 수많은 변화가 일어나는 국제 비즈니스 환경에서 원활한 협상의 합의 내용 이행이 일상적인 것이 아니라, 오히려 예외적인 것으로 변화하고 있는 것이다. 실제 협상 후 합의는 단지 시작일 뿐이며, 협상 합의 사항이 완전히 이행될 때까지는 협상은 완료된 것이 아니다. 협상 후 합의는 협상 당사자 양측이 성공적 결과를 기대하는 가정에 불과한 것일 수도 있다. 따라서 협상 완료 후 문제 발생 시 협상 당사자들은 재협상 착수에 주저하여서는 안되며 이것이 재협상(renegotiation)이 중요한 이유이다. **재협상(renegotiation)**은 기존에 체결된 계약이나 합의 사항에 대해 다시 논의하고 조정하는 과정으로 재협상의 필요성은 여러 가지 요인에 의해 발생할 수 있다.

첫 번째 협상 당사자 일방의 상황 변화로 재협상이 필요하다. 협상 당사자 일방이 사업이나 회사를 매각하는 경우, 조직 구조를 변경하는 경우와 같은 상황이 발생하게 되면 기존 계약의 합의 내용이나 조건이 더 이상 유효하지 않게 될 수 있다. 또한 협상 당사자 일방의 신용도 하락, 재정 상황의 악화 등과 같은 상호 신뢰 관계가 영향을 줄 수 있는 상황이 발생하는 경우 합의한 계약이행 방식이나 조건을 다시 논의할 필요가 생긴다.

두 번째 성공적인 협상 결과의 불확실성을 해소하기 위하여 재협상이 필요하다. 협상 완료 후 계약이행 과정에서 합의한 이행 목표를 달성하지 못하거나 예상과 다른 결과가 나오는 경우 기존 합의나 조건이 부적합할 수 있으므로 협상 이행을 위하여 기존 합의나 조건을 변경하거나 성과 개선을 위한 새로운 합의나 조건을 마련해야 할 수 있다. 또한 합의 이행 중 예상치 못한 리스크가 발생하면 이를 관리하기 위해 합의나 조건을 재협상해야 할 필요성이 커진다.

세 번째 기술 발전과 혁신으로 재협상이 필요하다. 급격한 기술의 발전으로 인하여 기존 계약의 일부 조건이 더 이상 유효하지 않거나 새로운 기술을 반영하여 조건을 조정하여야 할 필요가 있을 수 있다. 협상 당사자 상호 경쟁력을 유지하기 위해 혁신이 필요한 경우 예를 들어 기존 합의나 계약에 근거한 제품이나 서비스보다 새로운 제품이나 서비스의 개발이 필요한 경우 기존 합의나 계약에 대한 재협상이 필요할 수 있다.

네 번째 장기 계약의 유연성을 확보하기 위하여 재협상이 필요하다. 장기 계약의 경우 협상 당시에는 예상하지 못했던 상황이나 조건이 협상 타결 이후 발생할 수 있으며 이 경우 계약을 무리하게 이행하는 것보다 예상하지 못한 상황이나 조건을 반영하여 계약이나 합의에 대하여 재협상을 하는 것이 필요할 수 있다.

이상과 같은 요인으로 재협상이 필요하지만 여기서 주의할 것은 재협상과 추가 협상(supplementary negotiation)의 구별이다. 추가 협상이란 기존 합의 내용에서 누락되었거나 혹은 합의는 했으나 내용 해석이 불분명한 것을 명확히 하기 위해서 협상을 하는 것을 말한다. 재협상과 추가 협상의 근본적인 차이는 이미 협상 당사자 양측이 합의된 사항을 개정하느냐 여부이다. 즉 재협상은 합의된 사항을 고치는 것이며, 추가 협상은 합의된 사항을 고치지 않는다는 것이다.

9.1.2 재협상 이유

앞에서 설명한 바와 같이 국제 비즈니스 협상에서 재협상의 필요성이 커지고 있는 추세이고 여러 가지 요인에 의하여 재협상이 필요하지만, 이외에도 무수히 많은 재협상의 이유가 존재하는데 이는 근본적으로 국제 비즈니스 환경이 국내 비즈니스 환경과 다르기 때문이다.

우선 국제 비즈니스 환경의 특성에 의해 재협상이 필요하다. 국제 비즈니스는 정치적 경제적 사회적 변화에 쉽게 영향을 받는다. 정치적으로 내란, 쿠데타 또는 상대국 정부의 급격한 정책 변화, 경제적으로는 통화 평가 절하, 급격한 인플레이션, 사회적으로는 이익집단의 영향력 증가, 특정 기업에 대한 반감 증가 등 수많은 변화 요인들이 존재하며, 지진이나 최근 코로나 사태와 같은 자연재해가 발생하는 경우도 허다하다. 따라서 이러한 환경적 요인들에 의해 협상의 합의 내용을 이행하기 어려운 경우가 많다.

또한 문화적 차이로 재협상이 불가피한 경우도 있다. 서로 다른 문화적 배경을 가진 협상 당사자들의 비즈니스 협상일 경우, 협상 합의나 계약 내용을 완벽히 이해하는 데 어려움이 발생할 가능성이 크다. 협상의 합의 내용이 길고 상세하게 명시된 경우에도 문화적 차이로 인해 명시된 문구의 해석이 다르게 이루어질 수도 있다. 어떤 경우는 합의에 따른 계약 성립을 비즈니스 관계의 시작으로 간주하기도 하는데, 이를 경우 자연스럽게 재협상이 이루어질 가능성이 높다.

분쟁 해결을 위한 메커니즘으로 재협상이 이루어지기도 한다. 협상 결과에 대하여 해당 국가에서 법적인 문제가 발생하여 합의 사항을 이행하기 어려워진 경우, 조정, 중재, 소송 등의 분쟁 해결 수단에 의한 문제 해결을 모색하기보다는 재협상으로 협상 결과를 유효하게 유지하는 것이 협상 당사자 양측에 유리할 수 있다. 분쟁 해결을 위한 법적 수단에 호소하는 것은 협상 당사자 양측이 많은 시간 및 비용을 부담하기 때문에 재협상으로 문제 해결을 모색하는 것이다.

협상 당사자 일방의 정부 관여로 재협상이 이루어지기도 한다. 정부가 자국 이익, 국가 안보 등의 이유로 재협상을 요구하는 경우가 빈번한 데, 대표적인 사례가 미국 트럼프 대통령의 한미FTA 재협상 요구, 한미 방위비 재협상 요구 등이다. 미국 트럼프 대통령의 보호무역주의 정책, 미국 우선주의 정책이 재협상의 이유이다. 개발도상국의 경우도 정부 기관이나 공기업과의 계약인 경우, 정부가 계약이행을 거부하고 재협상을 요구하는 경우가 자주 있다.

재협상을 성공적으로 이루기 위해서는 협상 당사자 간 자유로운 의사소통과 끊임없는 모니터링이 필요하며, 협상에서의 유연성을 발휘하고 재협상의 필요성도 인식하는 것이 필수적이다.

제 2 절 재협상의 필요성 축소

9.2.1 재협상 방지를 위한 노력

협상 당사자들이 재협상의 필요성을 인식하고 있고 특히 국제 비즈니스 협상에서 재협상을 피하기 어렵다고 하더라도, 협상 당사자들은 협상 과정에서 재협상 방지 또는 축소를 위하여 노력하여야 하며 협상 당사자 양측이 동의한 재협상 방지를 위한 제도적 장치를 마련하여야 한다.

첫 번째 협상의 주요 쟁점을 보다 명확히 하여 협상 완료 후 이해에 오해의 소지를 남기지 않도록 하여야 한다. 앞에서 설명한 바와 같이 각국의 문화적 차이로 인한 협상 합의서 문구에 대한 해석의 차이로 재협상이 이루어질 가능성이 존재하기 때문에 협상 당사자 양측의 상호 이해를 바탕으로 합의 내용의 주요 쟁점을 보다 명확하고 확실하게 규정하고 필요 시 이를 명문화하여야 한다.

두 번째 합의 내용 불이행 시의 처벌 조항을 도입한다. 대표적인 예가 공사 도급 계약 시 공사 발주자가 공사 수주자(건설업체)의 이행지체나 이행불능과 같은 채무 불이행이 있으면 공사 도급 계약을 해지할 수 있는 조항이다. 즉 공사 발주자는 공사 수주자(건설업체)가 계약서의 합의 내용대로 공사를 진행하지 못하는 경우 양측이 합의한 계약을 해지할 수 있다는 것이다. 또한 이 경우 공사 발주자는 공사 계약 해지에 따른 손해 배상의 의무도 지지않는다. 국제 부품 구매 협상에서도 합의 내용 불이행 시 처벌 조항을 도입하여 계약을 체결하기도 한다. 예를 들어 애플(Apple)과 삼성디스플레이가 휴대폰 화면용 디스플레이 공급 계약을 체결하는 경우, 일반적으로 양사 간 합의로 공급 기간 및 공급 물량을 확정하고 애플(Apple)이 확정된 공급 기간 내 공급 물량을 구매하지 않거나, 삼성디스플레이가 확정된 공급 기간 내 공급 물량을 조달하지 못한다면 상당한 비용을 부담하는 조항을 공급계약서에 명시한다. 실제로 애플(Apple)은 삼성디스플레이로부터 확정된 공급 물량을 구매하지 않아 연간 1조원 정도의 비용(벌금)을 부담한 적이 있다.

세 번째 합의 내용 이행 여부를 지속적으로 모니터링할 수 있는 정기 미팅을 개최하여야 한다. 협상 합의서나 계약서 작성 시 일정 기간마다 협상 당사자 양측이 참석하는 미팅를 개최한다고 명시하는 경우도 있으며 실제는 월별 정기 미팅, 분기별 정기 미팅, 부정기적인 경영진 미팅 등으로 협상 당사자 양측이 만나는 기회가 많다. 애플(Apple)과 삼성디스플레이의 경우도 애플의 구매팀과 삼성디스플레이의 영업 및 마케팅팀은 월간 정기 미팅을 가지며, 양사 경영진은 분기별 또는 반기별 정기 미팅을 개최하고 있다.

네 번째 재협상으로 파생되는 문제점들을 정확히 제시하여 향후 비즈니스에 비치는 부정적 영향에 대하여도 설명하여야 한다. 기본적으로 재협상은 협상 당사자 양측이 기존에 합의한 사항을 수정하는 것으로, 양측 합의에 근거하여 협상 당사자 일방이 이미 합의 사항을 이행하거나 합의 사항을 이행하기 위하여 필요한 조치를 취했을 가능성이 높고 이를 위해 협상 당사자 일방은 상당한 시간이나 비용을 투입하여야 한다. 이러한 경우 재협상으로 협상 당사자 일방이 시간적 금전적 손해를 보게 되고 이는 당연히 협상 당사자 양측의 향후 비즈니스에 좋지 않은 영향을 미치게 된다. 또한 이로 인하여 합의 사항의 이행 조치를 취한 협상 당사자 일방은 협상 상대방에 대하여 신뢰감을 잃을 수 있으며 향후 비즈니스 상대방으로 대하는 데도 소극적일 수 있다.

재협상을 방지하거나 축소하는 구체적인 방안으로는, 합의 내용 이행을 위한 조건 및 보증을 포함하는 방안, 이행 보증(performance bond) 방안, 윈-윈(win-win) 협상이 이루어지도록 하는 것 등이 있다.

첫 번째 합의 내용 이행을 위한 조건 및 보증을 포함하는 방안은 앞에서도 언급한 공사 도급 계약의 경우 공사 수주자(건설업체)가 상호 합의한 공사 기간 내 공사를 완료하지 못하는 경우 공사 발주자가 공사 대금 지불을 거절하거나 유예하는 조항을 두는 것이다. 또한 공사 수주자(건설업체)가 상호 합의한 공사 기간 내 공사를 완료하게 하기 위하여 사전에 일정액의 보증금을 예치하게 하여 공사 기간 내 공사를 완료하지 못할 경우 보증금을 공사 발주자가 가지도록 하는 조항을 둘 수도 있다.

두 번째 이행 보증 방안이다. 이행 보증(performance bond)이란 협상 상대방(계약상의 채무자)이 상호 합의한(약정대로) 협상 내용(계약)을 이행하는 것을 제3자가 보증하는 것을 말한다. 협상 상대방이 협상 합의 내용을 이행하지 않는 경우, 보증한 제3자는 보상금을 지급하거나 협상 상대방을 대신하여 협상 합의 내용을 이행하는 것을 약속하는 것이다. 가장 대표적인 예가 대형 공사나 건설의 경우에 하는 이행 보증이다. 대형 공사나 건설의 경우, 협상 당사자 양측인 공사 발주자와 공사 수주자(건설업체)이외에 양측이 인정하는 제3자인 다른 건설업체가 공사를 보증하는 경우가 많다. 즉 공사 수주자(건설업체)가 상호 합의한 공사 기간 내 공사를 완료하지 못할 경우, 제3자인 다른 건설업체가 보상금(공사 지체금)을 공사 수주자(건설업체)를 대신하여 지급하거나 공사 수주자(건설업체)를 대신하여 공사를 완료하여야 한다는 것이다.

세 번째 윈-윈(win-win) 협상이 이루어지도록 한다. 앞에서 설명한 협상 결과 4가지 형태, 즉 원만한 합의, 일방적 관철, 일방적 항복, 상호 불만 중 원만한 합의가 이루어지도록 협상을 하여야 한다는 것이다. 원만한 합의 외 3개의 협상 결과는 협상 당사자 일방이나 쌍방이 협상 결과에 불만을 가진 협상 결과이므로 재협상을 할 가능성이 높아진다. 따라서 윈-윈(win-win) 협상의 관점에서 자신과 협상 상대방이 모두 만족한 원만한 합의가 이루어진다면 협상 양측에 이득이 되는 협상으로 재협상을 할 여지는 적어진다.

9.2.2 재협상 비용 부가

재협상을 방지하기 위한 구체적인 노력의 하나로 협상 제안 시 잠재적인 재협상 비용을 포함하는 경우가 있다. 특히 국제 비즈니스 협상의 경우 재협상의 가능성이 크기 때문에 협상 제안에 예상되는 재협상 비용을 포함한다. 재협상은 미래에 시간과 비용이라는 손실을 발생시키므로 미래의 부담을 줄이기 위해 협상 시 예상 비용을 계산하여 포함하는 것이다. 하나의 방법이 합의 내용 이행 단계를 나누고 각 이행 단계가 성공적으로 완료되면 대가를 지급하는 것이다. 대표적인 예가 지하철 공사의 경우로, 공사 구간과 공사 기간을 단계별로 나누어 각 단계의 건설이 완료되었을 때 공사 대금을 지급하는 것이다. 또한 이 방법은 국제 합작투자 사업과 같은 복잡한 국제 계약의 경우에 널리 적용되는데, 애플(Apple)이 LG디스플레이에 자사 공급용 제품 라인을 건설하는 계약을 체결했을 때 분기별 자금 지급 제안을 한 것이 대표적 사례이다. 또 다른 방법은 협상 제안에 불이행 시 처벌 조항이나 비용 부담 조항을 포함하는 것이다. 이는 재협상 방지를 위한 노력에서도 언급하였지만, 예를 들어 제품 구매 협상에서 제품 판매자 또는 공급자가 합의 또는 계약 기간 내 제품을 판매 또는 공급하지 못하였을 경우 벌금을 부과하는 것이다. 이는 협상 상대방이 협상의 합의 내용에서 벗어나는 것을 사전에 방지하는 방안으로 유효하게 작용하지만, 협상 당사자 양측이 처벌 조항이나 비용 부담 조항에 대하여 과도하게 주의를 집중하는 경우 협상 상대방에 대한 신뢰 부족으로 간주하고 이것이 협상 당사자 간 불신으로 발전할 가능성이 있다.

제 3 절 재협상의 유형 1)

9.3.1 선제적 재협상

재협상의 유형에는 먼저 선제적 재협상(preemptive renegotiation)이 있다. 이는 협상이 완료되거나 거래는 체결되었지만 아직 이행되지 않았다면 예상치 못한 요인들로 인하여 합의 내용이나 거래 내용의 이행이 어려울 수 있는데, 이 경우에 선제적 재협상이 유용하다. 선제적 협상은 협상 당사자 양측의 잠재적 문제를 살피고 예상치 못한 변화를 다룰 수 있는 시스템을 구축하여, 협상 당사자 양측 사이의 차이 및 분쟁을 해결할 수 있는 체계를 수립하는 것이 필요하다.

선제적 재협상은 다음과 같은 특징을 가지고 있다. 우선 선제적 재협상은 예측적 접근 방법이다. 협상 당사자 일방이 문제 발생 가능성을 사전에 인식하고 협상 상대방과의 합의를 바탕으로 적절한 조치를 취하는 것이다. 또한 선제적 재협상은 갈등 예방 방안이다. 협상 이행과 관련하여 갈등이나 불만이 커지기 전에 미리 조정하여 협력적인 관계를 유지하고 문제 해결 비용을 줄일 수 있다. 그리고 선제적 재협상은 상호 이익을 바탕으로 한다. 협상 당사자 양측 모두에게 이익이 되는 조건을 찾아 협상하여 협상의 유효성과 신뢰관계를 유지하는 것이다.

따라서 선제적 재협상은 시장 상황, 법률 변화, 기술 발전 등 다양한 외부 요인으로 인해 계약 조건이 더 이상 유효하지 않거나 계약이행이 어려운 경우 선제적 재협상을 통하여 불확실성을 관리할 수 있다. 또한 갈등이 발생하기 전에 재협상을 통해 서로의 입장을 이해하고 조정함으로써 협상 당사자 양측의 장기적인 관계를 유지할 수 있다. 아울러 문제가 발생한 후 재협상하는 것보다 사전에 재협상함으로써 시간과 비용을 절감할 수 있다.

---

1) 클로드 셀리치, 수바시 제인, 글로벌 비즈니스 협상, 도서풀판 이치, 2006년, p.188~193의 내용을 인용하여 수정 정리함.

선제적 재협상이 필요한 경우를 보다 구체적으로 설명하면 다음과 같다.

우선 이행 지체로 협상 당사자 양측이 합의한 기일을 여러 가지 요인으로 인하여 맞출 수 없는 경우이다. 예를 들어 제품 구매 협상에서 판매자가 자신의 사정(예. 부품 조달 부족 문제)로 상호 합의한 제품 공급 기한내에 상호 합의한 공급 물량을 제공하지 못하는 경우이다. 이러한 경우 구매자는 판매자가 지체된 공급일정으로도 상호 합의한 제품 물량을 공급할 수 있도록 공급기한을 연장해 주거나 다른 부품 공급업자를 알선하여 부품을 조달하게 할 수 있게 하는 조치를 취할 수 있다.

또한 결함이 있는 이행의 경우로 이는 합의 내용이나 계약 내용의 이행 자체에 문제가 발생하는 경우이다. 예를 들어 제품 구매 협상에서 제품이나 부품 불량으로 인하여 판매자가 제품을 제대로 공급하지 못하는 경우이다. 이 경우 역시 구매자는 판매자와의 선제적 재협상을 통하여 결함이 없는 부품을 조달할 수 있는 제3의 부품 공급업자를 선정하여 부품을 공급할 수 있게 함으로써 판매자가 계약을 이행할 수 있도록 한다.

또한 예측 불가능한 요인으로 인하여 합의 내용이나 계약 내용을 이행하지 못하게 되는 경우도 있다. 예를 들어 화재, 지진 등으로 인하여 제품 생산이나 운송이 불가능한 경우가 있다. 특히 이러한 경우는 합의나 계약 자체가 원천 무효로 협상 당사자 양측이 예상하지 못한 손실을 입을 수 있다. 따라서 이 경우는 합의나 계약을 무효로 할 것이 아니라 협상 당사자 양측이 선제적 재협상을 통하여 합의 내용이나 계약 내용을 이행할 수 있다.

9.3.2 거래 내 재협상(합의 내 재협상)

거래 내 재협상(intra-deal renegotiation) 또는 합의 내 재협상(intra-agreement renegotiation)은 기존의 계약이나 합의가 체결된 후, 해당 계약이나 합의의 특정 조건이나 조항에 대해 재조정하는 과정을 의미한다. 이 개념은 특히 복잡한 거래나 장기 계약에서 발생할 수 있으며 협상 당사자 간의 이해관계를 반영하여 계약 내용을 수정하는 데 중점을 둔다. 재협상의 유형 중 가장 흔한 유형으로, 합의 기간이나 계약 기간 내에 협상 이행 당사자 일방이 이행 의무를 다하지 못하는 경우 다른 협상 이행 당사자는 이행 의무를 줄이려고 하거나 합의 내용이나 계약 내용을 철회하려고 하는 경우가 많다. 이런 경우 거래 내 재협상 또는 합의 내 재협상이 필요하다. 거래 내 재협상은 최초로 해외 진출하는 중소기업의 경우와 같이 초기에 대량의 제품 공급 능력에 제약이 발생하여 합의 내용대로 제품 공급을 이행하지 못하는 경우 발생한다. 이러한 경우 거래 내 재협상을 통하여 해외 진출 중소기업의 제품 공급 기한을 연장하여 주거나 제품 공급 물량을 줄여주는 조치를 취할 수 있다. 거래 내 재협상은 협상 초기에 이를 허용하는 조항을 포함하는 경우에 보다 원활하게 재협상을 진행할 수 있다. 예기치 못한 요인으로 인하여 협상의 특정 조항을 재협상할 필요가 있다는 것을 협상 초기에 수용한다면, 협상 당사자 양측 사이의 긴장과 오해를 줄이는 데 효과가 있다.

거래 내 재협상 역시 외부 환경이나 시장 상황의 변화로 인해 기존 조건이 더 이상 유효하지 않거나 적합하지 않게 되는 경우 필요하다. 또한 협상 당사자 일방이 계약이행 후 성과가 기대에 미치지 못하거나 문제가 발생하는 경우 그에 맞춰 계약 내용이나 합의 조건을 재조정할 필요가 있다. 따라서 거래 내 재협상은 협상 당사자 간의 관계를 유지하고, 이해관계를 충족하기 위해 특정 조항을 재협상함으로써 상호 이익을 도모할 수 있다.

국제 비즈니스 협상에서 거래 내 재협상이 많이 활용되고 있지만, 주기적인 재협상으로 변질되면 협상에 부정적인 영향을 미치게 된다. 다시 말해 주기적인 재협상은 협상 당사자 일방이 더 나은 협상의 조건을 얻기 위해 활용할 우려가 있으며, 재협상의 여지가 있다는 이유로 합의 내용의 유효성 자체를 문제 삼을 수도 있다. 또한 이미 협상 당사자 양측이 합의한 협상 내용에 대한 불확실성을 증가시킬 수도 있다.

9.3.3 거래 후 재협상(합의 후 재협상)

거래 후 재협상(post-deal renegotiation) 또는 합의 후 재협상(post-agreement renegotiation)은 협상은 합의 이행이 완료되거나 계약이행이 완성되었을 때도 이루어지는 재협상을 의미한다. 거래 후 재협상 또는 합의 후 재협상은 기존 협상을 현재 비즈니스 관계의 변화, 예를 들어 협상 당사자 일방이 기존 비즈니스 관계를 유지하는 것이 협상 당사자 양측에 더 이상 득이 되지 않는다고 판단하는 경우 활용하는 것이다. 이런 경우 협상 상대방에게 재협상을 할 것을 제안할 수 있으며, 협상 상대방도 더 나은 조건이나 이득을 위하여 재협상에 임할 수 있다. 예를 들어 제품 구매 협상에서 판매자가 상호 합의한 제품의 공급 물량을 공급 기한 내 공급을 완료한 후 구매자가 판매자의 제품 생산설비 증가를 확인한 후 판매자에게 공급 물량의 증가와 공급 기간의 단축을 제시하고 판매자가 이를 수용하는 경우를 상정해 볼 수 있다. 다시 말해서 구매자가 판매자에 대하여 더 나은 공급 조건을 제시하여 협상 당사자 양측의 이득을 증가시키는 재협상을 할 수 있다는 것이다. 어떤 면에서는 거래 후 재협상은 초기 협상과 절차상 유사한 점이 있다. 먼저 협상 당사자 양측이 협상 상대방의 이해에 대한 공유된 경험을 가지고 있어 협상 당사자 양측은 협상 상대방의 입장이나 요구, 이해관계나 필요, 의도, 방식, 목적 등에 대하여 이해하고 있다. 또한 협상이나 거래의 위험과 기회에 대한 우려를 협상 당사자 양측이 이미 검토하였으므로 재협상 시 이를 재논의할 필요가 없다.

거래 후 재협상도 앞에서 설명한 선제적 재협상이나 거래 내 재협상과 같이 시장 상황이나 경제 환경과 같은 외부 요인의 변화로 인하여 필요한 경우도 있지만 보다 특별한 이유로 거래 후 재협상이 필요할 수 있다.

첫 번째 인수합병(M&A)에서 흔히 발생하는 재협상으로 협상 당사자나 계약자 일방이 기업이나 사업을 인수한 후 피인수 기업이나 사업을 실사한 결과 자산의 가치 급락 등과 같은 예기치 못한 상황이 발생하는 경우 거래 후 재협상할 수 있다.

두 번째 운영상 문제로 거래 후 재협상을 할 수 있다. 앞에서 언급한 구매 협상에서 판매자의 제품 생산설비 증가에 따른 재협상과 같이 운영상 문제가 발생하는 경우 계약 조건이나 거래조건을 재협상할 필요가 있다.

9.3.4 거래 외 재협상(합의 외 재협상)

거래 외 재협상(extra-deal renegotiation) 또는 합의 외 재협상(extra-agreement renegotiation)은 협상 당사자 양측이 합의한 내용의 이행을 중단하고, 제3의 다른 협상 당사자에게 재협상할 것을 제안하는 것이다. 예를 들어 제품 구매 협상에서 판매자가 자신의 제품 생산시설 문제로 구매자와 상호 합의한 제품 공급 물량을 제대로 공급하지 못하게 된 경우, 판매자가 구매자에게 제품 공급 중단을 통보하고 판매자가 아닌 제3의 제품 공급업체(판매자)와 제품 구매 협상을 제안하는 경우이다. 일반적으로 기존 합의 내용에는 거래 외 재협상 조항이 포함되어 있지 않다. 하지만 협상 당사자 일방이 합의 내용의 불이행을 주장하는 경우 이는 곧 재협상이 필요하다는 것을 의미한다. 또한 거래 외 협상은 협상 상대방에 대한 비관론적 관점에서 시작하기도 한다. 예를 들어 특정 상황에서 자신이 유일하게 선택할 수 있는 옵션이 기존 협상 상대방인 상황이었다면, 마지못해 협상 파트너로 인정하고 협상을 하게 된다. 이런 경우 일반적으로 협상 상대방에 대한 불신이나 좋지 않은 감정이 남아 있게 된다. 따라서 기존 협상 당사자가 아닌 제3의 다른 협상 당사자를 찾아 재협상하는 것이 유리할 수 있는 것이다.

하지만 거래 외 재협상은 협상 당사자 양측에게 바람직하지 않은 영향을 줄 수 있다. 먼저 거래 외 재협상을 요구하는 협상 당사자는 국제 비즈니스에서 신용을 잃을 가능성이 크고, 재협상에서 협상 상대방이 협상 당사자 일방의 불이행에 대하여 더 강력한 조건 및 처벌을 요구할 가능성이 높다. 또한 재협상을 양보한 협상 당사자도 협상 상대방의 압력이나 영향에 약하다는 좋지 않은 이미지를 가질 수 있다. 따라서 거래 외 재협상은 재협상에서 협상 당사자 일방이 더 나은 조건을 요구하도록 장려하는 형태로 변질될 수 있다.

제 4 절 재협상의 접근방법

앞에서 재협상의 유형에 대하여 살펴보았지만, 재협상은 또 다른 형태로 분류할 수 있는데 바로 전면적 재협상과 부분적 재협상이다. **전면적 재협상**은 기존 협상 내용을 완전히 백지화하고 문자 그대로 전면적으로 새로 협상하는 것이다. **부분적 재협상**은 기존 합의 내용의 일부를 고칠 목적으로 협상을 하는 것이다. 재협상 이행의 접근방법은 이러한 전면적 재협상과 부분적 재협상의 관점에서 이루어지는 것이다.

재협상(renegotiation)은 기존에 체결된 계약이나 합의 사항에 대해 다시 논의하고 조정하는 과정이지만 기본적으로 원래 협상과 같은 관점이나 시각에서 접근하는 것이 필요하다. 따라서 재협상의 접근 방법도 협력적 접근 방법, 경쟁적 접근 방법, 통합적 접근 방법으로 나눌 수 있다.

첫 번째 **협력적 접근방법(collaborative approach)**은 협상 당사자 양측 모두에게 유리한 결과를 목표로 하는 재협상 접근 방식이다. 이는 대립보다는 협력을 강조하며 신뢰를 기반으로 한 '윈－윈(win－win)' 상황을 창출하는 데 중점을 둔다. 따라서 협상 당사자 양측 모두가 이익을 얻을 수 있는 영역을 찾아내는 공유 이익의 발견이 중요하며 서로의 입장을 존중하고 조율하면서 공동으로 문제를 해결하려는 자세가 필요하다.

두 번째 **경쟁적 접근방법(competitive approach)**은 협상 당사자 일방의 이익을 최대화하는 데 집중하는 재협상 접근 방식이다. 이는 자신의 양보를 최소화하면서 협상 상대방의 이익을 줄이는 것을 목표로 협상 상대방의 양보를 통해 더 나은 조건을 얻기 위해 강경한 협상 전략을 사용한다. 따라서 협상 당사자 일방이 공격적인 협상 전술을 사용하며 자신의 입장을 강력하게 고수하고 가능한 많은 양보를 얻으려고 한다.

세 번째 통합적 접근방법(integrative approach)은 협상 당사자 양측이 상호 협력하는 방식이지만, 좀 더 깊이 있는 분석과 창의적인 해결책을 통해 상호 이익을 극대화하려는 접근 방식이다. 재협상 과정에서 상호 이익을 창출할 수 있는 창의적인 대안을 모색하여 협상 당사자 양측이 모두 더 큰 가치를 얻도록 하는 방식이다. 따라서 협상 상대방의 우선순위를 명확히 파악하여 중요하지 않은 부분에서 양보하고 중요한 부분에서는 더 나은 조건을 얻을 수 있는 노력이 필요하다.

참고문헌

고종원, 장용운, 황지현, 문화인을 위한 글로벌 매너와 에티켓, 대왕사, 2014년
곽노성, 국제협상론, 경문사, 2007년
김병윤, 비즈니스협상 A to Z, 해냄출판사, 2011년
다니엘 사피로, 로저 피셔, 원하는 것이 있다면 감정을 흔들어라, 한국경제신문, 2013년
데이비드 랙스, 제임스 세베니우스, 당신은 협상을 아는가; 3D Negotiation, 웅진씽크빅, 2015년
디팩 맬호트라, 맥스 베이저먼, 협상천재, 웅진씽크빅, 2008년
로버트 치알디니, 설득의 심리학, 21세기 북스, 2018년
로저 피셔, 윌리엄 유리, 브루스 패턴, Yes를 이끌어내는 협상법, 도서출판 장락, 2020년
류재언, 협상바이블, 한스미디어, 2018년
민윤경, 정혜주, 신정철(申正撤), 학교장의 갈등 대응 방식과 특징 분석, 아시아교육연구 19권 1호, 2018년, pp. 237~260.
스튜어트 다이어몬드, 어떻게 원하는 것을 얻는가, 에이트 포인트, 2018년
오정주, 권인아, 비즈니스 매너와 글로벌 에티켓, 한올, 2019년
정인호, 협상의 심리학, 경향BP, 2012년
정희섭 역, 협상론, 맥그로힐에듀케이션코리아, 2013년
조 내버로, 토니 시아라 포인터, 우리는 어떻게 설득당하는가, 위즈덤하우스, 2012년
조정곤, 글로벌협상론, 박영사, 2013년
최철규, 협상의 신, 한국경제신문, 2015년
최철규, 김한솔, 협상은 감정이다, 쌤앤파커스, 2016년
클로드 셀리치, 수바시 제인, 글로벌 비지니스 협상, 도서출판 이치, 2006년
탐 가슬린, 협상불변의 법칙, 미디어윌, 2008년
허브 코헨, 협상의 법치 1, 청년정신, 2009년
Rahim, M.A., A Strategy for Managing Conflict in Complex Organizations, Human Relations, 1985
Robert B. Cialdini, Influence, A Person Education Company, 2001
Roger Fisher and William Ury, Getting to YES, Penguin Books, 1981

찾아보기

[ㄱ]

[기타]

[저자 약력]

박 성 모

서울대학교 정치학과 및 행정대학원을 졸업하고, 일본 히토쯔바시(一橋, Hitotsubashi)대학 ICS(International Corporate Strategy) 과정에서 MBA를 취득한 후, 서울과학종합대학원(aSSIST)에서 영업 및 마케팅으로 박사학위를 받았다. 세계일보 사회부 기자로 사회생활을 시작하여, 한국전력공사, 일본 미츠이물산(三井物産, Mitsui & Co.), 삼성디스플레이를 거쳐, 현재 수원대학교 경영대학원 교수로 재직 중이다. 전문 분야는 해외 영업 및 마케팅으로 현재 마케팅, 협상론, 글로벌 비즈니스 에티켓 & 매너, 국제 비즈니스 문화론을 강의하고 있으며, 저서로는 '디지털 사회의 마케팅', '글로벌 비즈니스 에티켓 & 매너', '디지털 시대의 뉴마케팅'이 있다.

협 상 론

초판 인쇄　2025년 2월 25일
초판 발행　2025년 3월 1일

지은이　박성모
펴낸이　박노일
총괄기획　최준규
편　집　이상민
펴낸곳　피앤씨미디어
경기도 고양시 일산동구 강송로 153 310-1501
등록 제396-2012-000203호
전　화　070)7550-3758　　팩　스　02)6280-3758
홈페이지　www.pncmedia.co.kr　　이메일　pnc@pncmedia.co.kr
ISBN　979-11-5730-977-1　　93320

정　가　　17,000원